罗马法上的担保物权
实现制度及其现代意义

李媚 - 著

中国政法大学出版社

2021·北京

声　明　1. 版权所有，侵权必究。

　　　　2. 如有缺页、倒装问题，由出版社负责退换。

图书在版编目（CIP）数据

罗马法上的担保物权实现制度及其现代意义/李媚著.—北京：中国政法大学出版社，2021.9
ISBN 978-7-5620-3623-4

Ⅰ.①罗…　Ⅱ.①李…　Ⅲ.①罗马法－担保物权－担保制度－研究　Ⅳ.①D904.1

中国版本图书馆CIP数据核字(2021)第115605号

出 版 者	中国政法大学出版社
地　　址	北京市海淀区西土城路 25 号
邮寄地址	北京 100088 信箱 8034 分箱　邮编 100088
网　　址	http://www.cuplpress.com（网络实名：中国政法大学出版社）
电　　话	010-58908289(编辑部) 58908334(邮购部)
承　　印	北京九州迅驰传媒文化有限公司
开　　本	880mm×1230mm　1/32
印　　张	9.75
字　　数	230 千字
版　　次	2021 年 9 月第 1 版
印　　次	2021 年 9 月第 1 次印刷
定　　价	48.00 元

目录

导 论

一、担保物权的效力 …………………………………… 001

二、研究担保物权实现制度的意义 …………………… 005

三、我国关于担保物权实现制度的历史溯源和
所存在的问题 ……………………………………… 007

四、担保物权实现制度历史和比较研究的意义 ……… 011

第一章 罗马法上担保物权制度概述

第一节 债的清偿的担保 ………………………………… 017
  一、人的担保概述 ……………………………………… 019
  二、实物担保概述 ……………………………………… 020

第二节 罗马法上的"人质"担保 ……………………… 021
  一、债务口约 …………………………………………… 021
  二、博爱特里亚法（Lex poetelia） …………………… 022

第三节　罗马法上的实物担保制度 ……………………… 023
一、与债权人信托（*Fiducia cum creditore*） …………… 024
二、给付质押（*Pignus datum*） …………………………… 028
三、协议质押（*Pignus conventum*）（抵押 *Ipoteca*） …… 036
第四节　罗马法实物担保制度中的程序性规范 …………… 041
一、令状（*Interdictum*） …………………………………… 041
二、令状保护的局限性 ……………………………………… 043
三、诉讼 ……………………………………………………… 044

第二章　担保物权实现制度：解除约款（流质契约）

第一节　罗马法上担保物权实现制度概述 ………………… 048
一、罗马法上担保物权的实现 ……………………………… 048
二、罗马法上担保物权的实现方式 ………………………… 049
第二节　担保物权实现方式：解除约款（流质契约）……… 051
一、解除约款的含义 ………………………………………… 051
二、解除约款的历史发展与禁止 …………………………… 052
三、中国法上有关解除约款（流质契约）的规定 ………… 055
四、解禁流质契约禁之呼声 ………………………………… 057
第三节　禁止缔结解除约款（流质契约）的原因 ………… 059
一、解除约款与自由价值 …………………………………… 059
二、解除约款与公平价值 …………………………………… 061
三、解除约款与效率价值 …………………………………… 065
四、解除约款之禁止与社会实践之要求 …………………… 069
五、变卖权取代解除约款 …………………………………… 075

小　结 ·· 076

第三章　担保物权实现制度：变卖权

第一节　担保物权的性质在中国法上的争议 ············ 079
　　一、债权说 ·· 080
　　二、物权说 ·· 081
　　三、中间权利说 ·· 082
第二节　罗马法上对担保物权性质的认定 ············ 083
　　一、支配处分性 ·· 083
　　二、追及性 ·· 085
　　三、排他性 ·· 087
　　四、优先受偿性 ·· 088
　　五、附随性 ·· 089
　　六、变卖权的性质界定 ································· 091
第三节　变卖权在罗马法上的历史发展 ············ 093
　　一、变卖权的重要性 ···································· 093
　　二、变卖权的含义 ······································· 094
　　三、变卖权的历史发展 ································· 096
　　小　结 ·· 109

第四章　行使担保物权的实体性条件

第一节　行使担保物权的前提条件 ·················· 110
　　一、中国法上行使担保物权的前提条件 ··········· 111

二、罗马法上行使担保物权的前提条件 ………………… 113
第二节　行使担保物权的主体 ……………………………… 116
　　一、中国法上有关行使担保物权主体的规定 …………… 116
　　二、罗马法上有关行使担保物权主体的规定 …………… 119
第三节　被担保债权的范围 ………………………………… 127
　　一、中国法上有关被担保债权范围的确定 ……………… 128
　　二、罗马法上有关被担保债权范围的确定 ……………… 130
第四节　担保物范围的确定 ………………………………… 140
　　一、当事人对担保物范围的约定优先 …………………… 141
　　二、主物和从物 …………………………………………… 144
　　三、孳息 …………………………………………………… 146
　　四、损害赔偿金 …………………………………………… 154
　　五、添附 …………………………………………………… 157
　　六、担保物的排除 ………………………………………… 170
　　七、浮动抵押中对抵押物范围的确定 …………………… 173

第五章　行使担保物权的程序

第一节　中国法上行使担保物权的程序 …………………… 176
　　一、当事人有关变卖权行使程序的约定优先 …………… 176
　　二、《担保法》上的公力救济 …………………………… 177
　　三、《物权法》上以自力救济为主、公力救济为辅 …… 178
　　四、《民法典》有关担保物权行使程序的立法遗憾 …… 180
　　五、中国法上的争议 ……………………………………… 181

第二节 罗马法上担保物权人行使变卖权的程序 …………… 182
　一、当事人对变卖权行使程序的约定优先 …………… 182
　二、罗马法上变卖权行使中的自力救济和公力救济 …… 183
第三节 担保物变卖中债权人的义务 …………………………… 187
　一、当事人约定行使变卖权的程序优先 ……………… 187
　二、担保物变卖中的诚信义务 ………………………… 190
　三、债权人在变卖担保物中的通知义务 ……………… 192
　四、债权人承担寻找最优买家的义务 ………………… 197
第四节 变卖权的行使期限 ……………………………………… 199
　一、中国法上有关担保物权行使期限的规定 ………… 199
　二、罗马法上担保物权人行使变卖权的期限 ………… 207
　三、质押和抵押中变卖权行使期限的区别 …………… 210

第六章　担保物变卖中当事人的权利义务

第一节 一般买卖关系中当事人主要权利义务 ………………… 214
　一、转移标的物所有权和给付价金 …………………… 214
　二、出卖物被追夺责任的承担 ………………………… 214
第二节 担保物变卖中当事人权利义务的特殊性 ……………… 218
　一、担保物变卖的特殊性 ……………………………… 218
　二、中国法上的规定 …………………………………… 219
　三、罗马法上的规定 …………………………………… 219
第三节 担保物变卖中当事人主要权利义务 …………………… 222
　一、交付标的物和给付价金 …………………………… 222
　二、返还多余价值和继续承担清偿责任 ……………… 226

小　结 ……………………………………………………… 237

第七章　担保物被追夺责任的承担

第一节　中国法上担保物变卖中物被追夺责任的规定 ……… 241
第二节　罗马法上担保物变卖中物被追夺责任的承担 ……… 242
　一、与债权人信托中信托物变卖中物被追夺责任的承担 … 242
　二、罗马法上质押和抵押中物被追夺责任的承担 ………… 245
小　结 ……………………………………………………… 266

第八章　一物之上多重抵押权的实现

第一节　重复抵押制度概述 ………………………………… 269
　一、中国法上重复抵押制度的逐步确定 …………………… 270
　二、重复抵押的设立 ………………………………………… 272
第二节　抵押权顺位的确定 ………………………………… 274
　一、中国法上抵押权顺位确定规则 ………………………… 274
　二、罗马法上的"时间在先、权利在先"原则 …………… 276
　三、"时间在先、权利在先"原则中时间点的判断标准 … 280
　四、当事人对抵押权顺位的约定优先 ……………………… 282
　五、顺位升进主义和顺位固定主义 ………………………… 284
第三节　"时间在先、权利在先"原则的例外 …………… 288
　一、中国法上有关留置权的规定 …………………………… 288
　二、罗马法上的优先权制度 ………………………………… 290

第四节　后顺位抵押权人的权利 ………………………………… 293
　一、后顺位抵押权人对抗第三人的权利 …………………… 293
　二、后顺位抵押权人的变卖权 ……………………………… 294
　三、后顺位抵押权人的清偿代位权 ………………………… 298
　小　结 ………………………………………………………… 302

导　论

一、担保物权的效力

物权是就特定物设立的权利，在物权法领域一般可分为两类：一是在自身物之上的所有权，也称之为自物权；二是在他人所有物上设立物权，称之为他物权。他物权是指权利人根据法律规定或合同约定，对他人之物所享有的进行有限支配的物权。根据支配他人之物的不同内容，又可以分为用益物权和担保物权。用益物权是就他人之物使用和收益的权利，是就该物的使用价值之上设立的权利，是对他人之物经济性利用权，一般需转移该物的占有给用益权人。典型的用益物权类型有地上权、永佃权、使用权、地役权等。而担保物权则赋予权利人在被担保的债权没有按时获得清偿时，可变卖该物并就变卖的价金优先于其他债权人受偿的权利，本质上是就该物交换价值设立的权利，典型的担保物权类型主要包括抵押和质押。[1] 随着经济的发展，我国目前在实践中也涌现出其他的非典型担保物权形式，如让与担保、所有权保留等，这类具有担保功能的合同在《中华人民共和国民法典》（以下简称《民法典》）中已

---

[1] Piero Schlesinger, *Manuale di diritto privato*, diciottesima edizione, Milano, 2007, p. 246.

经得到承认,这意味着担保物权的设定和类型不再是封闭的。[1] 就担保物权对各方当事人的效力而言,法律创设担保制度的初衷并不是以该物绝对地保证主债权获得全部清偿。担保物权的设立只是为了增强债权获得满足的可能性手段,担保人以其所提供的担保物价值为限担保债权能优先受偿。若债权人债权未获完全清偿,仍可向债务人继续求偿。担保物权制度的效力发挥,实际上可分为两个阶段:第一阶段,从"担保的设立"到"担保物权的实行",在该阶段主要是产生心理强制力促使债务人履行义务,这正如意大利著名民法学家布尔德赛(Burdese)所言:"抵押权的设立是为了增强债权获得满足的可能性手段,在抵押权设立到实现抵押权前,只是单纯地对债务人产生心理压力,间接促使其履行义务。"[2] 担保物权的实现是潜在的,因此,抵押权在第一阶段效力发挥上并不作为以该物获得清偿的手段,而是作为避免债务不能获得清偿的手段。[3] 我国台湾地区学者谢在全先生也指出:"担保物权之社会作用,固在确保债务之清偿,然若图债务人不能清偿债务之际,得实行担保物权以优先清偿债务,毋乃债权人之失败。"[4]

实际上,在罗马法初期就出现了以担保物权效力阶段划分

---

[1] 《民法典》第388条:设立担保物权,应当依照本法和其他法律的规定订立担保合同。担保合同包括抵押合同、质押合同和其他具有担保功能的合同。担保合同是主债权债务合同的从合同。主债权债务合同无效的,担保合同无效,但是法律另有规定的除外。担保合同被确认无效后,债务人、担保人、债权人有过错的,应当根据其过错各自承担相应的民事责任。

[2] Alberto Burdese, *Lex commissoria e ius vendendi nella fiducia e nel pignus*, Torino, 1949, p. 111.

[3] Arnaldo Biscardi, *Appunti sulle garanzie reali in diritto romano*, Milano, 1976, p. 163.

[4] 谢在全:《民法物权论》(下册),中国政法大学出版社1999年版,第531页。

为基础的制度设计。该担保物权在第一阶段效力的发挥，首先是通过债权人占有该物而获得，例如在"与债权人信托（*Fiducia cum creditore*）"和"质押（*Pignus datum*）"中，债权人都占有该担保物，债务人若未清偿其债务则不能请求返还该担保物，以此作为心理压力促使债务人履行义务。"质押制度是保障债权的手段，扣押该物首先并非为了使未获清偿的债权人获得清偿，而是产生心理强制力以促使债务人履行其义务。"[1]然而，在罗马法上，随着一种新的实物担保制度——抵押的产生，原先的以"占有担保物"的方式促使债务人履行义务的心理强制效力在抵押中很难得到解释，因为抵押权人并没有占有该抵押物。那么，抵押如何产生促使债务人履行其义务的心理压力？这应该引入对担保物权制度第二阶段效力的研讨。

担保物权效力的第二阶段是"担保物权的实现"阶段，其效力发挥主要体现在：在债务人未按时履行义务时，担保物权人可变卖该物，并以获得的价值优先受偿。可以说，担保物权第一阶段"产生心理强制力促使其履行义务"功能的发挥，本质上也依赖于第二阶段"担保物权人行使变卖、处分担保物的权利"。实际上，正是通过担保物权实现制度，通过对担保物变卖并以价金优先受偿这一"担保物权的实现"阶段而对债务人产生心理压力促使其履行其义务。[2]因此，行使担保物权、变卖担保物以优先受偿是担保物权的本质效力，不但在第一阶段对债务人产生心理压力以促使其履行义务，而且在第二阶段能真正保障债权人在未按时获得清偿时行使担保物权获得优先清偿。

---

[1] Arnaldo Biscardi, *Appunti sulle garanzie reali in diritto romano*, Milano, 1976, p. 141.

[2] Arnaldo Biscardi, *Appunti sulle garanzie reali in diritto romano*, Milano, 1976, p. 163.

考察各国民法对担保物权的定义，也多是从担保物权实现的角度出发。例如，《中华人民共和国担保法》（以下简称《担保法》）第33条[1]和《中华人民共和国物权法》（以下简称《物权法》）第179条[2]对于担保物权的定义可以总结为：债务人不履行到期债务或者发生当事人约定的实现抵押权的情形时，债权人有权就该财产优先受偿。2021年1月1日生效的《民法典》使得《担保法》和《物权法》这两部法律失效，但《民法典》中对应的条文——第394条[3]和第425条[4]并未改变《担保法》和《物权法》中对于典型担保物权抵押和质押的定义，仍然表述为："债务人不履行到期债务或者发生当事人约定的实现抵押权的情形，债权人有权就该财产优先受偿。"亦从

---

[1] 《担保法》第33条：本法所称抵押，是指债务人或者第三人不转移对本法第34条所列财产的占有，将该财产作为债权的担保。债务人不履行债务时，债权人有权依照本法规定以该财产折价或者以拍卖、变卖该财产的价款优先受偿。第63条：本法所称动产质押，是指债务人或者第三人将其动产移交债权人占有，将该动产作为债权的担保。债务人不履行债务时，债权人有权依照本法规定以该动产折价或者以拍卖、变卖该动产的价款优先受偿。

[2] 《物权法》第179条：为担保债务的履行，债务人或者第三人不转移财产的占有，将该财产抵押给债权人的，债务人不履行到期债务或者发生当事人约定的实现抵押权的情形时，债权人有权就该财产优先受偿。第208条：为担保债务的履行，债务人或者第三人将其动产出质给债权人占有的，债务人不履行到期债务或者发生当事人约定的实现质权的情形，债权人有权就该动产优先受偿。

[3] 《民法典》第394条：为担保债务的履行，债务人或者第三人不转移财产的占有，将该财产抵押给债权人的，债务人不履行到期债务或者发生当事人约定的实现抵押权的情形，债权人有权就该财产优先受偿。前款规定的债务人或者第三人为抵押人，债权人为抵押权人，提供担保的财产为抵押财产。

[4] 《民法典》第425条：为担保债务的履行，债务人或者第三人将其动产出质给债权人占有的，债务人不履行到期债务或者发生当事人约定的实现质权的情形，债权人有权就动产优先受偿。前款规定的债务人或者第三人为出质人，债权人为质权人，交付的动产为质押财产。

担保物权实现的角度，即"债权人有权就该财产优先受偿"来定义这一权利的效力。考察其他国家的立法例，《意大利民法典》第2808条将抵押权定义为，"抵押权是债权人通过变卖对其债权进行担保的财产，即对第三受让人行使变卖权并优先以变卖财产的价款实现债权的权利。"《法国民法典》第2073条规定："动产质权赋予债权人就质押之标的物依优先权以及先于其他债权人受清偿的权利。"[1]《德国民法典》第1113条第1款规定："土地可以向因设立负担而受利益的人由此土地支付一定金额清偿其享有之债权的方式设定负担（抵押权）"。[2] 这些定义几乎准确地直接揭示出担保物权的本质实际是实现制度，即变卖担保物以优先受偿的权力。

我们可以发现，行使担保物权的权能非常强大，甚至可以去除所有权人的所有权，如果到期债权没有获得清偿，债权人可行使担保物权的变卖权，对该担保物进行强制变卖。[3] 由此可见，担保物权第一阶段效力发挥是第二阶段变卖权效力所产生的结果，如果缺乏担保物权实现制度，第一阶段效力只能是空中楼阁。故而，研究担保物权实现制度意义重大，正如学者史尚宽就抵押制度所做的评述那样："抵押权人实行抵押权被认为是抵押权的本体"，[4] 也是抵押权之物权效力的当然体现。

二、研究担保物权实现制度的意义

担保物权实现制度是一个重大课题，无论从实体层面还是程序层面而言，因为，如果在实体层面缺乏严谨的规范，这将

---

[1] 罗结珍译：《法国民法典》，北京大学出版社2010年版，第2073条。
[2] 杜景林、卢谌：《德国民法典评注》，法律出版社2011年版，第1113条。
[3] Arnaldo Biscardi, *Appunti sulle garanzie reali in diritto romano*, Milano, 1976, p.8.
[4] 史尚宽：《物权法论》，中国政法大学出版社2000年版，第290页。

不利于担保物权的实现，将无法合理地确定担保物权实现的主体、担保物的范围、被担保债权的范围等，而这正是正确行使和实现担保物权的前提。同样，如果没有清晰而合理的担保物权实现程序，担保权人又将无从获得救济，因而，也无法较好地实现担保物权之制度价值。并且，担保物权的实现程序和成本影响着这一制度作用的发挥，试想如果担保物权的实现程序繁琐、实现费用高于可从担保物实现中获得的价值，那么，债权人将不愿意行使担保物权，这又将导致实物担保之制度价值的消弭。若实行担保权所取得的价款为担保物市场价值的一半，则债权人将向债务人要求更多的财产作为担保，若实行担保权需要花费两年的时间，则债权人将要求债务人提供更为严苛的信用条款。[1] 这些都不利于担保物权制度本身的发展，更不利于促进社会融资和经济繁荣。法律制度本身包含了一定的经济价值，即最大限度地刺激物尽其用的经济机理和有限资源的合理配置。因此，若欠缺适当、合理、有效的担保物权实现程序，担保物权的担保功能将十分有限，甚至流于形式。就担保物权实现的程序而言，公力救济途径具有极强的确定性和执行力，但其弱点在于往往程序冗长、耗时费力。相比而言，实现担保物权的自力救济途径则具有行动迅速、符合效率要求，且充分尊重当事人意思自治的特点。但如何构建担保物权实现的自力救济途径，必须充分考量当事人之间的利益平衡。故而，有必要完善担保物权的实体规范，并制定有效、迅速的担保物权实现程序，这对整个担保物权制度价值之发挥意义重大。

---

[1] 高圣平：《动产担保交易制度比较研究》，中国人民大学出版社2008年版，第144页。

三、我国关于担保物权实现制度的历史溯源和所存在的问题

关于担保物权实现制度，新中国在废除"六法全书"后，由于没有民法典，因此，有关担保物权的制度的规定一直处于不统一、较为混乱的局面。最早的《中华人民共和国民法通则》（以下简称《民法通则》）第89条[1]涉及这一问题，但局限于探讨保证、抵押、定金和留置权作为担保债务履行的方式，并未完全形成担保物权的体系，只进行了概念性的简单规定，尚未形成完善的担保物权实现制度的规范体系。1995年颁布的《担保法》通过第三章第四节"抵押权的实现"一节规定了担保物权类型之一——抵押权的具体实现制度，涉及抵押权实现的实体和程序各方面。例如，规定了抵押权实现程序中的自力救济和公力救济，列明了抵押权实现中当事人的权利和义务；[2]规定了重复抵押时对抵押权实现顺位的判

---

[1]《民法通则》第89条：依照法律的规定或者按照当事人的约定，可以采用下列方式担保债务的履行：①保证人向债权人保证债务人履行债务，债务人不履行债务的，按照约定由保证人履行或者承担连带责任；保证人履行债务后，有权向债务人追偿。②债务人或者第三人可以提供一定的财产作为抵押物。债务人不履行债务的，债权人有权依照法律的规定以抵押物折价或者以变卖抵押物的价款优先得到偿还。③当事人一方在法律规定的范围内可以向对方给付定金。债务人履行债务后，定金应当抵作价款或者收回。给付定金的一方不履行债务的，无权要求返还定金；接受定金的一方不履行债务的，应当双倍返还定金。④按照合同约定一方占有对方的财产，对方不按照合同给付应付款项超过约定期限的，占有人有权留置该财产，依照法律的规定以留置财产折价或者以变卖该财产的价款优先得到偿还。

[2]《担保法》第53条：债务履行期届满抵押权人未受清偿的，可以与抵押人协议以抵押物折价或者以拍卖、变卖该抵押物所得的价款受偿；协议不成的，抵押权人可以向人民法院提起诉讼。抵押物折价或者拍卖、变卖后，其价款超过债权数额的部分归抵押人所有，不足部分由债务人清偿。

断;[1]以及抵押物范围的确定和[2]变卖抵押物的程序;[3] 最后,还对担保权人的追偿权等进行了规定。[4] 但总的来说,在《担保法》上也只是简单规定了几个条文,对担保物权实现制度中的许多重要问题并未涉及,比如担保物权行使期限,担保物范围具体如何判定,被担保债权范围如何确定,变卖担保物之后物被追夺责任如何承担,等等。《担保法》上规定的担保物权实现程序是:主债务履行期限届满,当事人没有达成变价协议,债权人应先向人民法院起诉,人民法院审理之后做出判决,确认了债权人作为担保物权人的权利,然后在债务人不履行判决时,担保人才可向人民法院申请强制执行。[5] 执行的过程也并非法院直接拍卖担保物,而是法院应聘请评估机构对担保物

---

[1]《担保法》第54条:同一财产向两个以上债权人抵押的,拍卖、变卖抵押物所得的价款按照以下规定清偿:①抵押合同以登记生效的,按照抵押物登记的先后顺序清偿;顺序相同的,按照债权比例清偿;②抵押合同自签订之日起生效的,该抵押物已登记的,按照本法第1项规定清偿;未登记的,按照合同生效时间的先后顺序清偿,顺序相同的,按照债权比例清偿。抵押物已登记的先于未登记的受偿。

[2]《担保法》第55条:城市房地产抵押合同签订后,土地上新增的房屋不属于抵押物。需要拍卖该抵押的房地产时,可以依法将该土地上新增的房屋与抵押物一同拍卖,但对拍卖新增房屋所得,抵押权人无权优先受偿。依照本法规定以承包的荒地的土地使用权抵押的,或者以乡(镇)、村企业的厂房等建筑物占用范围内的土地使用权抵押的,在实现抵押权后,未经法定程序不得改变土地集体所有和土地用途。《担保法》第58条:抵押权因抵押物灭失而消灭。因灭失所得的赔偿金,应当作为抵押财产。

[3]《担保法》第56条:拍卖划拨的国有土地使用权所得的价款,在依法缴纳相当于应缴纳的土地使用权出让金的款额后,抵押权人有优先受偿权。

[4]《担保法》第57条:为债务人抵押担保的第三人,在抵押权人实现抵押权后,有权向债务人追偿。

[5]《担保法》第53条第1款:债务履行期限届满抵押权人未受清偿的,可以与抵押人协议以抵押物折价或者以拍卖、变卖该抵押物所得的价款受偿;协议不成的,抵押权人可以向人民法院提起诉讼。

估价,由拍卖公司进行拍卖。可见这一过程极为繁琐,涉及的主体繁多,要缴纳费用的项目众多,包括诉讼费、评估费、拍卖和强制执行费等。这些费用一般都从变卖担保物所获价值中优先扣除,实际有可能损害的是担保权人的利益。且债务人在这一漫长过程中,有可能转移或挥霍财产,这降低了被担保债权获得清偿的程度,影响了实物担保制度作用的发挥。

我国自20世纪90年代末就已开始致力于"物权法草案"的编撰,《物权法》对担保物权实现制度的改革非常明确,修正了原本《民法通则》和《担保法》中担保物权的实现规则。相对《担保法》而言,《物权法》的修正主要体现在如下方面:其一,完善了担保物权实现条件,不仅规定了债务人到期不履行债务,担保权人可实现担保物权,也规定在发生当事人约定的实现担保物权情形时,担保权人也可实现担保物权。这意味着更尊重当事人意思自治,可交由当事人自己约定担保物权实现条件。[1] 其二,完善了担保物权实现途径,虽然《物权法》没有完全采纳自力救济途径,但对《担保法》所规定的完全公力救济模式做出改善,允许债权人可直接请求人民法院拍卖或变卖担保物,在债权到期没有获得清偿或出现了当事人约定的实现担保物权的情况时,通过对担保物的折价或拍卖、变卖担保物以获得的价金优先受偿。但需要注意的是,这一规定仍需有《中华人民共和国民事诉讼法》(以下简称《民事诉讼法》)的相应配套规定,应将担保物权协议这一文书作为执行的依据。2007年制定的《物权法》中规定了"协议不成可申请法院拍卖、变卖",这表明,就担保物权之实现而言,《物权法》对于

---

[1]《物权法》第170条:担保物权人在债务人不履行到期债务或者发生当事人约定的实现担保物权的情形,依法享有就担保财产优先受偿的权利,但法律另有规定的除外。

国家司法保护主义的态度有所转变，即强调可以通过非讼化途径进行权利上的救济。但由于立法上仍然存在立场不明的问题，《物权法》中有关担保物权实现制度的规定仍然存在模糊和矛盾之处，例如，对"请求人民法院拍卖、变卖抵押财产"的理解，目前学界就有三种观点：第一种理解认为该规定是指不经过诉讼程序，法院经权利人申请即可拍卖、变卖抵押财产，这应归为非诉讼法律文书的执行程序；第二种理解认为是指"抵押权人与抵押人就抵押权实现方式未达成协议，为了简便抵押权的实现程序，抵押权人可以直接请求人民法院拍卖、变卖抵押财产"，但仍未清楚地表明这是不是执行程序；第三种理解认为是指申请直接进入执行程序，由法院执行部门审查和裁定。2021 年 1 月 1 日生效的《民法典》在第 410 条[1]规定了"抵押权的实现"，其基本照搬了《物权法》上的规定，并未解决相应的理论上和实践中的争议和模糊之处。由此可见，就担保物权之实现制度而言，目前学界出现对"担保物权实现的非讼化"路径的无序解释，需要进一步厘清与完善。为了准确地对法的条文进行解释、适用和完善，十分有必要采取一个科学的态度去推进对该规定所包含内容的评估和分析，并且许多担保物权实现中的重要制度在现行《民法典》中依然找不到相关规定，亟待进一步完善。但值得注意的是，2012 年修订的《民事诉讼法》确立了"实现担保物权案件"的非讼程序，但由于立法简略，司

---

[1] 《民法典》第 410 条：债务人不履行到期债务或者发生当事人约定的实现抵押权的情形，抵押权人可以与抵押人协议以抵押财产折价或者以拍卖、变卖该抵押财产所得的价款优先受偿。协议损害其他债权人利益的，其他债权人可以请求人民法院撤销该协议。抵押权人与抵押人未就抵押权实现方式达成协议的，抵押权人可以请求人民法院拍卖、变卖抵押财产。抵押财产折价或者变卖的，应当参照市场价格。

法实践中,仍然存在各地法院操作混乱的情形。[1] 例如,对于实现担保物权的非讼程序是应以形式审查为原则,还是就担保物权的有效成立、担保物权实现的条件等实体问题也一并考察,如果实体问题出现争议时应当如何处理,并未有统一的做法和权威的解释出台。

四、担保物权实现制度历史和比较研究的意义

现代大陆法系各国成文法典的编纂,几乎都继受于罗马法,英美法系也或多或少地受到罗马法影响。法典是随着时代的进步而造就的,并不是任何人的作品,法律随时代发展而发展。[2] 任何一个法典都无法割舍跟过去的联系。罗马法学家盖尤斯说:"为更好地了解现有事物,应走向其起源,从其历史起源和变迁中吸取经验。"历史探究作为法学研究的惯用方法是必要的,民商法学中的问题总是自然而然地指向罗马法,且绝大部分问题都能在其中找到答案。在罗马法的最古部分中,有着最久远的古代事物的痕迹,而在其后期规定中,又提供了甚至到现在还支配着现代社会的民事制度资料。[3]

快速审视一下中国担保法律制度,有许多规定可找到罗马法的传统,当然也与中国的经济—法律现实相联系。[4] 有关担

---

[1] 学者毋爱斌也持相同的观点,参见毋爱斌:《"解释论"语境下担保物权实现的非讼程序——兼评〈民事诉讼法〉第196条、第197条》,载《比较法研究》2015年第2期。

[2] Alfredo Bicci, *Della surroga ipotecaria per evizione e del lucri dotali*, Torino, 1882, p. 13.

[3] [英]梅因:《古代法》,沈景一译,商务印书馆2009年版,序言。

[4] Aldo Petrucci, La legge sulla garanzia delle obbligazioni della repubblica popolare cinese, una prima analisi, in *Diritto civile e commerciale*, p. 875.

保物权的许多问题,在罗马法上就已经展开讨论。[1] 从对单个担保类型的评论来看,我国有关担保物权的大部分原则都基于罗马法系国家的法律规定。[2] 我国有关担保物权规定中的一些基本原则与其他具有罗马法传统的国家相同,例如,对抵押权是一种物权这一权利性质的认定,债权人可请求返还该担保物多余价值的权利,债务人应履行尚未获得清偿的债务,抵押物灭失时赔偿金可取代抵押物地位,等等。历史研究总是有效的,法学的研究,或者任何制度的研究都需要追溯一般原则的踪迹,看看这一制度的起源。[3] 我国的实物担保制度源于罗马法系,但保留了自身特征,将罗马法上的制度与具有中国特色的制度进行比较分析,以罗马法的视角对中国法进行进一步比较研究和制度完善。目前,学界有关担保物权溯源性的分析甚少,少有从罗马法角度对这一制度进行历史研究与比较研究,并少有结合私法教义学、规范分析的相关著作和文章进行研究。对担保物权实现制度做历史和比较的研究,有利于在实践中准确适用相关法律法规。本书试图重建罗马法实物担保实现制度,从实体和程序两个方面考察担保物权实现制度的历史发展,将考察罗马社会、经济环境对法律制度产生的明显影响,对比当下我国之国情,以我国有关担保物权实现中在实体上和程序上的模糊规定和学术界存在的广泛争议为切入点,以罗马法为视角,探讨担保物权实现制度在罗马法上的历史发展和以及如何逐步

---

[1] Manlio Sargenti, Il *de agri cultura* di catone e le origine dell'ipoteca romana, in *S.D.H.I.*, 22, 1956, p. 158.

[2] Aldo Petrucci, La legge sulla garanzia delle obbligazioni della repubblica popolare cinese, una prima analisi, in *Diritto civile e commerciale*, p. 885.

[3] Alfredo Bicci, *Della surroga ipotecaria per evizione e del lucri dotali*, Torino, 1882, p. 14.

完善的，目光始终在罗马法与中国法之间巡回往返，以期更为深刻地理解这一制度，从立法和法教义学、法解释学的角度提供担保物权法律制度的域外经验和教训，以罗马法学家的观点为我国担保物权实现制度的完善提供研究资料和可借鉴的思路。

书中会涉及对罗马法上原始片断的分析，这是罗马法研究的方法和特点，通过片断分析（esegesi）来发现制度本身。对盖尤斯、乌尔比安、保罗、马尔西安等法学家有关担保物权实现的相关片断的分析十分有效和有意义，所有的文化现象，包括法律都是一步步发展起来的，单个法学家的行为与整个法学历史相联系，法学的历史就是法学家的历史。但需要注意的是，担保物权领域的一些原则也会表现出中国情况下的特殊性，尤其体现在土地问题上，我国所有制的特殊性是以公有制为基础，经济体制也可以表述为逐步由计划经济向自由市场经济转变，因此，必须注意的是，就我国担保物权制度进行研究，也必须正视对这两种特性需求的统一和结合，这也是连接市场经济的需求和社会主义体制保守性的要求。[1]

全书分为以下几部分内容：

第一章　罗马法上担保物权制度概述
第二章　担保物权实现制度：解除约款（流质契约）
第三章　担保物权实现制度：变卖权
第四章　行使担保物权的实体性条件
第五章　行使担保物权的程序
第六章　担保物变卖中当事人的权利义务
第七章　担保物被追夺责任的承担

---

[1] 相应观点也可参照意大利著名法学家贝特鲁齐的文章：Aldo Petrucci, La legge sulla garanzia delle obbligazioni della repubblica popolare cinese, una prima analisi, in *Diritto civile e commerciale*, p. 885.

第八章　一物之上多重抵押权的实现

在导论部分，尚需交代和说明的是：

第一，本书的研究对象是有体物上担保物权的实现，并不涉及无体物。并不是说无体物不能成为担保物权客体，我国也规定了权利等无体物可成为担保物权客体，《民法典》物权编第十八章第二节对权利质权进行规定，并在第440条事实上列举了可质押的权利的范围，且保留了体系的开放性，在最后一款进行兜底性条款的规定。[1] 在罗马法上，也允许以在他人之物上的他物权和债权作为质物。但本书只涉及有体物上设立的担保物权的实现，原因在于：其一，在罗马法，实物担保制度产生和发展之初只在有体物上设立担保物权。在权利等无体物上设立担保物权是后期才发展出的制度。在古典时期没有承认用益权、地役权、地上权的抵押，优士丁尼时期得到了承认。[2] 其二，有关有体物担保物权的实现，无论在我国法上还是在罗马法上的相关规定都占大多数，其他权利质押或抵押等无体物上设立的实物担保，主要借鉴有体物上的相关规定。

第二，有关登记的问题。"现代法继受了罗马法，除了登记不动产的公示制度外。"[3] 现代法上，与抵押制度分不开的是登记公示制度，事实上，在当时罗马法上很少涉及登记公示制度。在古典法体系中的公示制度，一般情况下是有关不动产的

---

[1]《民法典》第440条关于权利质权的范围：债务人或者第三人有权处分的下列权利可以出质：①汇票、本票、支票；②债券、存款单；③仓单、提单；④可以转让的基金份额、股权；⑤可以转让的注册商标专用权、专利权、著作权等知识产权中的财产权；⑥现有的以及将有的应收账款；⑦法律、行政法规规定可以出质的其他财产权利。

[2] Vincenzo Arangio-Ruiz, *Istituzione di diritto romano*, Napoli, 2012, p. 267.

[3] Arnaldo Biscardi, *Appunti sulle garanzie reali in diritto romano*, Milano, 1976, p. 12.

导 论

所有权制度，罗马法上没有完善的登记公示制度。[1]罗马法上的登记制度主要是体现在对遗嘱自由进行限制的遗嘱登记和赠与登记制度中[2]。在罗马法上，起先并没有土地登记簿。[3]所以，在本书中，并未涉及罗马法上抵押登记的相关情况，故而，也很少涉及中国法与罗马法之间的有关抵押登记的比较分析。

---

[1] Vincenzo Arangio-Ruiz, *Istituzione di diritto romano*, Napoli, 2012, p. 265.

[2] 并不是说，罗马法上就没有登记制度，实际上在遗产继承领域罗马法上的登记制度还是相对比较完善的。在罗马早期，民风比较淳朴敦厚，虽然实行的是遗嘱自由，但家长按照习惯还是会给其法定继承人保留一定的财产，以尽养育之责。这也是我们现在继承法中必留份制度的起源。但到了罗马共和国末期，立遗嘱人常常不按照传统的善良风俗行事，出现了"上不养老，下不育幼"的情况，经常把财产通过遗嘱全部留给第三人，使其父母、子女无法维持将来的生活。针对这种现象，罗马执法官认为，如果遗嘱人没有正当理由而违背人伦道德，不把一定的财产留给自己的子女、父母等近亲属，反而遗赠给第三人，那可以认定，这个遗嘱是在精神错乱情况下所立的，如果立遗嘱人的近亲属提起诉讼，执法官往往以意思表示有瑕疵为理由，宣告这种遗嘱不能发生法律效力，从而将遗产判归继承人。在当时的罗马，这种诉讼被称为是"遗嘱逆伦之诉"（querela inofficiosi testamenti）。这是对遗嘱自由原则的限制，这样便使遗嘱人不能随便处分其遗产。但罗马人为了避免受到"遗嘱逆伦之诉"的制裁，便想出办法，在自己生前，就通过赠与或其他办法将自己的财产处分掉，使法定继承人既得不到遗产，又无法提起诉讼。为了纠正这种制度漏洞的弊端，亚历山大·塞维鲁（Alexander Severus，公元222—235年在位），将"遗嘱逆伦之诉"扩大适用于赠与，如果生前进行了这样的赠与，那么赠与也是无效的。到优士丁尼皇帝执政时期，又规定：凡赠与超过法定数额者，必须向相应的市政厅部门进行登记（insinuuation），否则超过部分不生效力。于是在罗马帝国后期建立了登记制度，所采取的方式是，将赠与证书复制在一个公开的登记簿中，如果不进行登记，将会导致赠与无效。可见，罗马帝国后期，建立的登记制度和我们今天的不动产登记制度不同，该登记是适用于赠与，且登记的目的在于为赠与行为提供证据，以维护家庭之利益；相比较而言，如今我国的不动产登记制度则是适用于不动产物权变动，而登记的目的在于向第三人进行公示，以确定物权归属和变动，维护交易之安全。

[3] Fritz Schulz, *I principi del diritto romano*, Firenze, 1946, p. 216.

第三，抵押和质押的术语混用问题。[1] 罗马法上实物担保制度中，时常抵押和质押术语混用，它们都作为实物担保形式，但并不是要否定这样的事实，即质押设立是需要转移质物占有，而抵押不需要转移占有。[2] 而罗马法片断中，时常存在抵押和质押术语混用问题，"在质押和抵押之间只是单词发音上的不同。"[3] 对于 *Pignus* 这一词汇有时表达的是给付质押，有时表达的是协议质押（抵押），有时表述的是包含了二者的实物担保总的概念。[4] 所以，在本书中或许出现质押、抵押、实物担保术语混同，希望读者根据语境理解。

---

[1] 罗马法上有这个问题，但是在中国法上没有抵押和质押混用的问题。

[2] Arnaldo Biscardi, *Appunti sulle garanzie reali in diritto romano*, Milano, 1976, p. 12.

[3] D. 20. 1. 5. 1. Poi tra pegno e ipoteca differisce solo il suono della parola.

[4] 李媚：《罗马法质押 *pignus* 制度考》，载《中国法学文档》（第 10 辑），元照出版有限公司 2013 年版。Pasquale Voci, *Istituzioni di Diritto Romano* (*Quinta Edizione*), Milano, Giuffrè Editore, p. 326. Edoardo Volterra, *Istituzioni di diritto privato romano*, Roma, 1988, p. 593.

第一章
罗马法上担保物权制度概述

第一节　债的清偿的担保

当事人之间缔结债的关系，债权人首先希望债务人按合同约定履行清偿义务，债的关系是相对的"对人性"，是债务人以其所有财产作为所有债的清偿的责任财产，因此，该债权人与其他债权人相比并不具优先性。故而，为确保其债权获得优先满足，债的担保制度应运而生。

债的清偿的担保是通过构建另一法律关系以增强债权获得优先满足的能力，也就是说，债权人可通过设立特定的债的担保而加强获得清偿的可能性。债的担保存在很多形式，但赋予债权人的权利并不相同。为了更好地担保债权人之债权获得满足，可建立债的方式或是物的方式的担保关系。债的担保的大多情形是由第三人提供，而物的担保则可由债务人或第三人提供。[1] 在债务人不履行债务时，第三人作为保证人承担清偿责任或是以特定物由债权人支配，以变卖该物优先获得清偿，该物可由债务人或第三人提供。[2]

---

[1] Paolo Frezza, *Le garanzie delle obbligazioni*, corso di diritto romano, II, le garanzie personali, Padova, 1963, p. 1.

[2] Arnaldo Biscardi, *Appunti sulle garanzie reali in diritto romano*, Milano, 1976, p. 4.

罗马私法中，债之清偿的担保分为两类：一类以设立新债的方式，比如保证（*Fideiussio*）、誓约（*Sponsio*）等；另一类"以物作为履行债务的担保"，比如信托担保（*Fiducia cum creditore*）、质押、抵押等实物担保形式。以债的方式设立的担保，本质上仍然是人与人之间的关系，而实物担保制度则是人与物之间的关系。[1]

从经济学角度看，债的担保方式是人与人之间的关系，实际是信任关系。而物的担保则是人与物之间的关系，具有物权的绝对性和对世性。当债权人获得了一个或多个物的担保，那么，这时债务人所有责任财产承担了一般担保，加上特定物上设立的担保物担保，债权人实际获得了双重或是多重保障。[2] 罗马法上承认人的担保和物的担保两种担保方式，实际上，古罗马人最初认为人的担保更为有用，所以，在罗马法初期，人的担保在实践中适用更多。这是因为：与罗马法上实物担保制度发展初期的"与债权人信托（*Fiducia cum creditore*）"方式相比较，人的担保的设立更为简单，而且在当时罗马法社会经济不发达，当事人的个人财产很少，没有多余财产可作为担保物，且当时的罗马社会是信用社会，人的信用受到足够重视[3]，所

---

[1] Pietro Bonfante, *Istituzine del Diritto Romano*, Milano, 1987, p. 361.

[2] Fritz Schulz, *Classical Roman Law*, Oxford, 1992, p. 401.

[3] 否则，可能会造成名誉减损（existimationis rainutio）。所谓名誉（existimatio），是指"一种未受到损害的或者根据法律或习俗而赋予的尊严状态，它可以因犯罪或者依据法律而被削弱或被剥夺"。名誉减损，意味着会限制主体从事各种社会生活的资格。这包括三种类型：一是无信用（intestabilis），这是最严重的名誉减损，指行为人会丧失作证人或请他人为自己作证人的资格。由于罗马市民法上非常强调形式主义，例如在要式买卖等很多情形下都要求有证人参加。如果某人被宣告为无信用的，这将导致他在社会生活中寸步难行。二是不名誉（infamia），这是指由于法院的判决或者存在其他法律规定的事实（如重婚、被宣告破产、逃避兵役、从事卑贱职业等）而人格受到一段时间的限制。其在强度上轻于无信用，但被认定为不名

第一章　罗马法上担保物权制度概述

以一般都由亲属来为债务人提供人的担保。因此，在罗马法上，最早确立了人的担保相对物的担保优先适用的规则。[1]

一、人的担保概述

在罗马法上，人的担保大多是由第三人提供[2]，被称为债务承保（*Intercessione*）。其分为：其一，第三人完全取代债务人地位的免除性债务承保，相当于缔结新契约，这需债权人同意，本质上是债的移转；其二，第三人与债务人一起负债的合并性债务承保。而罗马法上的实物担保虽早在远古时代就存在，但在前古典时期和古典时期缓慢发展。在担保制度发展前期，古罗马人认为人的担保更为有用，即通行连保（*Satisdatio*）制度，由数个保证人对同一债务各负代为履行的责任。其实，这是由当时的社会经济状况所决定的。当时，少数贵族家庭因占用公地而致富，其余农民或放牧人因受经济剥削和战争蹂躏而鲜有财产，遇急便需借贷，但是其没有可以提供实物担保的财物，故只能恳求较为富有的亲友代为提供人的担保。[3]所以，在罗马法上，人的担保制度率先发展起来。人的担保增加了可请求清偿主体，但仍保持着对人的相对效力，相对其他债权人并无优先受偿权。这在一定意义上并未实质增强债权人获得清偿的

誉的，同样会对该人的活动范围产生重要影响，比如不能担任相应的官职等。三是污名（turpitudo），这是对有劣迹或丧失信义的人施加的否定的道德评价，使他们不得担任人身信用性的职务，比如监护人、保佐人、证人等。污名主要属于道德评价的范畴，非由法律所规定，所以又称为"事实上的不名誉（infamia facti）"。

[1] Manlio Sargenti, Il *de agri cultura* di catone e le origine dell'ipoteca romana, in S. D. H. I., 22, 1956, p.179.

[2] P. Bonfante, *Istituzione di Diritto Romano*, Milano, Giuffrè Editore, 1987, p.356.

[3] 周枏：《罗马法原论》（上册），商务印书馆1994年版，第389页。

能力。[1]

二、实物担保概述

实物担保是债权人为使自身债权得到满足，而在特定物上设立担保的制度，债权人对该物享有优先于其他债权人受偿的权利。人保方式提供的担保是人与人之间的关系，实物担保则是人与物之间的关系。[2]实物担保具有"对世性"，直接产生对物的效力，债务人若不按期清偿债务，则该物便可被债权人占有、变卖以优先受偿。

实物担保较之人的担保，所表现出来的特点是更为稳固、可靠，若保证人不愿或不能代为清偿，则人的担保并不能让债权人获得任何对财产的控制权和处分权，其清偿请求仍然不针对任何的具体财产，故罗马人慢慢发现了人的担保所存在的弊端。[3]相较而言，在实物担保中，只要该物存在，债权人便对该担保物有追及权、处分权和优先受偿权，而不论该物辗转于何人之手。因此，到了罗马共和国晚期，一方面是因为法律制度逐渐减轻保证人的责任，使人的担保方式对债权人利益的保护不像过去那样可靠，另一方面也由于实物担保法律制度经历了多次改革，不断得以发展，渐臻完善，[4]所以，共和国晚期之后在罗马法上，实物担保方式逐步成为主要的担保债务清偿的方式。

---

[1] Arnaldo Biscardi, *Appunti sulle garanzie reali in diritto romano*, Milano, 1976, p.5.《意大利民法典》和我国《民法通则》都规定了所有的债权人对债务人的财产享有同样的权利，除了享有优先权的债权人。

[2] P. Bonfante, *Istituzione di Diritto Romano*, Milano, Giuffrè Editore, 1987, p.361.

[3] Giovanni Pugliese, *Istituzione di diritto romano*, Torino, 1991, p.494.

[4] 周枏:《罗马法原论》(上册)，商务印书馆1994年版，第391页。

第一章 罗马法上担保物权制度概述

第二节 罗马法上的"人质"担保

在以"物"[1]作为担保物之前,罗马法上曾经存在过以债务人自身作担保物的"人质"担保阶段,即将人身作为财产,以债务人自身作为担保物,承担主要债务责任。"人质"担保涉及债务口约,即以债务人的人身作为担保物对象。[2]

一、债务口约

《十二表法》[3]规定了将债务人自身作为担保物的债务口约(Nexum),第三表规定:"债务人不还债的,债权人得拘捕之,押其到长官前,申请执行。此时如债务人仍不清偿……债权人得拘禁债务人60日。如未能清偿债务,仍无人代为清偿或保

---

[1] 在罗马法中,物(res)有广义和狭义之分。在广义上,罗马法认为除自由人以外的,一切存于自然界者都是物。按照周枏在其《罗马法原论》中所提到的:罗马法上之物,最初指"除自由人外 而存在于自然界的一切东西,不管是对人有用的,无用的,甚至是有害的,均属于广义的物"。在罗马法上,享有权利能力的首要前提是必须具有自由身份,具有自由身份的人是自由人,否则是奴隶。只有自由人才享有权利能力,才是法律关系的主体。而奴隶不具有主体的地位,奴隶被作为物,并且奴隶是重要的要式物,需要通过要式买卖的方式才能转让奴隶的所有权,可以成为担保物权的客体。随着社会经济的发展,古罗马人对物的认识也在发生变化,并逐渐将物限定在人力可支配的范围内。于是,在罗马法上就逐渐产生出了狭义的物的观念,是指作为权利客体而存在的,应该是人力所支配的,并且具有财产价值的物质,才能成为民法上的物。此时,在罗马法上区分出物是一个法律意义上的概念,而不是一个自然界的物理属性的宽泛的概念。所以,狭义上的物,是指对人类有用,并构成人们财产或财富的那部分物,也就是可以支配的可有物,才构成物的范畴。

[2] Arnaldo Biscardi, *Appunti sulle garanzie reali in diritto romano*, Milano, 1976, p. 18.

[3] 《十二表法》(XII TAVOLE),颁布于公元前452至公元前450年。

证,债权人得将债务人卖于台伯河(Tevere)外的外国或杀死之。"

债务口约是古老的契约形式,当事人在见证人和司称面前缔结关于消费借贷的契约,债务人采用出卖其人身的方式为借贷担保。债务人不能清偿债务就沦为债务奴隶(Nexi),受债权人支配,以提供劳作来清偿债务。[1]这便意味着,债权人作为主人可占据该债务人,使其处于受拘禁状态,以债务人躯体的劳动来偿付其未能受偿的债务;若未能偿付,债权人还可将该债务人出卖、放逐或杀死。

二、博爱特里亚法(Lex poetelia)

债务口约制度程序繁琐、执行困难且极为不人道,因此,伴随着对自由人主体法律地位、人道主义精神的不断认识和逐步重视[2],这一将自由人作为法律关系客体的债务口约制度受到了城邦法律的批判、惩罚。债务口约制度在公元前326年被博爱特里亚法废除。[3] 博爱特里亚法规定只能以物而不能以人

---

[1] Arnaldo Biscardi, *Appunti sulle garanzie reali in diritto romano*, Milano, 1976, p. 17.

[2] 随着自然法思想的引入和传播,在罗马法上逐渐树立起平等的自然法理念,奴隶、妇女和家属的地位也在不断提高。个人人格逐步受到法律的承认,不再容许把人视为民事法律关系的客体,能作为民事法律关系客体的只能是存在于人身之外的物。

[3] Fritz Schulz, *I principi del diritto romano*, Firenze, 1946, p. 164. 博爱特里亚法是一项颁布于公元前326年的法律,该法废除了债务奴隶制度,并且解放了所有债务奴隶,从而使罗马中的债不再以债务人的躯体作为承担责任的保证。但是对于这一法律的解释,有学者有不同的观点,有人认为不是废除了债务口约和债务奴隶制度,只是不允许以锁链铐住债务人。Arnaldo Biscardi, *Appunti sulle garanzie reali in diritto romano*, Milano, 1976, p. 17.

身作为担保物,不再将自由人作为法律关系的客体。[1]

在更为近代的法律制度中,随着实物担保不断发展,只有债务人的实物财产才能作为担保物,同时不再允许将人身作为财产,人身只能作为精神,只能作为法律主体而存在。[2]至此,罗马法上的实物担保制度从"人质"的不文明、不人道阶段迈进了"以物为质"的文明和人道阶段。自由人不再作为担保物,这一法律传统一直得以保留至今。[3] 这表明:人道主义精神在当时社会已经得到普遍重视和不断发展。[4]需指出的是,在罗马法实物担保制度中奴隶属于要式物,奴隶不是"人",因此奴隶没有人格,是法律关系客体。

第三节 罗马法上的实物担保制度

每一种实物担保方式的出现都是由当时社会、经济状况等历史原因决定的,原因在于原有制度安排已无法适应实践需要,无法解决现实难题,更无法平衡当事人之间的法律关系。当然,新制度的产生也应适应着促进对物的利用、回应经济的历史发展需求。罗马法上的实物担保制度经历了非常丰富的发展历程:从公法上对纳税地(*Praedia tributaria*)[5]征税中的扣押(*Pignoris capio*)制度,发展到罗马私法上转移担保物所有权的"与债权

---

[1] Giovanni Pugliese, *Istituzione di diritto romano*, Torino, 1991, p. 143.

[2] Alfredo Bicci, *Della surroga ipotecaria per evizione e del lucri dotali*, Torino, 1882, p. 14.

[3] Antonio Pertile, *Storia del diritto italiano dalla caduta l'impero romano alla codificazione*, IV, 1896, p. 541.

[4] Fritz Schulz, *I principi del diritto romano*, Firenze, 1946, p. 164.

[5] 纳税地,指罗马帝国时期归皇帝直接管理的行省的土地。对于这种土地,土地使用人直接向皇帝交纳土地税。

人信托"（*Fiducia cum creditore*）制度，私法上的实物担保首先是通过转让要式物所有权给债权人的信托制度来实现的。[1] 再发展到只转移担保物占有的"给付质押（*Pignus datum*）"，最后才发展到既不转移所有权也不转移占有的"协议质押（*Pignus conventum*）"，即抵押（*Hypotheca*）制度。总体上来看，罗马私法中的担保物权制度是从在要式物上设立担保发展为在要式物、非要式物上都可设立担保，从转移物的所有权的担保发展为转移占有再发展为不转移占有而设立实物担保。[2]

一、与债权人信托（*Fiducia cum creditore*）

起初，在罗马私法中，设定物的担保需要将该物转移给债权人，让债权人在实体上控制该物，即最初是转移担保物所有权的信托担保方式。在质押作为法律制度产生前，罗马私法上的实物担保起先是通过转让要式物所有权给债权人的"与债权人信托"制度实现的，如波提卡铜板（*Tabula Baetica*）[3]和西塞罗文献[4]中所述的那样。虽然无法确定与债权人信托具体产生的时间，但《十二表法》中相关内容的记载表明，这一物的担保方式应该是产生于《十二表法》之前。因此，与债权人信

---

[1] Aberto Burdese, *Manuale di diritto privato romano*, Torino, 1993, p. 379. GAIO, 2. 60.

[2] Paolo Frezza, *Le garanzie delle obbligazioni, corso di diritto romano, II, le garanzie reali*, Padova, 1963, p. 83. D. 50. 16. 238. 2.

[3] 波提卡铜板，是指1867年在西班牙安达卢西亚自治区的瓜达尔基维尔河口发现的可拆合的双连书写板中的一块铜板，因为此地在罗马帝国时期为波提卡行省，所以被罗马法研究者冠以此名称。这块铜板制作的具体时间已不可考，但可以大致确定为在公元前2世纪，这块铜板上记载了具体的与债权人信托担保的运作过程。

[4] 西塞罗在其《论义务》一书中讨论诚信诉讼时两次谈到信托（*fiducia*），分别是该书的第3卷第61段和第70段。西塞罗生于公元前106年，死于公元前43年，古罗马著名的政治家、法学家和哲学家。

托是罗马私法中最古老的实物担保形式，其对质押（*Pignus*），特别是对给付质押产生了深远影响，但最终却被质押制度所取代。[1]

信托制度实际以转移信托物所有权给受托人而实现信托目标，其有两种形式：一是与朋友信托（*Fiducia cum amico*），可实现保管或释奴等目的；[2] 二是与债权人信托（*Fiducia cum creditore*）。与债权人信托作为信托的一种特殊方式，以转移物之所有权的方式来承担担保功能，其存在于整个古典时期。[3] 主要是通过要式买卖或拟诉弃权的方式正式转移要式物的所有权以便实现担保功能。

（一）与债权人信托的概念

与债权人信托，具体是指：出于实物担保目的将某物转让给信托人的债权人（即受托人），待有关债务获得清偿后，再由受托人将该物返还给信托人。这一担保方式最显著的特征是不论动产或不动产，都需通过要式买卖或拟诉弃权的方式转移担保物的所有权给受托人，以担保债务清偿。这一古老、庄重的实物担保形式，不能以让渡（*Traditio*）[4]方式转移所有权。

与债权人信托设立之后，所产生的附随的义务是债权人在其债权获得满足时应返还该物。[5]所以，这一行为产生两个效果：一是转移了该物市民法上之所有权给受托人，二是受托人

---

[1] Paolo Frezza, *Le garanzie delle obbligazioni, corso di diritto romano, II, le garanzie reali*, Padova, 1963, p. 83.

[2] D. 17. 1. 30.；D. 27. 1.；D. 39. 6. 42.

[3] Fritz Schulz, *Classical Roman Law*, Oxford, 1992, p. 406.

[4] 让渡是一种最简单的转移所有权的方式，表现为对可动物的实际交付，在罗马法中指适用于略式物，不适用于要式物。

[5] Fritz Schulz, *Classical Roman Law*, Oxford, 1992, p. 400.

承担了届时直接返还该物的义务；当事人的权利、义务即围绕这两个效果展开。受托人不仅与信托人形成债的关系，也与信托物形成物的关系。[1] 与债权人信托的真正目的，不是转移物的所有权给受托人使其永久地获得该物，而是在担保目的实现后，受托人应返还该物给信托人，转移所有权只是担保的手段。[2]

（二）信托人（债务人）与受托人（债权人）的权利、义务

在与债权人信托中，受托人在信托人不能清偿时，享有就信托物变卖以其价金优先受偿的权利，多余的价金应返还信托人，尚未清偿的债权则仍由信托人负担但不获得物的担保。[3] 受托人承担的义务是善意保管信托物、收取信托物的孳息，在债务人清偿后返还信托物，[4] 如要变卖信托物优先受偿则需以自身勤谨注意来寻找更优买家。[5] 相对而言，信托人则要对信托物给受托人造成的损失承担责任，[6] 对受托人支付的保管费用承担补偿责任。[7] 罗马法赋予了信托人提起"信托之诉"（Actio fiducia）的权利，在信托人清偿了被担保的债务后可以起诉请求受托人返还信托物。[8] 同时，也赋予了受托人提起"信托反诉"的权利，使其可以就保管费用和所受损失向信托人请

---

[1] Remo Franceschelli, *La garanzia reale delle obbligazioni nel diritto romano classic e nel diritto inglese*, CEDAM, 1938, p. 526.

[2] Aberto Burdese, *Manuale di diritto privato romano*, Torino, UTET, 2000, p. 431.

[3] Sententiae Receptae Paulo Tributae (PS) 2. 13. 5.；D. 13. 7. 6. PR.；D. 18. 3. 2. 3.

[4] D. 13. 7. 22. 3.

[5] D. 13. 7. 22. 4.；D. 13. 7. 6. PR.

[6] D. 13. 7. 31.；D. 47. 2. 62.

[7] PS2. 13. 7.；D. 13. 7. 8. PR.

[8] Aberto Burdese, *Manuale di diritto privato romano*, Torino, 1993, p. 379.

求赔偿。

与债权人信托制度的实物担保功能在远古时代就已产生,[1]之所以首先产生与债权人信托的实物担保制度,原因在于:其一,在罗马人的观念中,重要的财产都通过要式买卖或拟诉弃权的方式转移,所以,在物的担保领域也一样,最初发展出的也是以转移物的所有权方式担保的与债权人信托实物担保制度;其二,这与罗马当时的社会经济关系、家庭制度等环境相关。在当时的古罗马,债权人处于优势地位,他们往往对债务人的偿还能力有所顾虑,所以会对债务人规定非常严格的责任,由此所产生的制度也倾向于保护债权人利益,所以发展出转移物的所有权而用于担保的制度,且进一步规定一旦债务人未能按时清偿债务,则债权人可利用解除约款(流质契约)获得该信托物所有权,而当时信托物价值往往大于或远大于债务总额。[2]到公元前97年,与债权人信托已经成为非常普遍的担保形式。[3]但到了古典法时期,与债权人信托这一物的担保方式逐渐被质押和抵押制度所取代,在后古典法时期,该制度随着与此相关的要式买卖和拟诉弃权的消失而消失,而在优士丁尼法中,几乎找不到与债权人信托的内容。[4]质押制度相较信托担保,其并不用转移物的所有权这么繁琐的程序,且就要式物和略式物都可设立质押,这一制度超越了信托担保的局限

---

[1] Bellocci, *La tutela della fiducia nell'epoca repubblica*, Milano, 1974, pp.14, 25.

[2] Alberto Burdese, *Lex commissoria e ius vendendi nella fiducia e nel pignus*, Torino, 1949, p.18.

[3] Arnaldo Biscardi, *Appunti sulle garanzie reali in diritto romano*, Milano, 1976, p.22.

[4] Aberto Burdese, *Manuale di diritto privato romano*, Torino, UTET, 2000, p.430.

性，更适应实践需要。[1]

二、给付质押（*Pignus datum*）

Pignus 是古典时期末期裁判官所承认的制度，是指为了给债权人提供物的担保，给予债权人相对某物的受法律保护的权利，更有利于担保其债权获得满足。[2] 虽然，对 *Pignus* 这一词汇的含义，还存在很多争议，但其可以代表担保这一含义是毫无疑问的。[3]

（一）*Pignus* 的词义

Pignus 作为法律术语，对罗马人而言，在公元前 4 世纪时就已存在。但 *Pignus* 一词的拉丁文词源学来源仍然不确定，有学者认为，最古老的涉及 *Pignus* 这一词汇的是 Festo 的片断，在公元前 4 世纪到公元前 5 世纪之间[4]。也有学者认为 *Pignus* 来源于 Pango。[5] 还有学者认为盖尤斯的片断是其来源：[6]

Gai. D. 50. 16. 238. 2. *Pignus a pugno，pignus appellatum a pugno，quia res，quae pignori dantur，manutraduntur. unde etiam videri potest verum esse，quod quidam putant，pignus proprie rei mobilis constitui.*

---

[1] Aberto Burdese, *Manuale di diritto privato romano*, Torino, 1993, p. 379.

[2] Aberto Burdese, *Manuale di diritto privato romano*, Torino, UTET, 2000, p. 378.

[3] Fritz Schulz, *Classical Roman Law*, Oxford, 1992, p. 406.

[4] Alberto Burdese, *Lex commissoria e ius vendendi nella fiducia e nel pignus*, Torino, 1949, p. 18.

[5] A. Manigk, voce pignus, in *RE*, XX, Stuttgart, 1940, p. 1239. F. La Rosa, Ricerche sulle origini del pegno, in *studi in onore di G. Auletta*, III, Milano, 1988, p. 59.

[6] L. Ceci, *Le etimoligie dei giureconsulti romani*, Torino, 1982, p. 141.

第一章 罗马法上担保物权制度概述

该片断认为 *Pignus* 来源于 *Pugnus*（拳头），意味着设立质押 *Pignus*[1] 需"用手交付"质物，且盖尤斯认为 *Pignus* 是在动产（*rei mobilis*）之上设立的，*Pignus* 最古老的形式确实也是在动产之上设立质押。但也有学者指出：将该片断看作 *Pignus* 的词源和词义解释并不正确。[2] 在动产上以交付形式设立的质押只是 *Pignus* 的形式之一，但并不局限于此。实际上 *Pignus* 被广泛使用，被用来指代设立质押的行为、出质状态、质押客体或总的实物担保等。[3] 但我们大致可以确定，在公元前 3 世纪，就已经存在 *Pignus* 这一实物担保制度。在公元前 3 世纪左右卡托内（Catone）[4] 有关农业的论著《论农业》（*De agri cultura*）中也有论及，从这一著作可看出：公元前 3 世纪时就已存在两种形式的 *Pignus*，即转移质物占有的给付质押（*Pignus datum*）和协议赋予债权人对某物享有质权而不转移质物占有的协议质押（*Pignus conventum*）。[5] 在《学说汇纂》的片断中，我们可以看到乌尔比安[6] 对 *Pignus* 的定义也从两个方面论述："将转移质物占有给债权人的称为 Pegno，即给付质押，将不转移质

---

[1] 这里的 *Pignus* 是广义的质押的意思，包括给付质押（*Pignus datum*）和协议质押（*Pignus conventum*），如无特殊说明，本文中 *Pignus* 都是在此广义意义上使用。

[2] Paolo Frezza, *Le garanzie delle obbligazioni*, corso di diritto romano, II, le garanzie reali, Padova, 1963, p. 81.

[3] Alberto Burdese, *Encyclopedia del diritto XXXII*, voce pegno, Milano, 1982, p. 663, " esso appare usato in senso ampiamente comprensivo a indicare il concetto di atto costitutivo, o di situazione, o di oggetto, di garazia reale."

[4] 卡托内生于公元前 234 年，死于公元前 149 年，其所在的时期是农业时期。

[5] Paolo Frezza, *Le garanzie delle obbligazioni*, corso di diritto romano, II, le garanzie reali, Padova, 1963, p. 88. 但对公元前 3 世纪时是否存在协议质押制度也存在争议。

[6] 乌尔比安是公元前 3 世纪的法学家，与保罗同时期。

物占有的称作协议质押,即抵押(Hypotheca)"。

通过对 Pignus 有关片断的快速阅读,可勾勒出 Pignus 这一实物担保制度的发展脉络:乌尔比安时代,可以看作是 Pignus 制度的雏形时期,随后,该制度在整个君主制(età del principato)时期缓慢发展,[1] 到塞维鲁时期[2]完成其历史发展。从塞维鲁时期法学家的著作看,明显存在两种类型的 Pignus:一种通过转移物的占有而担保,即给付质押(Pignus datum);另一种担保形式是建立在协议上而不需转移物的占有,即协议质押[Pignus conventum 或被称为抵押(Hypotheca)]制度。罗马法学家马尔西安补充道,有关这一制度,其实质上是统一在一个相同的法学术语即 Pignus 之下的。[3]可以说,在古典私法中有两种担保形式,即质押和抵押。[4] 因此,我们有必要对给付质押和协议质押两个制度分别做出说明。

(二) 给付质押(Pignus datum)

质押(Pignus)首先的形式是给付质押。通过交付该物,质押人转移该物的占有给质权人。[5] 给付质押的产生要晚于信托,在罗马法上,这一制度是古典时期末期的裁判官所承认的制度。质押是为了给债权人提供物的担保,给予债权人相对某物

---

[1] Pasquale Voci, *Istituzioni di Diritto Romano* (*Quinta Edizione*), Milano, Giuffrè Editore, p. 327.

[2] 塞维鲁王朝是罗马帝国由塞维鲁家族掌握的王朝,亚历山大·塞维鲁(Alexander Severus),公元222—235年在位,是塞维鲁王朝最后一位皇帝。

[3] Rosanna Ortu, *Actio in rem e actio in personam di matrice pretoria*, in 'Actio In Rem' E Actio In Personam' In Ricordo Di Mario Talamanca, CEDAM, 2011, p. 53.

[4] Fritz Schulz, *Classical Roman Law*, Oxford, 1992, p. 406.

[5] D. 50, 16, 238, 2.

的法律权利,以更有利于担保其债权获得满足。[1] 质押是承担实物担保功能确保债权人获得满足,而不是为了获得该担保物的所有权。[2]

1. 给付质押制度取代与债权人信托制度

社会经济的发展使得对物的担保功能的诉求更为强烈,与债权人信托逐渐表现出局限性,其只能在要式物上设立,且需通过要式买卖或拟诉弃权方式转让物的所有权,这已不能适应当时社会经济发展对担保功能的需求,故在实践中逐步摒弃了这一繁琐的实物担保制度。[3] 与债权人信托作为罗马法上最初产生的实物担保制度,随着生产和经济的发展,表现出其不可克服的局限性,而给付质押制度的产生突破了该局限性,并逐渐将其取代。即从转移该担保物的所有权的与债权人信托形式,发展到只转移该担保物占有的质押制度。[4] 其制度优越性具体体现在:

第一,可担保的债权类型扩大。与债权人信托最初产生时,只能对金钱借贷进行担保。按照波提卡铜板上的论述,信托一般担保的是较为古老的债的形式,通常包含信赖因素。[5] 但这给社会生活实践带来极大的局限,随后产生的制度对可担保的债的类型必然要进行扩展。比如,丈夫为返还妻子嫁资而做担

---

[1] Aberto Burdese, *Manuale di diritto privato romano*, Torino, UTET, 2000, p. 378.

[2] Aberto Burdese, *Manuale di diritto privato romano*, Torino, UTET, 2000, p. 379.

[3] Giovanni Pugliese, *Istituzione di diritto romano*, Torino, 1991, p. 496.

[4] Alfredo Bicci, *Della surroga ipotecaria per evizione e del lucri dotali*, Torino, 1882, p. 14.

[5] Paolo Frezza, *Le garanzie delle obbligazioni, corso di diritto romano, II, le garanzie reali*, Padova, 1963, p. 17.

保,可以质押方式,但不可适用信托担保。[1]

第二,从转移所有权发展到只需转移物的占有,设立程序简化。在信托担保中,需转移信托物所有权给受托人,且有严格的形式要求,只能以要式买卖(Mancipatio)[2]和拟诉弃权(In iure cessio)方式[3],不可以让渡方式设立信托,而在给付质押中只需转移占有权。[4] 故而,随着贸易活动的扩大和发展,适用范围狭窄、手续繁琐的转让所有权担保方式必定逐渐消亡。到了古典法时代,信托担保逐渐被只转移占有的给付质押制度取代,[5] 到了优士丁尼时期,信托担保更是随着要式买卖的废除而消失。[6] 质押的设立程序更加简单,克服了很多困难,更加有利于罗马法上担保制度的发展。

第三,产生了对第三人的效力扩展,有利于平衡债权人和债务人之间的利益。信托担保建立在信赖之上,在西塞罗时代就规定了受托人的诚信(ex fide bona)义务,即债务清偿后受

---

[1] D. 24. 1. 7. 6. ; D. 20. 4. 1. PR.

[2] 要式买卖是一种据以转让市民法的所有权的方式,表现为受让人在5名见证人和1名司秤面前手持作为价金象征的铜块宣布标的物是他的,随后以该铜块敲击秤,并将其交付给转让人。此种方式只在罗马市民之间进行,不得附加任何的期限或条件。

[3] 拟诉弃权是转让市民法的所有权的行为,既适用于要式物也适用于略式物。表现为转让人和受让人在执法官面前出庭,受让人宣称被转让物是他的,转让人即原物的所有人则以沉默的方式表示放弃权利,这种虚拟的诉讼在法律审阶段结束。

[4] SIČM. , Fiducia and Pignus in Sources of Post-Classical Roman Law: Synonyms or Terms Utilized for Different Kinds of Pledges? Part II, *Zbornik radova Pravnog fakulteta*, Novi Sad, 2008, 42 (1-2), pp. 475-497.

[5] Mario Talamanca, *Istituzioni di Diritto Romano*, Milano, Giuffrè Editore, 1990, p. 479.

[6] Paolo Frezza, *Le garanzie delle obbligazioni, corso di diritto romano, II, le garanzie reali*, Padova, 1963, p. 6.

第一章 罗马法上担保物权制度概述

托人应将信托物返还给信托人,这意味着信托只是暂时转移所有权。[1]但若受托人将信托财产转给第三人,信托人也无请求返还该物的权利,其将永远失去该物。[2]因为,信托担保对信托关系以外的第三人不产生效力。但质押制度随后突破了这一局限。债权人可以在任何时候,在第三人占有该物的时候要求返还该担保物,这就更有利于对债权人的保护。

第四,标的物范围扩大,使得物的担保制度价值得以充分发挥。与债权人信托担保中,需以要式买卖或拟诉弃权方式移转财产所有权,故不适用于略式物(*res nec mancipi*)和外省土地,外邦人也不能援用该担保方式。信托担保的标的物是要式物(*res mancipi*),如土地、房屋、奴隶、乡村地役权等。但在公元前 4 世纪到公元前 3 世纪,罗马社会仍然处于父权制和农耕经济时代,[3]佃农们需要承租土地,但其只有价值微薄的耕作工具,在这些略式物上并不能设立信托担保,于是就产生了以略式物担保租金给付的质押制度。质押制度允许在非要式物或家庭财产中的微价物品上设立担保。随着质押制度发展,在要式物、略式物上设立质押的区别意义不大,由此,扩展了可以设立担保物的范围。

第五,质押只转移该物占有,所有权还留在债务人手上,债务人还可处分该财产,而不需要债权人授权,因此,不会限制所有权人对自己的物的处分和安排。质押是只作为心理强制力以促

---

[1] SIČM., Fiducia and Pignus in Sources of Post-Classical Roman Law: Synonyms or Terms Utilized for Different Kinds of Pledges? Part II, *Zbornik radova Pravnog fakulteta*, Novi Sad, 2008, 42 (1-2), pp. 475-497.

[2] C. A. Cannata, *Possessio, possessor, possidere*, Milano, 1962, pp. 91-95, 184.

[3] Alberto Burdese, *Encyclopedia del diritto XXXII*, voce pegno, Milano, 1982, p. 664.

使债务人履行义务的工具,而不在于使未受清偿的债权人获得该物。因此,债务人不会丧失重新获得该物的可能性。[1]

2. 给付质押的设立:协议加交付质物

正如之前所说的,结合该制度产生的历史背景来看,在公元前4世纪到公元前3世纪,罗马社会仍然处于父权制和农耕经济时代,[2]佃农需承租土地,但其只有价值微薄的耕作工具,这些略式物价值较小并非要式物,不可以要式买卖或拟诉弃权转移所有权的方式而设立信托担保。于是就发展出以略式物担保租金给付的质押制度。[3]"给付质押"作为实物担保形式与"与债权人信托"最大的不同是:向债权人转移物的实际占有而不是所有权,以保证有关债务清偿。给付质押制度在乌尔比安片断中有明确表述:

D. 13. 7. 1. pr.:*Pignus contrahitur non sola traditione, sed etiam nuda conventions, etsi non traditum est.*[4]

该片断明确提出"以交付而成立的给付质押"和协议质押两种形式,"我们确实将移转物的占有于债权人的称为给付质押……"[5]盖尤斯[6]的片断 D. 50. 16. 238. 2. 中也谈到了需要交付质物占有的给付质押;同样,《十二表法评注》第6卷也表

---

[1] Arnaldo Biscardi, *Appunti sulle garanzie reali in diritto romano*, Milano, 1976, p. 146.

[2] Alberto Burdese, *Encyclopedia del diritto XXXII*, voce pegno, Milano, 1982, p. 664.

[3] Alberto Burdese, *Encyclopedia del diritto XXXII*, voce pegno, Milano, 1982, pp. 663 – 666. Arnaldo Biscardi, *Appunti sulle garanzie reali in diritto romano*, Milano, 1976, p. 145.

[4] "il pegno si contrae non solo con la consegna, ma pure con una nuda convenzione, anche se la consegna non cè stata." 不仅交付可成立质押;只有协议没有交付也可成立质押。

[5] D. 13. 7. 9. 2.

[6] 盖尤斯是生活在公元前2世纪的法学家,与杰尔苏、尤里安和彭波尼同时期。

第一章 罗马法上担保物权制度概述

明"质押（Pignus）"一词源于"拳头（Pugnus）"，因为用于质押之物要被亲手交付。

以上罗马法上的片断和文献，明确表明给付质押设立的条件是：存在给付质押协议，且应交付质物给质权人。给付质押是要物合同，要物合同指需交付物合同才成立生效。[1]给付质押中质权人与信托中受托人一样，需要承担保管质物、收取孳息、在债务人清偿后返还质物的义务，享有在债务人不能清偿时变卖质物的权利。债务人则应补偿质权人的保管费用，且对质物造成的损失承担赔偿责任。

物的质押担保方式之所以产生，也与罗马人对财产权的认识进一步加深有关。公元前4世纪末，占有和使用权能从财产权中分离，这有助于质押制度的产生，将所有权与占有分离而分属不同主体，是财产权制度的发展和进步。[2]在当时，存在大量转移所有权但不转移占有的情况，而到了古典法时期，这一所有权转让就只是形式上的了。[3]因此，这更加剧了信托担保形式的复杂性和在实践中产生争议不清问题的可能性。因为，在这样的关系中，受托人是名义上的所有权人，他不占有该物，但实际上其作为所有权人是可以处分该物的；而信托人已经将信托物所有权转移给受托人，但其仍然占有该物，在表象上，他也是有权处分该物的，此时就会产生与两方相对的两个第三人，作为善意第三人需要获得保护的问题。这必定会使得法律

---

[1] Pasquale Voci, *Istituzioni di Diritto Romano（Quinta Edizione）*, Milano, Giuffrè Editore, p. 359.

[2] Arnaldo Biscardi, *Appunti sulle garanzie reali in diritto romano*, Milano, 1976, p. 145.

[3] P. Bonfante, *Istituzione di Diritto Romano*, Milano: Giuffrè Editore, 1987, p. 361.

关系更为复杂，并且必然会损害其中一方的利益，制度本身就带来了不可避免的风险。相比较而言，给付质押不但可适用于略式物、外省土地和非市民，且无须繁琐的设立形式，只须交付质物即可，给付质押只移转物的占有，不移转其所有权，因此债权人不能像受托人那样随便出卖质物，在质权人破产时也不致影响出质人对质物的权利，对出质人利益有较好的保障，因此，给付质押成为一种较为简便而优于信托担保的实物担保制度。[1] 故随着罗马社会经济发展，信托担保这一适用范围狭窄、手续繁琐的转让所有权担保方式逐渐消亡了。

三、协议质押（*Pignus conventum*）（抵押 *Ipoteca*）

协议质押（抵押）与给付质押一样，也是在他人物之上设立的实物担保，但其特殊之处表现在：仅需缔结协议即可，债务人不必向债权人转移质物实际占有，债务人可继续占有、使用该物，也称为抵押。抵押的产生晚于给付质押，公元前3世纪，在卡托内的《论农业》论著中有论述，抵押起初是适用于乡村土地所有权人为担保自身获得租金的给付，在承租人带入土地的随带物上设立担保，而这些随带物，通常都是牲畜或劳动工具，所以仍由债务人占有使用。[2] 债权人只在未按时获得租金债权的满足时，才可占有该物。

（一）抵押的产生

1. 给付质押的弊端

如前所述，给付质押相对于信托担保存在诸多优势，不需要通过繁琐程序转移所有权而只需转移该物的占有，但该实物担保方式尚存不足之处。债务人转移占有给债权人，实际剥夺

---

[1] 周枏：《罗马法原论》（上册），商务印书馆1994年版，第393页。

[2] Edoardo Volterra, *Istituzioni di diritto privato romano*, Roma, 1988, p. 434.

了他对该物的使用和收益。实际上,在古典法时代之前,对债务人以缔结农业协议又转移该物的占有给债权人的担保方式或是租赁协议的行使,在农业生产实践中已经产生了不便。[1] 另外,在给付质押中不可以该物再为其他债权设立担保,虽然该物价值可能远远大于其担保债权的总额,这也不利于实践中资金融通之需求。故而,给付质押之后出现了另一种协议质押,不需要转移该物的占有,只需要当事人间简单协议即可。[2] 为了满足经济发展需求,剥夺对该物经济性、物理性使用的给付质押障碍逐步以抵押制度的产生而消除,满足了经济发展需要。

2. 抵押制度的产生

抵押制度发展较慢,因此出现的时间较晚,在共和国晚期时才开始发展,但在具体产生时间上存在争议。从卡托内的著作《论农业文化》中,可以看出在公元前3世纪时就已存在质押的两种形式了,即给付质押和协议质押。[3] 协议质押即抵押,是指仅仅依靠单纯的协议,而不需要出质人转移该物占有给质权人,其最初产生是针对土地租赁关系中,在土地承租人带入土地的随带物之上来设立抵押。[4] 在乡村土地上,佃农用其带入土地的农具、牲畜等随带物（Invecta et illata）给土地出租人设立担保以保障租金的给付,若适用给付质押制度则需转移耕作农具、牲畜的占有,那么,佃农失去了主要的生产工具将无法正常劳作,没有土地的收益,最终的结果是土地出租人也将

---

[1] Arnaldo Biscardi, *Appunti sulle garanzie reali in diritto romano*, Milano, 1976, p. 149.

[2] Arnaldo Biscardi, *Appunti sulle garanzie reali in diritto romano*, Milano, 1976, p. 150.

[3] Paolo Frezza, *Le garanzie delle obbligazioni*, *corso di diritto romano*, II, *le garanzie personali*, Padova, 1963, p. 88.

[4] Fritz Schulz, *Classical Roman Law*, Oxford, 1992, p. 408.

因此受损害。随后，罗马人就意识到给付质押的局限性，所以就发展出双方达成协议质押（或默示协议）[1]，将带入土地的随带物作为给付租金的担保，但无需再转移占有给出租人。这与当时的具体社会历史背景和经济发展情况是密切相关的。由于当时处于农耕经济时代，给付质押要求转移物的占有，这对于地主和佃农之间的实物担保来说局限性尤为突出。当时佃农贫穷，除农具及家畜外，没有其他值钱的东西，而给付质押以交付质物为要件，佃农如将仅有的农具、家畜等转移占有而出质，如果债权人不同意出租质物，佃农即失去对质物的使用与收益，将无法耕作以谋生，最终出租人的利益也会受损失。于是当事人采取了变通办法，经双方约定不移转担保物的占有，仍由佃农保留农具、家畜继续使用，因此，协议质押制度产生。[2]随后，这一制度扩展到对由承租人带入承租房屋中的动产上成立协议质押，在古典时期，已经扩展到了任何物为任何债务担保为设立抵押，只需要简单协议即可，不需实物交付。

并且，给付质押以交付物为前提，故不可以在未来之物上设定质权，而当时社会实践中却出现了将土地上未收获的孳息作为担保物的需要，此时，抵押制度的产生也恰好满足了这一社会需要。还有一点，对给付质押而言，纵使质物价值远超过所担保债权总额，也只能为一个债权人设立担保，而协议质押（抵押）的优势在于质物可为多个债权人设立协议质押担保，只

---

[1] Aberto Burdese, *Manuale di diritto privato romano*, Torino, 1993, p. 382.

[2] 从给付质押向协议质押制度的发展，也为了适应意大利地中海沿岸发达的海上贸易，因为如转移质物的占有，那么举债的航海人将不能实现货物的运输，无法获得相关的运费以偿付借贷。

需缔结协议,可使一物之上为多个债权人设立担保权。[1] 各个抵押权人按照缔结协议时间先后享有先后受偿的权利。[2] 设立协议质押（抵押），只要简约（Patto）[3] 即可，不要求书面形式，总之，该制度最显著特征是不需要转移担保物占有给债权人，是对给付质押制度的完善。[4] 实际上，当时地中海沿岸航海商业的发展也促使了抵押制度的发展，因为传统质押需要转移质物占有，而作为担保物的船舶，却正是债务人工作和用以盈利以清偿贷款的工具，所以，航海业发展的实践中也出现了完善抵押制度的呼声。[5] 通过对罗马法实物担保制度的发展研究，可看出正是为了适应实践生活中的实际要求，从给付质押发展出了协议质押制度。[6]

（二）抵押的含义和设立条件

协议质押是指：当事人仅采用协议方式设立实物担保关系，债务人不必向债权人转移担保物的实际占有，债务人可继续占

---

[1] La Pira, La struttura classica della "conventio pignoris", in *St. sen.*, 1933, XLVII, p. 19. Arnaldo Biscardi, *Appunti sulle garanzie reali in diritto romano*, Milano, 1976, p. 147

[2] Bove, pegno<diritto romano>, in *Nss. D. I.*, XII, 1965, p. 763. La Pira, La struttura classica del pignus, in *studi in onore di F. Cammeo*, II, Padova, 1932, p. 21. Edoardo Volterra, *Istituzioni di diritto privato romano*, Roma, 1988, pp. 434-435.

[3] 简约，指的是两个以上当事人采用法定契约形式以外的方式达成的协议。也被称为无形式简约。从法律上讲，简约不导致权利的转移，不产生严格意义上的债，也不产生诉权，除非他作为法律行为的附带约定，或者其效力得到法律的承认。在实践中，执法官往往对当事人自愿达成的简约给予考虑和维护。

[4] P. Bonfante, *Istituzione di Diritto Romano*, Milano, Giuffrè Editore, 1987, p. 362.

[5] Arnaldo Biscardi, *Appunti sulle garanzie reali in diritto romano*, Milano, 1976, p. 224.

[6] Alberto Burdese, *Lex commissoria e ius vendendi nella fiducia e nel pignus*, Torino, 1949, p. 108.

有、使用该物，也称为抵押。这一担保不需要占有该物，只是享有在债务到期未获清偿时占有该物的权利。

D. 13. 7. 1. pr.：*Pignus contrahitur non sola traditione, sed etiam nuda conventions, etsi non traditum est.*

在该片断中，乌尔比安指出"不仅交付可成立质押，只有协议没有交付也可成立协议质押"。乌尔比安在《告示评注》第28卷中也说到抵押的含义，即"不转移占有给债权人的称为协议质押（抵押）……"[1]

《学说汇纂》中的片断 D. 20. 1. 4. pr.明确表明了设立抵押的条件：抵押的设立只要达成简约即可，双方达成合意则该物成为抵押物，实物担保生效，不要求书面形式，书面形式是为了更便于证明，也不要求转移担保物占有，故抵押协议不是要物契约。

（三）抵押中当事人的权利义务

由于在抵押中无需转移物的占有给债权人，故债权人不承担保管担保物、收取孳息、在债务人清偿后返还担保物的义务，但其享有在债务人不能清偿时变卖抵押物受偿的权利。相应的，债务人也无需补偿保管费用、赔偿质物造成的损失。但在抵押中，由于抵押权人不占有物，其相对给付质押中质权人的控制力和担保效力较弱，最需防范的是债务人将担保物转移给他人。此时，债权人如何实现其担保物权，在罗马法上，这与实物担保中对当事人权利保护的令状和诉权制度息息相关。

虽然质押制度产生在先，但现在各国民法典上对抵押的规定明显较多，一般规定质权参照抵押权的相关规定。原因在于：

---

[1] D. 13. 7. 9. 2.

抵押权在现代社会地位逐渐提高，人们普遍觉得要转移占有的质权对于财产流转、使用会产生障碍，且随着登记制度的发展和完善，以登记来记载权利的抵押制度更容易被接受。罗马法上，质押和抵押是统一的制度，抵押表现为对质押的完善，有关诉权是共同。所以，在下一节将探讨如何对实物担保物权人进行程序性的保障，以确保这一实体权利落到实处。

第四节　罗马法实物担保制度中的程序性规范

正如学者所言，程序性规范与实物担保制度的发展密切相关，也就是说，对当事人的程序性保护与质押和抵押制度的发展密切相关。[1] 对担保物权人的程序性保护手段起先是其向执法官申请颁布令状，通过向执法官申请令状以使自己占有或留置担保物以担保债权获得清偿是担保权人自我救济的私力保护。随后，才在罗马法上确认了当事人的诉权以为其提供保护。可以说正是在逐步突破程序性保护手段的局限性中才发展出对当事人的权利保障体系。

一、令状（*Interdictum*）

给付质押中的质权人是依照一般占有令状获得对该质物占有的保护，只有在债务获得清偿之后，债务人才可请求返还该物。正是基于对质物占有和控制，才使质权人获得了较有力的保护，给付质押中对质权人的令状保护正是围绕对占有的保护展开。对质权人而言，其从债务人或第三人处获得转移质物占

---

[1] Pasquale Voci, *Istituzioni di Diritto Romano*（*Quinta Edizione*）, Milano, Giuffrè Editore, p. 330.

有的给付质押担保,该占有受到占有令状的保护。[1] 其对质物的占有状态是以维护占有令状（Interdictum retinendae possessionis）中的现状占有令状（Interdictum uti possidetis）提供保护。通过这一令状排除他人干扰,维持自己对质物的占有状态。只要在无暴力、无欺瞒和无临时受让的情况下实现占有,则可根据此令状排除侵扰和请求对所受损害的赔偿。同时,为保护质权人的这一占有,罗马法上还规定了恢复占有令状（Interdictum recuperande possessionis）,在他人以暴力方式剥夺其占有时,其可申请此令状恢复占有。

相对给付质押,在抵押中,抵押权人不占有该物,其本身自我保护能力较弱,是一种较有缺陷且不十分保险的制度,因为其缺乏庄重的程式和公开性。[2] 一旦债务人将该随带物带出土地转给第三人,那抵押权人将不能以任何令状获得保障。所以,针对抵押权人的弱势地位,公元前2世纪左右,执法官对城市土地出租人可颁布禁止搬离令状（Interdictum de migrando）,对乡村土地出租人可颁布萨尔维令状（Interdictum salvianum）,在债务人逾期不交租而又要将随带物带出土地情况下,允许债权人对随带物留置和占有,以维护抵押制度担保目的的实现。对抵押权人的保护最初由禁止搬离令状提供。当城市土地或房屋承租人将自身随带物搬离承租土地或房屋时,出租人可向执法官申请此令状,以禁止上述搬离行为。因为这些随带物在承

---

[1] Aberto Burdese, *Manuale di diritto privato romano*, Torino, 1993, p. 379. P. Bonfante, *Istituzione di Diritto Romano*, Milano, Giuffrè Editore, 1987, p. 362. La Pira, La struttura classica del pignus, in *Studi Cammeo*, Padova, 1932, II, p. 3.

[2] P. Bonfante, *Istituzione di Diritto Romano*, Milano, Giuffrè Editore, 1987, pp. 361–362.

租人不履行缴纳租金义务情况下，成为出租人的抵押品。[1]萨尔维令状出现时间晚于禁止搬离令状。在乡村土地租赁中，在承租人未向出租人缴纳地租情况下，出租人可向执法官申请此令状，允许其对承租人带进出租田的耕作工具实行占有，以此要求承租人或其继承人交纳地租。[2] 这两个令状是早期对抵押权人的程序性保护，从城市土地扩展到乡村土地，禁止搬离令状是执法官对城市土地所有权人私力救济留置随带物的授权，而萨尔维令状是对乡村土地所有权人占有随带物的保护。[3]在土地所有权人作为出租人获得了租金清偿后，承租人可搬离这些随带物。[4] 可见，质押和抵押开始时并没有获得对物之诉保护，只是获得了令状保护。[5]

二、令状保护的局限性

无论是给付质押中的维护占有令状，还是抵押中的获得占有令状（禁止搬离令状和萨尔维令状都是获得占有令状）。[6]

---

[1] D. 43. 32. 1.; D. 13. 7. 11. 5.

[2] GAIO, 4, 147.; C. 8. 9. I, a. 238.; D. 43. 33. 1. PR.

[3] 两个令状都是对随带物可行使的权利，但是随带物的范围是有区别的，且出租人和承租人的证明责任也不一样，在城市土地中由承租人证明哪些物不作为质物，在乡村土地中由出租人证明占有是合法的。因为城市土地或房屋的承租人通常是陌生人，而乡村土地之上的佃农是该土地的人，较为熟悉。所以规定了不同制度，法律总随情状改变时寻求当事人间权利义务关系的平衡。D. 43. 32. 1., D. 43. 32. 2. D. 43. 32. 1. F. La. Rosa, La protezione interdittale del pignus e l'actio serviana, in *Studi in onore di C. Sanfilippo*, VII, Milano, 1987, pp. 295–303. Giovanni Pugliese, *Istituzione di diritto romano*, Torino, 1991, p. 500.

[4] Alberto Burdese, *Encyclopedia del diritto XXXII*, voce pegno, Milano, 1982, p. 664.

[5] Fritz Schulz, *Classical Roman Law*, Oxford, 1992, p. 407.

[6] F. La. Rosa, La protezione interdittale del pignus e l'actio serviana, in *Studi in onore di C. Sanfilippo*, VII, Milano, 1987, pp. 308–309.

在卡托内与盖尤斯时代，担保权人行使一样的权利，即通过占有该物以实现担保。禁止搬离令状和萨尔维令状对担保权人的保护具有很大局限性，因为这两类令状只针对承租人及其继承人。[1] 在该质物被转移给第三人时，令状不能突破此局限性而加以保护。但在当时农耕经济时代，土地所有权人面临的风险是承租人将已带入土地的随带物又带出转让给了第三人，此时仅获得占有令状的保护是不足的，其不对已搬走的物享有权利，不能对抗第三人，[2] 无法解决实践中的这一问题。此时，令状保护仍局限于对事实的保护，没有上升到权利层面，担保权人没有获得完全的物权保障。土地所有权人无法突破令状保护中债的关系相对性，若债务人将质物转让于他人，质权人没有追及权，令状保护对随带物并没有追及性。

三、诉讼

针对令状保护的局限性，逐步发展出实物担保关系中的诉讼保护。首先适用于出租人和承租人之间，随后对已经转移给第三人的随带物，担保权人也可利用诉讼追及该随带物之所在以获得该担保。[3]

在当时农耕经济时代，佃农们将耕作工具带出土地现象十

---

[1] 赞成这一观点的学者有 Lenel, *EP*, p. 491; Arango Ruiz, *Istituzioni di diritto romano*, Napoli, 1960, p. 264; Biondi, *Istituzioni di diritto romano*, Milano, 1972, p. 435. 也有学者提出反对观点，认为也适用于第三人，Biscardi, *Appunti sulle garanzie reali in diritto romano*, Milano, 1976, p. 152; Herzen, *Origine de l'hypotheque romaine*, Paris, 1890, p. 115.

[2] Paolo Frezza, I formulari catoniani e le forme della protezione del creditore pignoratizio, in *studi in onore di E. Betti*, vol Ⅱ, p. 437. C. 8. 9. Ⅰ, a. 238.

[3] Pasquale Voci, *Istituzioni di Diritto Romano（Quinta Edizione）*, Milano, Giuffrè Editore, p. 331.

分常见，城市中转租现象也十分普遍。由于令状适用主体范围的局限性，如果只让出租人（担保权人）对抗与其缔约的承租人，则对担保权人保护十分不利。所以，在共和国末期和君主制前期，裁判官在乡村土地上引入了一种可以针对任何第三人的诉权，无论随带物身处何处都可追及，即塞尔维之诉［*Actio Serviana*，因与法学家塞维鲁·苏尔皮其·鲁服（Servio Sulpicio Rufo）[1]活动有关］，也被称为对物的质押之诉（*Actio pigneraticia in rem*）或抵押之诉（*Actio hypothecaria*）。即使随带物被债务人带出土地转给了第三人，担保权人仍可以塞尔维之诉请求该第三人返还原物。这一返还请求是以物的所有人的名义，是一种以维护物权为目的的对物之诉。在塞尔维之诉中，担保权人对担保物的权利已变成绝对的对物权。[2] 塞尔维之诉的行使条件在原始文献中找不到直接的片断作为证据，勒内尔（Lenel）对其进行重建，认为担保权人能够请求返还担保物的条件是：存在原告即担保权人和债务人之间的实物担保协议，债务人不一定是被告，通常情况下塞尔维之诉的被告是对担保物占有的第三人；在缔结担保协议时该担保物是担保人的财产；被担保债务尚未清偿，且不是因为债权人受领迟延。

质押制度中的程序性保护主要考察如何从令状保护过渡到诉讼保护。[3] 对质权人的程序性规范从令状过渡到诉讼的保

---

〔1〕 塞维鲁·苏尔皮其·鲁服，是公元前1世纪杰出的法学家，可能与公元前51年担任执政官，与库伊特·穆齐·斯凯沃拉（Quintus Mucius Scaevola）同时期并齐名，他们一起对当时的罗马法学产生了革新性的影响。

〔2〕 P. Bonfante, *Istituzione di Diritto Romano*, Milano, Giuffrè Editore, 1987, p. 362.

〔3〕 Paolo Frezza, *Le garanzie delle obbligazioni*, *corso di diritto romano*, II, *le garanzie reali*, Padova, 1963, p. 356.

护,是实物担保制度发展的关键。[1] 萨尔维令状和塞尔维之诉的区别是:萨尔维令状是单个情况下经执法官允许对特定主体有效,只针对承租土地的债务人及其继承人,而对物的塞尔维之诉可针对任何非法占有该随带物的人,无论该物在债务人或第三人处。[2] 这就解决了当时农耕社会中大量存在的将随带物带出土地所产生的问题。事实上,从申请单个令状保护到一般诉讼保护,对担保权人十分有益。诉讼具有令状不具有的功能,其不仅可留置质物,还可重新请求获得占有。[3] 塞尔维之诉的产生,代表着质押制度完成了其历史发展,质权成为绝对物权,可追及物之所在。

在三种实物担保方式中,与债权人信托毫无疑问是最古老的代表着物的担保制度的基础。质押制度在逐步克服与债权人信托制度之弊端的过程中产生,不用转移物的所有权来担保,更适合时代的发展。[4] 在共和国末期,产生了协议质押制度,不转移质物的占有,仍处于债务人处,其可以使用。首先是对于带入土地的随带物,随后也适用于对房屋承租人带入房屋中的随带物,而后发展为对任何物、对任何债都可以缔结抵押协议。抵押制度是债权人基于对该抵押物的估价,在其到期没有获得债权满足时,其可以该物价值获得满足。[5] 这一发展的动

---

[1] Paolo Frezza, *Le garanzie delle obbligazioni, corso di diritto romano, II, le garanzie reali*, Padova, 1963, p. 356.

[2] Alberto Burdese, *Encyclopedia del diritto XXXII*, voce pegno, Milano, 1982, p. 665. Lenel, *EP*, p. 494.

[3] 在其占有被非法剥夺时,债权人作为原告可以要求被告返还该物。如果被告不返还将会被判罚,金额为原告决定的该争讼物的估价。

[4] A. Burdese, *Manuale di diritto privato romano*, Torino, 1993, p. 379.

[5] Arnaldo Biscardi, *Appunti sulle garanzie reali in diritto romano*, Milano, 1976, p. 223.

因是随着交易和财富的增加,人们更好地利用自己的财富,以实现其使用价值和交换价值,不至于使物的社会效用处于静止状态。在法律发展的历史上,制度都是按照社会需要逐步发展。立法者不是发明法律,而仅以科学形式总结法律。[1]

---

[1] Alfredo Bicci, *Della surroga ipotecaria per evizione e del lucri dotali*, Torino, 1882, p. 13.

第二章
担保物权实现制度：解除约款（流质契约）

第一节 罗马法上担保物权实现制度概述

担保物权这一共同名称在罗马法后古典时期之前就已存在，这一担保权是对物的权利，给予担保权人对物的处分权，在其债权没有按时获得清偿时。债权人享有对物处分的权利，出现了 obligatio rei——对物权这一术语。[1]

一、罗马法上担保物权的实现

实物担保中担保权人对物处分权的行使是我们将要讨论的担保物权的实现制度。在罗马法上，虽然与债权人信托、质押和抵押制度，在历史发展中是相对独立不同的制度，但在有关担保物权的行使和实现以满足债权层面，制度间差异减小。[2] 都作为担保物权，在有关物权实现制度层面上存在很大共性。因此以下行文有时将信托和质押、抵押结合起来考察，它们在

---

[1] V. fra gli altri Guarino, Notazioni romanistiche, III, in *Studi Solazzi*, Napoli, 1948, p. 41.

[2] Alberto Burdese, *Lex commissoria e ius vendendi nella fiducia e nel pignus*, Torino, 1949, p. 228.

第二章 担保物权实现制度：解除约款（流质契约）

整个古典法时期具有不可分性。那么，在债权到期未获清偿时，债权人如何利用担保物权制度，行使其担保物权以满足自己被担保的债权呢？考察罗马法上无论是在与债权人信托还是质押或抵押中，主要有两种担保物权实现方式，即解除约款（*lex commissoria*）和变卖简约（*pactum vendendi*）。[1] 虽然在各个不同的实物担保制度中，它们的产生和适用有些许不同。

二、罗马法上担保物权的实现方式

在罗马法上，如果主债权消灭，担保物权也消灭，但主债权部分消灭，担保物权并不是部分消灭，这体现出担保物权的不可分性，其完整地担保主债权获得完全清偿。罗马法上承认在债务人不按期履行义务时实现担保物权，获得担保物的清偿的两种方式：一是解除约款；二是变卖权。[2] 实现担保物权以使担保物权消灭而债权获得满足，一般是通过行使解除约款或变卖权来达成的。[3] 在罗马法早期，在信托和质押中，解除约款和变卖权都为了达到同样目的，它们都作为担保物权的实现方式。担保物权自协议缔结或交付质物时就享有，但只在债权未按期得到满足时才可行使该对物权。罗马法上担保的实现经历了不同的发展阶段，解除约款或变卖权条款都是为了实现实物担保功能，落实到对债权人清偿的现实层面上。

例如，在信托担保协议中当事人可能附加一个简约，约定在债权没有按时获得满足时，债权人可采取何种实现担保物权

---

[1] Alberto Burdese, *Lex commissoria e ius vendendi nella fiducia e nel pignus*, Torino, 1949, p. 95.

[2] Edoardo Volterra, *Istituzioni di diritto privato romano*, Roma, 1988, p. 593.

[3] Aberto Burdese, *Manuale di diritto privato romano*, Torino, UTET, 2000, p. 387.

的方式行使其担保物权以获得债权的满足，即解除约款或变卖协议，为了确保债权人在到期时获得债权满足，其可获得该物或将该物出卖。[1] 依照罗马法上的片断，这一有关实现担保物权的协议可以两种方式缔结，在没有清偿时，要么以解除约款的形式获得该物的所有权，或担保权人可变卖该物以获得与其被担保债权数额相等的价金，称为变卖权制度。[2]

（一）解除约款［流质契约（*Lex commissoria*）］

双方当事人在担保物权协议中附加了解除约款，因为这一约款，一旦债务人没有按期履行其债务，债权人就依照该解除约款毫无疑问地成为该担保物的所有权人。

（二）变卖权（*Ius vendendi*，*Ius distrahendi*）

变卖权是指担保权人在被担保的债务未获清偿情况下，对担保物享有的处分权，即以变卖担保物所获得的钱款清偿被担保的债务。在变卖过程中取得的超过被担保债务价值的余额应当返还给担保人。债权人行使变卖权与解除约款处于同一层面，是在债务人没有未按时清偿时，债权人所享有的变卖该物以获得价金优先受偿的制度，也作为实现担保物权的主要手段。我们先讨论担保物权实现方式之一的解除约款，对于另一种担保物权实现方式——变卖权制度将在后面几章中详细论述。

---

［1］ Alberto Burdese, *Lex commissoria e ius vendendi nella fiducia e nel pignus*, Torino, 1949, p. 8. Paolo Frezza, *La garanzia delle obbligazione, corso di diritto romano*, II, *le garanzie reali*, Padova, 1963, p. 225.

［2］ Ratti, Sul *ius vendendi* del creditore pignoratizio, in *Studi urbinati*, 1927, p. 5. Alberto Burdese, *Lex commissoria e ius vendendi nella fiducia e nel pignus*, Torino, 1949, p. 1.

第二章 担保物权实现制度：解除约款（流质契约）

第二节 担保物权实现方式：解除约款（流质契约）

一、解除约款的含义

在罗马法上，买卖中也存在解除约款，是指在购买人不履行交付价金义务时，出卖人可行使解除约款，解除该买卖协议，要求购买人返还出卖物所有权。买卖中加入了解除约款为的是如果在规定时间内没有获得价金给付，出卖人可合法解除买卖协议。[1] 本节探讨的是实物担保制度中的解除约款[2]，是指当事人双方在订立实物担保协议时约定当债务人不履行债务时，由债权人取得担保物所有权以清偿债权的协议。[3] 无论是在信托担保还是质押、抵押中，解除约款使债权人成为该担保物所有权人，当其债权到期没有获得清偿时。[4] 解除约款作为实现担保物权的手段直接转移该物的所有权给未获清偿的债权人，发生物权效力，债权人不负有返还多余价值给债务人的义务。

从词源学的角度分析解除约款（lex commissoria），lex 是 contractus 或 pactum 的意思，即协议、简约，而不是指真正的法律，commissoria 来源于动词 committere，来源于拉丁文的单词 committitur，有犯错误、干坏事的意思，即不履行义务则要承担

---

[1] Salvatore Tondo, Pignus e precarium, in *Labeo*, 5, 1959, p.201.

[2] 在我国，解除约款之表述较为陌生，更多使用的是流质契约。流质契约是指当事人双方在订立实物担保协议时约定，当债务人不履行债务时，由债权人取得担保物所有权的合同。流质契约之表述沿用日文翻译，罗马法上称为解除约款。

[3] Aberto Burdese, *Manuale di diritto privato romano*, Torino, UTET, 2000, p.386.

[4] Fritz Schulz, *Classical Roman Law*, Oxford, 1992, p.414.

惩罚性后果。[1] 在担保关系中，解除约款附属于实物担保协议，以该条款对债务人形成心理压力，促使其按照约定期限履行义务，在过期未清偿时，债权人可利用这一条款使债务人丧失对该物的所有权。[2] 解除约款实际上相当于附延缓条件的买卖协议，在债务到期债务人没有履行清偿义务时，所附条件成就，转移担保所有权的物权效果自动产生。至少在给付质押情况下，如果附有解除约款，在债务人到期没有清偿时，无需债权人提出债权之诉，即可以获得该物的所有权。[3]

二、解除约款的历史发展与禁止

解除约款在实践中的适用至少可追溯到公元前3世纪，最初在卡托内的著作中可找到解除约款的踪迹。[4] 最开始时涉及的是所有权条款（*domini esto*），即解除约款前身，允许质权人自动获得质物所有权。在债权人与债务人之间约定：在债权到期不能获得清偿时，该质物直接变成债权人财产，该约定最初十分普遍。[5] 解除约款可单独订立或与质押协议一起订立，也可随后订立。

解除约款的产生和适用与罗马当时经济发展状况、社会关

---

[1] Bianca, *Il divieto del patto commissorio*, Milano, 1957, pp. 105, 131. Fritz Schulz, *Classical Roman Law*, Oxford, 1992, p. 414. Glueck, *Commentario alla Pandette*, XIII, Milano, 1906, p. 359, n. 56.

[2] Alberto Burdese, *Lex commissoria e ius vendendi nella fiducia e nel pignus*, Torino, 1949, p. 17.

[3] Alberto Burdese, *Lex commissoria e ius vendendi nella fiducia e nel pignus*, Torino, 1949, p. 117.

[4] Massimo Bianca, *Il divieto del patto commissoria*, Milano, 1957, p. 105.

[5] William Smith, *D. C. L, LL. D.*: *A Dictionary of Greek and Roman Antiquities*, John Murry, London, 1875, pp. 915-918.

第二章 担保物权实现制度：解除约款（流质契约）

系和家庭制度等相关。当时随着经济发展，借贷需求逐步增多，逐步打破了熟人之间依靠信义的社会关系系统，提供借贷的人往往是占有社会财富的少数陌生人。这些人作为债权人处于相对有利位置，且人们之间不再像之前处于如此密切的信义关系中，出现了缔约地位上的不平等，债权人处于绝对优势地位，实物担保制度倾向于保护其利益，对债务人规定了非常严格的制度，一旦债务人未按时清偿债务，债权人可利用解除约款获得价值往往大于或远大于被担保债务总额的担保物所有权作为债务清偿。[1]随着经济和社会发展，后来法律介入到当事人缔结解除约款这一意思表示之中，起初是从保护债务人角度出发认为所缔结的解除约款无效。禁止解除约款的传统可追溯至罗马法。

解除约款因不利于双方当事人利益平衡，公元326年君士坦丁皇帝在相关立法告示中明确禁止缔结解除约款。[2]

C. VIII, 34 (35), 3 (= C. Th. III, 2, 1) (*Imp. Costantinus A. ad populum*, A. D. 326): *Quoniam inter alias captiones praecipue commissoriae pignorum legis crescit asperitas, placet infirmarsi eam et in posterum omnem eius memoriam aboleri. 1. si quis igitur tali contractu laborat, hac sanctione respiret, quae cum praeteritis praesentia quoque depellit et futura prohibet. Creditores enim re amissa iubemus recuperare quod dederunt.*

公元326年，君士坦丁皇帝在相关立法和告示中明确禁止解除约款，不仅禁止买卖中的解除约款，也禁止实物担保中的

---

[1] Alberto Burdese, *Lex commissoria e ius vendendi nella fiducia e nel pignus*, Torino, 1949, p. 18.

[2] C. Massimo Bianca, *Il divieto del patto commissorio*, Giuffrè, 1957, pp. 185-188.

解除约款，禁止债权人获得该担保物所有权。君士坦丁皇帝这一政令基于社会实践需要，确认了早已在行省开始适用的习惯做法，即不承认任何形式的解除约款。[1]非常明显，这一禁令带有物权效果，且在行省广泛流传，特别是东方行省。[2]后古典时期，解除约款在整个罗马帝国中被绝对禁止。不仅对解除约款，且对任何有类似不公平效果的条款都禁止。[3]但若当事人约定届期债务人不清偿，债权人得保留担保物，而其价值由第三人评定的不在此限。[4]禁止解除约款的目的是为了禁止高利贷，禁止债权人利用其优势地位剥夺债务人财产，禁止不公平。优士丁尼在其法典编撰中接受了君士坦丁的这一禁令。[5]《民法大全》第8编第35章收集了君士坦丁禁止解除约款的政令，"在所有不利于债务人的规定中，在无力清偿情况下剥夺债务人对质物享有所有权简约显得尤为严厉。今后将废除这一简约所有效力并消除其一切影响。"[6]

---

[1] Alberto Burdese, *Lex commissoria e ius vendendi nella fiducia e nel pignus*, Torino, 1949, p. 125.

[2] Arnaldo Biscardi, *Appunti sulle garanzie reali in diritto romano*, Milano, 1976, p. 190.

[3] Alberto Burdese, *Lex commissoria e ius vendendi nella fiducia e nel pignus*, Torino, 1949, p. 120.

[4] 周枏：《罗马法原论》（上册），商务印书馆1994年版，第404页。

[5] Alberto Burdese, *Lex commissoria e ius vendendi nella fiducia e nel pignus*, Torino, 1949, p. 124. D. 32. 101. pr.

[6] Grosso, Sulla fiducia a scopo di <manumission>, in *Rivista italiana per le scienze giuridiche*, N. S., IV, 1929, p. 252. C. I. 8. 34.

三、中国法上有关解除约款（流质契约）的规定[1]

罗马法以降，大陆法系主要国家（地区）保持禁止流质契约之传统。《德国民法典》第1227条，《瑞士民法典》第894条，《日本民法典》第349条，《意大利民法典》第1963、2744条，以及我国台湾地区"民法"第873条都禁止流质契约。罗马法上的解除约款在我国法上被称为流质契约，我国原本在《担保法》第40、66条以及《物权法》第186、211条，分别规定不得在抵押和质押中约定债务履行期届满担保权人未受清偿时该担保物转移为债权人所有。[2] 但在最新的《民法典》中对于流质契约禁令逐渐解封，并未从担保效力上否定流质契约，仅限定担保权人仅就自身的债权以担保物优先受偿。[3] 如何从禁止流质契约到对流质契约禁令的松动，我们有必要考察一下这一制度的历史发展。

首先，从术语表述严谨性上分析，流质契约是清末立法沿袭日本称谓，法律规定和理论界并未区分质押、抵押的不同情况而统称流质契约。"流质"二字易使人产生误解，误认为"流

---

[1] 解除约款禁止之原则可以追溯到罗马法上的片断 CJ. 8. 34. 2. a. 326. 同为罗马法传统的大陆法系国家（地区），《德国民法典》第1227条，《法国民法典》第1149、2078条，《瑞士民法典》第894条，《日本民法典》第349条，《意大利民法典》第2744条，我国台湾地区"民法"第873条也禁止解除约款（流质契约）。

[2] 《意大利民法典》第1963、2744条是有关解除约款禁止的规定，与我国法律不同，其法条条旨明确指出解除约款（流质契约）的禁止，规定："当约款约定，在确定期间内债权未实现则抵押或质押财产的所有权将转移给债权人时，该约款无效。尽管约款是在抵押或质押之后形成，该约款依然无效。"

[3] 《民法典》第401条：抵押权人在债务履行期限届满前，与抵押人约定债务人不履行到期债务时抵押财产归债权人所有的，只能依法就抵押财产优先受偿。第428条：质权人在债务履行期限届满前，与出质人约定债务人不履行到期债务时质押财产归债权人所有的，只能依法就质押财产优先受偿。

质"只存在质押中，而不存在于抵押领域，以字面意思而言缩小了其本身外延。如果在质押和抵押中以"流质契约"和"流抵、流押契约"分别称之，这一做法将原本统一的担保制度人为割裂，且徒增法律术语之重叠复杂化，并非明智之举。其次，将流质约定称为契约，但其本身只作为担保合同的条款而已，内容实际都附属于担保合同，即使之后达成该约定也只作为担保合同补充条款，并无单独称为契约之必要，以条款称之更为妥帖。但约定俗成，为行文方便，以下仍保持使用"流质契约"术语表达，我国修订法律时应考虑修改这一不够严谨的法律术语。

从体系安排上来看，我国对流质契约的禁止原本是分别规定在单行法中，《担保法》第40条明确规定抵押中不得缔结该约款，该条位于《担保法》第三章"抵押"之第二节"抵押合同和抵押物登记"下，《担保法》第66条禁止质押中的流质契约，该条处于第四章"质押"之第一节"动产质押"下。这一对流质契约禁令分别规定的做法，将实物担保中的统一制度人为割裂。流质契约禁令作为对担保物权实现方式的法律控制，可于"担保总则"统一规定。且《担保法》将该禁令放在"抵押合同和抵押物登记"节下有失偏颇，流质契约并非抵押合同内容，而是抵押合同排除之内容，实质为约定的不被法律所接受的实现抵押权之方式，与折价、拍卖、变卖等担保物权合法的实现方式并列于"抵押权的实现"节下更合适。

2007年颁行的《物权法》本可将流质契约禁令规定在"担保物权"编的一般规定中以解决这一总则性一般规定的问题，却仍分别规定在第十六章"抵押权"之第一节"一般抵押权"下（第186条）和第十七章"质权"之第一节"动产质权"（第211条）下。我国法律对流质契约禁止之规定完全具备对共同性规范抽象统一地规定于担保物权一般规定中的条件，作为

第二章 担保物权实现制度：解除约款（流质契约）

担保物权实现方式之法律禁令，统辖抵押、质押和不动产典质等实物担保制度。分别规定一来不具有抽象性，重复规定造成内容庞杂，浪费规范资源；二来易造成规则间冲突和使用困难。共同性规范减少具体规则的重复，使法律更为简洁，适应法律编纂对体系化、系统化的要求，也便于公众了解法律和法官在司法过程中寻找法律条文。[1] 在最新颁布的《民法典》中，也并未在"担保物权"分编的"一般规定"中对流质契约进行统一规定，而是分别在有关抵押和质押的章节进行规定。但从条文结构和表述上看，《民法典》第 401 条[2]对于流押的规定和《民法典》第 428 条[3]对于流质的规定，仅仅是抵押权人和质权人，抵押人和出质人之主体表述上的区分，对于构成要件和法律后果的设计完全一样。实际上，并未解决之前《担保法》和《物权法》上所存在的问题。

四、解禁流质契约禁令之呼声

虽然之前的《担保法》和《物权法》明确规定禁止在质押

---

[1] 《意大利民法典》明确宣布解除约款之禁令适用于质押、抵押和不动产典质中。解除约款禁令规定在第 2744 条，该条位于第六编权利的保护之第三章财产责任、优先权的原因和财产担保之第一节一般规定下，即处于实物担保制度的一般规定下，明确在质押和抵押中禁止解除约款。通过规定统一的共同性规则和价值理念，《意大利民法典》在其内部最大限度地实现了民法的体系化、协调化、集约化，这一总则统领式的立法技术值得借鉴。虽然《意大利民法典》在第 1963 条不动产典质契约中也规定了解除约款之禁止，但学者对这一安排提出质疑，认为将不动产典质中的解除约款禁令规定在一个条文中较简洁和谐。D'Amelio, *Della responsabilità patrimoniale*, sub art. 2744, p. 252.

[2] 《民法典》第 401 条：抵押权人在债务履行期限届满前，与抵押人约定债务人不履行到期债务时抵押财产归债权人所有的，只能依法就抵押财产优先受偿。

[3] 《民法典》第 428 条：质权人在债务履行期限届满前，与出质人约定债务人不履行到期债务时质押财产归债权人所有的，只能依法就质押财产优先受偿。

和抵押中缔结流质契约。但近年来，流质契约禁止原则受到冲击，有学者认为这一关系完全交给契约自由处理并不会发生任何问题。赞成解禁流质契约禁令的理由主要有：

第一，从尊重契约自由之角度，认为流质契约之缔结当属当事人自由约定领域。认为缔结流质契约符合契约自由的私法精神，每个人都是理性人，流质关系完全交给契约自由处理并不会发生任何问题。[1] 法律禁止流质条款的规定是一项蔑视财产交易关系中公民自治能力的制度。[2] 流质契约禁令限制契约自由，在债的关系中个人可自由决定其利益，因此流质契约禁令只能例外适用，不能成为原则。[3]

第二，从实现担保权效率之角度，认为流质契约能尽快实现担保权，促使债务人履行义务，可简化程序以实现减少实现担保物权的费用的目的。缔结流质契约能保障商事交易快速安全进行，符合效益原则。[4] 即使个别流质契约中带有暴利性，亦可根据公序良俗原则确认其无效。[5]

第三，从社会现实角度论证，禁止流质契约的社会环境大前提已不具备。有学者指出罗马法上对流质契约（解除约款）禁止的前提是债务人的借债多出于急迫窘困，仅在商品经济不发达地区和时代才有意义。

但不可否认的是，我国理论界证明应该维持流质契约禁令的学者大多并未从罗马法的历史研究与比较分析的角度出发，对流质契约禁止的历史渊源进行考察。对主张解禁流质契约理

---

[1] 王明锁：《禁止流质约款之合理性反思》，载《法律科学》2006 年第 1 期。
[2] [日] 梅谦次郎：《民法要义之物权编》，成文堂 1989 年版，第 419 页。
[3] Lelio Barbiera, *Responsabilità patrimoniale*, artii. 2740-2744, Giufrrè, p. 210.
[4] 王明锁：《禁止流质约款之合理性反思》，载《法律科学》2006 年第 1 期。
[5] [日] 富井政章：《民法原论》（第 2 卷），有斐阁 1907 年版，第 483~485 页。

由的回应，我们认为有必要溯源至罗马法上对流质契约（解除约款）禁止的原因，从其历史变迁中吸取经验。耶林在《罗马法精神》中说："罗马帝国曾三次征服世界，第一次以武力，第二次以宗教，第三次以法律。武力因罗马帝国的灭亡而消失，宗教随着人民思想觉悟的提高、科学的发展而缩小了影响，唯有法律征服世界是最为持久的征服。"盖尤斯也说，为了更好地了解现有事物，应该走向其起源。对于是否应该解禁流质契约之禁令这一问题，从罗马法历史上解除约款禁止的原因进行分析，以此作为对现实之呼声的回应和对中国法律制度之完善的启示。

第三节 禁止缔结解除约款（流质契约）的原因

一、解除约款与自由价值

认为禁止解除约款违反当事人意思自治原则，是对当事人自由意志的践踏的观点，并没有真正理解自由，没有从自由与公平价值冲突之角度作出合理分析和理解。以平等和私法自治为终极关怀的古罗马契约法深受斯多葛学派自然法思想影响，视自由为契约生命。强调契约自由的前提是平等，外化为当事人意思表示真实一致。在不违反法律、公共秩序和社会公德的前提下，合同主体完全平等，各方有其独立自主意思，仅在自由选择下，依其意愿才受拘束。罗马契约法上的契约自由是平等前提下的真正自由，而非不平等条件下内心受强制的契约自由。当事人是否自愿仅从表面无法判断，意思表示属于内心意愿表现于外部活动，在当事人地位不平等、不自由的情况下，其内心真意与外部表现有时并不一致，甚至截然相反。流质契约中的自由是否是真实的自由，是否值得保护，我们从罗马法上可以找到答案。

首先，仅从当事人签订解除约款这一行为根本无法判断其是否自愿，是否受胁迫。这并非出于债务人自由意思表示，债务人多多少少受到了精神强制，因为其必须通过这样的条款才能获得金钱借贷。[1] 社会生活现实是，一般情况下，解除约款缔结中债务人处于经济上弱势地位，缔结解除约款多少受到精神强制，有时根本无法选择，大多表现为债权人乘人之危，必须缔结解除约款才能获得借贷，在结果上也多不公平。[2] 债务人设立担保并非想转移所有权给债权人，其可能对缔结解除约款之效果本身无知或对其偿债能力过于自信，这都会损害其利益。罗马法所强调的契约自由是真正的自由，不是内心受强制的自由，契约自由蕴含的深厚底蕴和基础是人的自由和平等。因为缔约之时，债权人和债务人的经济地位并不平等，在双方立足点不公平的情况之下，难以认为缔约是真正自由意志的表达，带有一定的心理强制力。基于此考虑，立法者禁止解除约款，防止债权人利用其优势地位给债务人施加心理压力，导致不真实意思表示被赋予法律效力。[3] 不能认为解除约款禁令违反了契约自由原则，因为契约自由保护的是值得保护之目的。正义本身是公平协议的结果，协议之公平，应在双方地位平等条件下，以真实意思表示达成，而解除约款缔结中缺乏真正落实契约自由之前提，对表面自由意志的维护与对契约自由的真正尊重背道而驰。

应赋予当事人契约自由，但从社会现实角度而言，这一自由很可能被放高利贷者和心怀获取暴利的借贷人滥用，立法者

---

[1] Carraro, *Il negozio in frode alla legge*, Padova, 1942, p. 231, nota 108.

[2] Carraro, *Il negozio in frode alla legge*, Padova, 1942, p. 231, nota 108.

[3] L. Lordi, Del pegno, in *Comm. D'Amelio-Finzi*, Firenze, 1943, p. 649.

为更好地规范道德诚信的层面,对自由意志的考虑便略少些。自由意思建构的私人间法律关系与国家管制的理念具有紧密牵连,自由并非绝对自由,绝对自由意味着不自由,契约自由不能被滥用,合同当事人应在平等自愿基础上缔约和履约,合同内容应体现诚实信用和公平原则的要求,合同当事人一方不能滥用其经济实力或权利而损害另一方利益。[1] 仅出于对契约自由的尊重而要求解禁解除约款,这一理由并不足够。

二、解除约款与公平价值

(一)从自由到公平价值之维护

私法由个人本位向社会本位逐渐转变,对意思自治进行限制转而更注重公平价值之维护是必然的。主张解禁解除约款的学者也赞成禁止解除约款的确是对公平价值的更好维护。在解除约款中,物的灭失风险和担保物的价值过分高于被担保债权总额的风险都由担保人承担,这违反公平和等价有偿原则。立法者想要禁止解除约款以维护公平价值,保护担保人的利益,排除契约自由原则的适用。[2]

即便认为禁止解除约款违反契约自由原则,但在私法领域,法律的目的只在于赋予特定利益优先地位,而他种利益相对必须作一定程度退让。[3] 自公元 2 世纪始,国家社会主义迅速发展,在这一发展过程中,自由因对公平价值的日益强烈要求而

---

[1] 王利明:《统一合同法制订中的若干疑难问题的探讨(上)》,载《政法论坛》1996 年第 4 期,第 52 页。

[2] Cass., sez. un., 3.4.1989, n.1611, in Foro it., 1989, I, c.1428.

[3] [德]卡尔·拉伦茨:《法学方法论》,陈爱娥译,商务印书馆 2003 年版,第 1 页。

逐渐被摧毁，在君士坦丁时代达到顶峰。[1]

罗马法上对解除约款从许可到禁止的变迁，本身说明罗马法在从自由走向公平价值取向上的变化。法律禁止解除约款在于维护信用交易的公平，防止债权人利用其有利的经济地位损害债务人利益。"任何契约在显失公平，损害他人和社会利益和严重违反诚实信用和公序良俗时，可受到限制。"[2] 禁止解除约款带来的公平效果不仅为防止债务人成为暴利行为的牺牲品，也为防止其他无辜的债权人受不正当损害，解除约款的特征是不公平的。[3] 不可否认，公元2世纪天主教宗教精神正强力地改变着罗马人的世界。宗教精神的崛起带来的是对担保制度的反思，正如所有法律制度所经历的，须考虑天主教对制度发展的影响。[4]君士坦丁基于当时在罗马人心目中已成熟的维护自由、公平、诚信的观念，官方禁止解除约款，若缔结或适用将会受到惩罚。

（二）对债务人利益之损害

传统主流观点认为应禁止解除约款，因为有必要消除对债务人造成的不公平损害。这也是君士坦丁禁止解除约款的主要原因，明确禁止缔结该协议。[5]解除约款禁令去除给债务人造成的不正当损害和债权人的不当得利，该担保物的价值可能远

---

[1] ［英］弗里德利希·冯·哈耶克：《自由秩序原理》，邓正来译，生活·读书·新知三联书店1997年版，第209页。

[2] 张文显：《法哲学范畴研究》（修订版），中国政法大学出版社2001年版，第389页。

[3] C. Massimo Bianca, *Il divieto del patto commissorio*, Giufrrè Editore, 1957, p. 204.

[4] Ricobbono, *Atti congress interm. di dir. rom.*, Roma, vol. II, p. 61.

[5] C. Massimo Bianca, *Il divieto del patto commissorio*, Giufrrè Editore, 1957, p. 204.

第二章 担保物权实现制度：解除约款（流质契约）

远高于没有获得清偿的债权。[1] 从担保实务看，债权人往往利用其优势地位缔结解除约款，以获得一般情况下价值高于被担保债权总额的担保物。[2] 担保物权的实现一般要经过清算，而解除约款在债权人到期未受清偿时，不经过任何程序直接转移担保物所有权。正是由于解除约款这一不公平特征，使其遭受了最严厉批判和多数大陆法系国家立法严格禁止。禁止解除约款目的是不能坐视债权人取得高价担保物以榨取不当得利。

罗马皇帝君士坦丁禁止解除约款即出于对当事人利益平衡的公平考虑。当时当事人地位不平等，设定担保的债务人多是穷困的人，若允许此类约定，债权人便可利用之为盘剥手段，要求债务人提供价值超过债务总额数倍的担保物，债务人迫于需要不得不接受，到期债权人设法使债务人不能履行给付，则借以不经过任何程序直接获得该物所有权，以谋取不当暴利，使解除约款带有不道德、不诚信之色彩。[3] 君士坦丁的禁令不仅规定解除约款无效，且任何具有相同效果之约款也无效，无论是在先或在后缔结。

（三）对债务人的其他债权人利益之损害

禁止解除约款不仅保护债务人，还保护其他债权人。其他债权人并未参与该约款之缔结，但在该物上有相关利益，受解除约款影响。[4] "因为担保不是直接由担保权人享有所有权，而是通过市场进行拍卖或变卖，通过变价以后，由担保权人优

---

[1] C. Massimo Bianca, *Il divieto del patto commissorio*, Giufrrè Editore, 1957, p. 205.

[2] Luminoso, *La vendita con riscatto*, Giufrrè, 1987, p. 242.

[3] C. Massimo Bianca, *Il divieto del patto commissorio*, Giufrrè, 1957, pp. 204, 210.

[4] Carnelutti, Note sul patto commissorio, in *Riv. dir. comm.*, 1916, II, p. 887.

先受偿，剩余价值由其他债权人受偿，若标的物所有权转归担保权人所有，其他债权人则丧失了受偿机会。"[1]一物之上可能存在多个担保，若一担保权人适用解除约款获得了该物所有权，则其他担保权人的利益将受到不公平损害，担保形同虚设，显然与民法公平、诚实信用等原则相违背。解除约款使债权人所享有的优先权并非法律规定的，没有任何理由使债权人享有违反法律的优先权。[2]对无担保的债权人而言，若担保物价值远高于被担保债权总额，债权人利用解除约款直接取得担保物所有权，则债务人责任财产相应减少、清偿能力减弱，有可能导致其他债权人的债权落空。由其他债权人承担解除约款缔结之不利风险，实际侵犯了交易安全，交易双方的安全只是交易安全的一部分，交易之外的第三人的保护才是交易安全的化身。

有学者认为解除约款损害债务人和其他债权人利益是建立在假设之上，其并不必然损害公平原则。[3]因为未必该物的价值高于被担保的债权总额，也未必债务人之财产不够清偿所有债务。从逻辑层面而言，假设不存在的可能等同于假设存在的可能，极容易被反向证伪，该物价值可能远大于担保债务总额。解除约款禁令不必建立在必然之上，只需建立在盖然且该盖然概率较大的基础之上即可。一般情况下该物的价值都大于被担保的债权总额，这是事实。对特殊事实不存在的假设，一来无法证明，二来不能因为有不存在之可能而不加规范。禁止解除约款本质是对当事人公平保护，防止该担保物价值出现较大幅度涨跌给当事人带来不公平的损害，其中也包括对债权人的保护，防止债务人以抛弃标的物而拒绝清偿之投机行为，特别在

---

[1] 王利明：《物权法研究》，中国人民大学出版社2005年版，第598页。

[2] Talassano, Divieto del patto cimmissorio, *ivi*, III, p. 368.

[3] 王明锁：《禁止流质约款之合理性反思》，载《法律科学》2006年第1期。

担保周期较长情况下。

三、解除约款与效率价值

(一) 公平价值与效率价值之排序

禁止解除约款的法理基础在于解除约款之缔结会导致不公平，而解除约款许可主义的核心是其有利于实现法的效率价值。这两种完全相反的立法模式的优劣可通过对公平和效率价值的对比分析加以判断。正如德国法学家维斯特曼所言，至少在私法领域，法律的目的只在于赋予特定利益优先地位。公平、正义是法的最基本价值，是法的价值本质，是其他价值实现的前提。在解除约款禁止或许可问题上，正如罗尔斯在《正义论》中对正义的论述："正义是社会制度的首要价值……某些法律和制度，不管如何有效率和有条理，只要不正义就必须加以改造和废除。"公平正义在法的价值体系中居于首要地位，其他价值都要从根本上服从公平正义，在解除约款禁止或解禁问题上，公平价值较之效率价值具有明显优先性。全国人大法律委员会主任委员胡康生对《物权法》禁止流质契约的解释就很好地说明了二者间的优先性：尽管解除约款看起来成本比较低，但如果低成本不能带来公平的、高质量的经济社会效益，宁可不要这个低成本。

学者们提出解禁解除约款的另一理由是其可降低交易成本，节省时间、精力和费用，完全符合市场经济便捷高效运行规律的要求。其能保障商事交易快速安全进行，即使个别解除约款（流质契约）中带有暴利性，亦可根据公序良俗原则确认其无效。[1]禁止解除约款人为增加担保物权实现的成本和难度，妨碍资金

---

[1] [日] 富井政章：《民法原论》（第2卷），有斐阁1907年版，第483~485页。

融通。但这些学者忽略了，现代法上与罗马上一样存在其他类似的制度可供当事人选择，同样可实现解除约款想要达到的效率和节约成本的效果，且更加公平合理。

(二) 与解除约款效果类似的其他担保物权实现制度

1. 解除约款（流质契约）与担保物权之本质

从法理上看，担保物权是与用益物权相对应的他物权，为确保债权的实现而设定，以特定担保物的交换价值为基础和内容，而非取得担保物的所有权和使用价值。承认契约自由下的流质契约与债法原理固然不相背，但却违背了物权法原理，即若预先达成债务不履行则标的物所有权移转给债权人的约定，则是对标的物的物权性处分，与担保物权作为价值权的性质相违背。若允许流质契约，债权人不经任何程序直接取得担保物的所有权，与担保物权的本质和功能也不相符。设立担保物权的目的是依靠担保物而产生心理强制力，促使债务人履行义务，否则将变卖担保物以获取交换价值来清偿。债权人对该担保物的价值享有权利，而非对担保物本身享有权利，流质契约越过该担保物的交换价值直接处分担保物，违反了担保制度变价受偿性的本质。

赞成解禁解除约款的学者认为禁止解除约款将增加担保物权的实现成本。[1] 这一观点本身忽略了担保物权实现手段之多样化，并非任何转移所有权的契约都受到禁止，禁止解除约款并非意味着一定得通过法院强制清算才能实现担保物权。[2] 罗

---

[1] 季秀平：《论流质契约的解禁》，载《河北法学》2005年第4期。

[2] 我国实际规定了担保权实现的自救主义，自救不成时，司法保护才介入解决纠纷，《担保法》第53条规定了"债务履行期届满抵押权人未受清偿的，可以与抵押人协议以抵押物折价或者以拍卖、变卖该抵押物所得的价款受偿"。担保物权

第二章 担保物权实现制度：解除约款（流质契约）

马法上对解除约款的禁止，并不意味着债权人不能获得该担保物的所有权。对这一问题的考虑不应从结果出发，而应从原因入手。认为担保权人不能取得物的所有权是片面和机械的看法。[1] 对于债权人作为购买人获得该担保物，或是依照代物清偿、取得质物所有权制度获得该物的所有权，罗马法上给予了承认。

2. 代物清偿

当债权人的债权到期没有获得满足时，在缺乏有关解除约款或是变卖权的协议时，债权人仍然可以该担保物获得满足，是通过与债务人就该担保物达成代物清偿协议。[2] 罗马法上规定了代物清偿制度，即债务到期未清偿，担保权人通过公平估价可获得该物所有权。不同于解除约款的是须有第三人对该物进行公平估价，债权人承担返还该物多余价值的义务。债务无法清偿时，当事人达成将担保物估价出卖给债权人的协议，或当事人约定届期债务人不为清偿，债权人得保留担保物，而其价值由第三人评定。[3]

C. VIII, 13 (14), 13. (*Impp. Diocletianus et Maximianus AA. Et CC. Matronao, A. D. 293*): *cum dominam non minorem vig-inti*

实现方式有拍卖、变卖、折价三种，一般而言，拍卖成本最高，折价成本最低，若确有将担保物所有权归债权人以清偿之需要，则在债务到期未清偿时，当事人很容易达成变价或代物清偿协议这一低成本之解决之道，协议不成担保权人才会向法院提起诉讼要求拍卖或变卖担保物，并不一定增加成本、影响担保物权实现之效率。且如今大多借贷发生在银行与企业间，若解除约款有效，则银行获得该物所有权后显然对标的物之利用效率更低，违背效率原则。且未来还可建立担保物估价制度来规范担保权之实现和提高效率。

〔1〕 王明锁：《禁止流质约款之合理性反思》，载《法律科学》2006年第1期。

〔2〕 Alberto Burdese, *Lex commissoria e ius vendendi nella fiducia e nel pignus*, Torino, 1949, p.9.

〔3〕 周枬：《罗马法原论》（上册），商务印书馆1994年版，第404页。

et quinque annis ea quae obligaverat tibi iure dominii possidere permisisse et in solutum dedisse precibus significes, dominae [contractus et] voluntas ad firmitatem tibi sufficit.

在上述片断中有明确规定，代物清偿协议并不排除对该担保物的估价计算，必须对该担保物进行公平估价，这是代物清偿的前提，且代物清偿协议是在担保协议缔结之后达成。[1] 代物清偿虽也是交换价值和使用价值间的转换，但与解除约款存在本质区别：解除约款中财产价值和被担保之债权总额间的平衡是偶然的，一般情况下很难达到价值平衡就直接转移了所有权；而代物清偿协议本身是两个价值间的平衡，债务人享有估价权，这是其合法之原因。估价必须客观，低估或第三人依照不适合标准进行的估价无效。代物清偿在《优士丁尼法典》中时常适用。[2]

3. 出卖质物给债权人

罗马法上的片断 D. 20. 5. 12. pr. 中明确指出债权人可购买为其出质的质物。其给出的理由是"债权人可以购买债务人为其出质的物品，因为这个物的所有权还在债务人手上"。在出卖质物所有权以使债权受偿情况下，债权人本身也可以作为购买人，因为债权人之前只是占有该质物，该质物的所有权还在债务人处。债权人购买该物获得所有权与解除约款有本质区别：解除约款中不论价值大小高低，该担保物所有权直接归属于债权人，通常体现了债权人的优势地位，在缔约之时双方就处于不平等的地位；而债权人购买该担保物发生在担保物权实现之时，是对该物的公平的估价之后做出的买卖行为，一般是在公平竞价

---

[1] Paolo Frezza, *La garanzia delle obbligazione, corso di diritto romano*, II, le garanzie reali, Padova, 1963, p. 229.

[2] Alberto Burdese, *Lex commissoria e ius vendendi nella fiducia e nel pignus*, Torino, 1949, p. 126.

第二章　担保物权实现制度：解除约款（流质契约）

的场合中由债权人获得该物的所有权。

4. 取得质物所有权

取得质物所有权制度，在罗马法上是指在实物担保中，无论在质押还是抵押中，未受清偿的债权人行使其变卖权，希望通过变卖该物以获得价金满足其债权，但并未找到对该担保物的购买人，那么债权人可要求皇帝授权其自身获得该物所有权。皇帝接受债权人这一请求，则债权人取得该担保物所有权。[1] 值得一提的是，这里获得该担保物的所有权不是基于代物清偿协议，而是依照皇帝的裁判而获得该担保物的所有权。

四、解除约款之禁止与社会实践之要求

"法律终究是一种对社会现实生活的回应。其不仅由大量固定的规范所组成，而且时刻面临演进变革的动态发展。"[2] 罗马帝国当时的制度规定已日益无法满足社会生活的现实需要。解除约款的弊端进一步凸显，对债务人极为不公，造成债权人和债务人之利益失衡，阻碍了社会经济发展中的商业流通和再生产。

（一）禁止高利贷之需要

罗马法上君士坦丁禁止解除约款（流质契约）与当时的社会环境相关。当时高利贷现象盛行，解除约款的缔结通常都带有债权人欺诈和盘剥债务人成分，几乎所有的不利后果都要债务人承担。担保物价值远高于被担保债权额，若不进行合理限制，债务人或担保设定人的利益就存在被损害的危险，担保权人极有可能获得不当暴利。而在当时又缺乏禁止高利贷的刑事

---

[1] Arnaldo Biscardi, *Appunti sulle garanzie reali in diritto romano*, Milano, 1976, p. 89. C. 8, 13（14），13（a. 293）.

[2] Alf Ross, *On Law and Justice*, Berkeley & Los Angeles, University of California press, 1959, p. 75.

法律，故而解除约款禁令的出现，一部分原因是为了预防当时有些失控的高利贷现象。"为了防止穷困的债务人成为暴利行为的牺牲品，罗马法一直对解除约款加以禁止。"[1] 立法意旨系在保护债务人免其因一时之急迫而蒙受重大之不利。主要功能是从公平角度维护双方利益平衡，禁止债权人利用其优势地位剥夺债务人财产。在当时，双方当事人地位极不平等，设定担保的债务人多是穷困的人，若允许此类约定，则债权人便可利用之为盘剥手段，要求债务人提供价值超过债务总额数倍的担保物，债务人迫于需要不得不接受这一借贷，到期债权人又设法使债务人不能履行给付，则借以不经过任何程序直接获得该物的所有权，以谋取不当暴利。解除约款的弊端使得借贷人的情况更为糟糕，使资金都积聚在少数人手上，不利于社会经济运转，且带来一系列社会矛盾和动荡。

"解除约款导致强者对弱者强力的滥用，代表了那些以对需要金钱的人为代价进行可恶投机的有钱人的利益，是不合理的。"[2] 解除约款违背了公序良俗原则和禁止暴利行为理论，禁止解除约款也为禁止高利贷效果，有利于商业道德价值观的树立。[3]

(二) 流质契约之禁止与商业道德、诚信之建设

在罗马法上，君士坦丁禁止解除约款（流质契约）与当时的社会环境相关。当时高利贷现象盛行，流质契约的缔结通常都带有债权人欺诈和盘剥债务人的成分，担保物的价值远高于

---

[1] [日] 近江幸治：《担保物权》，祝娅等译，法律出版社 2000 年版，第 139 页。

[2] Michael H. Rubin, Stephen P. Strollche, "Developmentes in the Law 1993-1994: A Faculty Symposium: Security Devices", in *Louisiana Law Review* 55, 1995, p. 655.

[3] Bussi, *La formazione dei dogmi di diritto privato e diritto comune, diritti reali e diritto di obbligazione*, Padova, 1937, pp. 145-149.

第二章 担保物权实现制度:解除约款(流质契约)

被担保的债权额,若不进行合理限制,债务人或担保设定人的利益就存在被损害的危险,则担保权人极有可能获得不当暴利。流质契约禁令是为了控制当时有些失控的高利贷现象。禁止流质契约也跟君士坦丁皈依天主教有关,为了禁止不人道地对他人盘剥,宗教不仅仅是仪式,其本质是诚信和对贪念的禁止。公元 2 世纪时,天主教宗教精神的崛起带来对担保制度发展的反思,宗教因素影响着流质契约中的商业道德,对债务人的盘剥被认为是不道德、不诚信的,特别是在一些高利贷协议中,债务人受到严重敲诈,由此不能认为债务人在债权人强制压力下缔结的不公平条款有效。诚实信用和公序良俗是整个民法的基本原则,任何一项民事法律制度都要受其制约和调整。允许流质契约极易引发道德风险,一般情况下担保物和被担保债权总额间存在差额,极易引发当事人串通损害他人利益。在债务人提供担保物的情况下,债务人可能与债权人串通,利用流质条款损害债务人的其他债权人的利益。在第三人提供担保物时,债务人可能与债权人串通,到期故意不履行债务从而让债权人取得担保物的所有权,以此来损害担保设定人的利益,特别是在担保设定人不能及时、有效地对债务人行使追偿权的情形下。

(三)君士坦丁皈依天主教要求解除约款之禁止

禁止解除约款也跟君士坦丁皈依天主教有关,为了禁止不人道地对他人的盘剥,宗教不仅是仪式,其本质是诚信和对贪念的禁止。[1] 公元 2 世纪时,天主教宗教精神的崛起带来对担保制度发展的反思,宗教因素影响着解除约款中的商业道德,对债务人盘剥被认为是不道德、不诚信的,特别是在一些高利

---

[1] Vincenzo Lojacono, *Il patto commissorio nel contratti di garanzia*, Milano, 1952, p. 16.

贷协议中，债务人受到严重敲诈，不能认为债务人在债权人强制压力下缔结的不公平条款有效。

解除约款易被放高利贷者和希望获取暴利的借贷人滥用，通常情况担保物价值远高于被担保债务总额。为更好地规范道德诚信层面，这一违背公序良俗和禁止暴利，与道德观念不符的不公平条款被禁止，宗教因素影响商业道德，债权人利用解除约款将担保物据为己有，并不产生返还多余价值的义务，且部分清偿不阻止解除约款的适用，这不公平、不道德、不诚信，违背担保制度本质。君士坦丁基于天主教的社会思潮，反对任何非法获利，若允许解除约款，易造成如同高利贷行为所造成的不公平，这违反天主教精神并妨碍生产。

诚实信用和公序良俗是整个民法的基本原则，任何一项民事法律制度都要受其制约和调整。允许解除约款极容易引发道德风险，一般情况下担保物和被担保债权总额间存在差额，极易引发当事人串通损害他人利益。在债务人提供担保物的情况下，债务人可能与债权人串通，利用流质条款损害债务人的其他债权人的利益。在第三人提供担保物时，债务人可能与债权人串通到期故意不履行债务从而让债权人取得担保物所有权，以此来损害担保设定人的利益，特别在担保设定人不能及时、有效地对债务人行使追偿权的情形下。实质上，对解除约款的禁止并非君士坦丁的革新举措，只是对社会现实的反应和承认。缔结解除约款对债务人极不公平，阻碍了正常的资金融通和再生产的发展。

(四) 流质契约（解除约款）与让与担保

有学者指出解禁流质契约为建立让与担保这一非典型担保方式扫清障碍。"让与担保系指债务人或第三人为担保债务人之债务，将担保标的物之权利移转于担保权人，于债务清偿后，标的物应返还债务人或第三人，债务不履行时，担保权人得就该标的物受偿之非典型担保。"[1] 让与担保亦是在债务未按期清偿时，由债权人确定地获得该物所有权，若禁止流质契约，却为何不禁止同样处分物之所有权的让与担保制度？目前，我国尚未承认让与担保这一非典型担保形式。让与担保实际来源于罗马法上的信托担保，在缔结担保之初就将担保物所有权转移至债权人，若按期清偿则债权人应将担保物返还给债务人，若不按期清偿则债权人获得该物所有权。让与担保与流质契约存在的本质区别是转移担保物所有权之时间点不同，让与担保在缔结协议时就已立即转移该担保物之所有权，而流质契约则约定在不能清偿时不经任何程序由债权人直接获得该物所有权。转移所有权之时间不同，导致当事人权利义务、风险承担、对第三人之交易安全保护等都存在差别。转移所有权的时间点正是区分流质契约非法和让与担保合法的关键点。且让与担保的实现本质仍是公平受偿，转移所有权时仍应对担保物进行公平估价。故这一立即转移所有权以担保的让与担保方式有效，不受流质契约禁令限制。[2]

（五）流质契约（解除约款）与典当制度

学者指出我国现行法律体系中保留了典当制度，这一制度中并没有禁止流质契约，立法和实践对流质契约实际采行双重标准，违背了担保物权内在价值取向的和谐统一。[3] 在典当

---

[1] 谢在全：《民法物权论》（下册），中国政法大学出版社1999年版，第896页。

[2] Greco e Cottino, *Della vendita*, *in Commentario del codice civile*, a cura di A. Scialoja, Giufrrè, 1972, p. 275.

[3] 季秀平：《论流质契约的解禁》，载《河北法学》2005年第4期，第25页。

中，在债务人不能按时还债赎回当物时，当物归债权人当铺所有，称为绝当，是典型的流质契约。绝当是否与禁止流质契约之原则相违背，需从典当制度相对一般担保的特殊性考察：一是典当制度中的绝当不同于民事领域之流质契约而属于商事专业领域，在公平和效率价值上更侧重效率；二是主体范围较小，经营典当之主体需严格批准；三是标的物范围较小，一般为动产，且并非所有动产都可典当；四是适用绝当制度有严格限制，《典当管理办法》以当物估价金额是否达3万元作为绝当物品所有权是否直接转移至当铺的标准。即估价金额3万元以上的物品，按原本《担保法》禁止流质契约的规定，禁止绝当，应公开拍卖获得清偿，将剩余部分退还当户，不足部分向当户追偿。典当制度中的绝当适用于法律规定范围内的小额物品，只作为流质契约禁止之例外，并不能撼动流质契约禁止之原则性。

有学者认为，对流质条款的效力不宜简单地予以否定，在民法体系内并不缺乏对弱势的债务人和其他债权人保护的制度，应将流质条款置于契约自由原则下，通过法律行为的效力规则对其进行个别化调整。[1] 在意思表示不自由的情况下，可通过欺诈或胁迫等制度赋予当事人撤销权；若显失公平，可依原本的《合同法》可变更或可撤销制度来救济；若恶意串通损害他人利益，可依对公序良俗原则的违反宣布无效，不能将在个别情况下才出现的情况武断地规定为流质契约无效。然而，情况并非想象得那么简单。首先，因欺诈、胁迫、重大误解等意思表示不真实或显失公平导致契约可变更、可撤销的规定属于弹性条款，由处于弱势地位的债务人承担举证责任，若债务人不能举证证明意思表示不自由、不真实，法院就很难撤销该流质

---

[1] 孙鹏、王勤劳：《流质条款效力论》，载《法学》2008年第1期，第89页。

契约。担保权人与担保人签订流质契约，从形式上看好像自愿，但实质上担保人是否自愿，是否受胁迫很难判断。真正公平的意思自治应通过制度保障。[1] 以恶意串通损害他人利益或违反公序良俗请求宣告合同无效，举证责任也由受害人承担，证明难度可想而知，是否能真正保护受害人难以确保。因此，不如直接由法律规定流质契约无效，以更好地保护担保人的正当权益。其次，对流质契约的个别化调整徒增法律关系之复杂和程序之繁琐程度。

五、变卖权取代解除约款

罗马法上，最古老的担保物权实现方式是解除约款。变卖权取代解除约款是为适应实践需要，在信托担保和质押（包括给付质押和协议质押）这两种实物担保中，产生或说分离出出卖权，这与当时的社会要求，为消除解除约款的强烈的不公平效果有关。[2] 为保护债务人利益，避免债权人因借贷的优势地位而盘剥债务人，平衡债权人与债务人间关系，纠正解除约款的恶性效果，产生了变卖权。在罗马法发展过程中，变卖权逐步被确认和发展并取代解除约款，其是对物的绝对权，从单方保护债权人到对当事人同样保护。债权人只能变卖担保物以获得等于其债权数额的清偿，超出部分应返还债务人，同样也赋予债权人对未获清偿部分可继续提出偿还请求。对双方当事人法律地位而言更为公平，是法学发展的更高层次。

有学者认为，解除约款作为担保物权实现方式的最大优势

---

[1] 胡康生主编：《中华人民共和国物权法释义》，法律出版社 2007 年版，第 408~410 页。

[2] Alberto Burdese, *Lex commissoria e ius vendendi nella fiducia e nel pignus*, Torino, 1949, p. 133.

在于对债务人形成压力和紧迫感，以促使其积极履行义务。实际上，更为公平的变卖权同样能实现这一效果，将担保物变卖同样对债务人产生压力和紧迫感，为保住担保物就需及时履行义务，这实质是实物担保制度的本质效用。为缓和解除约款对债务人的不公平，基于诚信和公平理由，也为适应社会发展和商业流通的加强，在实物担保中采用变卖权制度，而不以直接获得担保物而满足债权。[1]变卖权取代解除约款是为了适应罗马社会担保制度功能进一步精细化的要求，去除解除约款不平等的强烈效果，以推向更为公平的制度层面，实物担保实现方式迈入变卖权的历史阶段是一种进步。在担保物权的实现制度中引入了变卖权简约，这更加符合对诚信原则的要求。变卖权简约更加公平地协调了债权人和债务人间的利益关系。[2]

小　结

在最初的实物担保关系中，债务人不按时清偿，则应接受解除约款（解除约款）惩罚，以此对债务人形成心理压力，促使其按约定履行义务，否则丧失担保物所有权。解除约款产生之初的惩罚性与当时债权人占绝对优势地位，能提供借贷之人不多的社会经济状况相适应。在随后社会实践中，解除约款易被处于优势地位的债权人利用以盘剥债务人，易形成变相高利贷，造成不公平。[3]为缓和该制度对债务人所产生的不公平，

---

[1] Grosso, Appunti sulla formula dell'actio fiduciae, in *Annali dell'Università di Camerino*, 3, 1929, p. 108.

[2] Arnaldo Biscardi, *Appunti sulle garanzie reali in diritto romano*, Milano, 1976, p. 87.

[3] Alberto Burdese, *Lex commissoria e ius vendendi nella fiducia e nel pignus*, Torino, 1949, pp. 25, 26.

第二章 担保物权实现制度：解除约款（流质契约）

基于信义和公平原因，也为适应社会发展和商业流通的加强，在实物担保中可约定变卖权条款，该条款允许债务人获得担保物价值和所担保债务总额间的差额，也赋予债权人对未获清偿部分提出偿还请求，对双方当事人而言更公平，从单方保护债权人的利益到对债权人和债务人利益同样保护，是法学发展的更高层次。[1]

公元236年，解除约款被君士坦丁禁止，解除约款消失，没有被法律所承认，在实践中应认为这时唯一保存的实现担保物权的方式就是担保权人行使变卖权。[2] 变卖权完全取代解除约款成为担保物权实现手段，这适应了当时社会经济环境的新要求。变卖权制度更为公平，对双方当事人都有约束力，优士丁尼把变卖权确定为实物担保协议的实质性要素，不得通过简约加以变通。变卖权去除了解除约款不平等的强烈效果，推向更为公平的制度层面，适应当时罗马社会担保功能进一步精细化的要求。解除约款的惩罚特性亦不适应现代平等主体间的担保关系，且在担保由第三人做出时，违反义务不作为的债务人与受惩罚之第三担保人分离，惩罚效用偏离，造成不公平。

对于我国有关解禁流质契约（解除约款）禁令的呼声，从罗马法上禁止解除约款原因入手分析，给出了非常有利的否定性答复。考察罗马契约法上契约自由的真正含义，缔结解除约款很难确定为当事人自由意志的表达。罗马法上主流立法价值由个人本位向社会本位逐渐转变，对意思自治进行限制转而更注重公平价值之维护是必然的。君士坦丁对解除约款的禁止也是为了防止高利贷的蔓延，为建立公平、诚信的社会环境，也

---

[1] Ratti, *Sull'accessorietà del pegno e sul ius vendendi del creditore pignoratizio*, Jovene, 1985, p. 22, n. 3.

[2] Ratti, Sul *ius vendendi* del creditore pignoratizio, in *Studi urbinati*, 1927, p. 31.

是君士坦丁皈依天主教，处于宗教对个人道德约束的需要。

鉴于我国目前保障制度不健全，商品经济活动日益频繁但诚信制度建设缺失之现实，债权人极易利用其优势地位想方设法获得暴利，易造成不公平，寄希望债权人自律是天真的。"解除约款导致强者对弱者强力的滥用，代表了那些以对需要金钱的人为代价进行可恶投机的有钱人的利益，是不合理的。"[1]且现实中，举债人若以其居住房屋为担保物，允许解除约款则极有可能使其丧失居所，在缺乏相应救济保障制度前提下易产生一系列社会问题。法律应着重于对公平和自由的维护，效率价值次之，这自罗马法以降即为各国法律之共识。

担保本质是一种以担保物交换价值为基础而设定的他物权，是价值权，为担保债权之实现而非以取得担保物所有权和使用价值为目的，解除约款的效果是对物的直接处分，与担保制度之本质存在冲突，变卖权更符合实物担保制度的本质。全国人大法律委员会主任委员胡康生在《中华人民共和国物权法释义》中对禁止流质的解释是，抵押权人与抵押人签订流押合同，从形式上看好像是自愿，但实质上是否自愿，是否没有胁迫是很难判断的……真正公平的意思自治应通过制度保障。尽管流押合同看起来成本比较低，但如果低成本不能带来公平的、高质量的经济社会效益，宁可不要这个低成本。

---

[1] Michael H. Rubin, Stephen P. Strollche, "Developmentes in the Law 1993-1994: A Faculty Symposium: Security Devices", in *Louisiana Law Review* 55, 1995, p. 655.

第三章
担保物权实现制度：变卖权

他物权是在他人之物上的权利，是对他人之物的经济性权利，是对所有权人权益和权利能力的限制。担保物权是他物权，可分为两类，质押和抵押，但与同样作为他物权的用益物权存在区别。担保物权是就交换价值设立的他物权，而用益物权是就该物的使用和收益设立的他物权。担保物权人即使是占有该物，就像质押一样，也不能使用和收益该物，除非是质押协议中约定其是可收益的担保物权。[1]

第一节 担保物权的性质在中国法上的争议

在解除约款（流质契约）被禁止后，变卖权成为实现担保物权的主要手段，而在我国变卖权或说担保物权实现制度并未引起足够重视。明晰变卖权的性质具有积极意义，关系到是否需要在担保协议中明确约定变卖权，也关系到变卖权行使方式、变卖担保物中的权利义务、变卖权行使期限等。这些问题实际并不只关涉债权人的利益，也影响到交易安全。实际上，有关变卖权性质的讨论，不可回避的前提是担保物权性质。它作为变卖权性质的基础，是具有对世性的物权还是对人性的债权性

---

[1] Arnaldo Biscardi, *Appunti sulle garanzie reali in diritto romano*, Milano, 1976, p. 7.

权利。对担保物权和变卖权性质的讨论实际也影响了担保权人行使其权利的程序：是否可行使物权直接处分该担保物，还是需借助他人配合才能实现其权利？在第三人侵犯权利时是否享有绝对诉权以保护其权利？

大陆法系国家对于实物担保权是物权还是债权存在争议，实物担保在各国立法上所处位置也存在差异，有的将担保物权与人的担保规定在民法典的债编，有的规定在物权编。实物担保权性质在我国学者间存在争议，主要有以下几种观点：

一、债权说

第一种观点是债权说，认为担保物权实际是一种债权。[1] 理由是：首先，担保物权不独立存在，而附属于主债权，不能单独转让，只作为一种优先权，不可离开主债权而直接处分该权利。其次，担保物权也不具有排他性，因为在一个物之上可设立多个担保物权。最后，对于担保物权中重要的担保方式质押而言，质押不具有追及性，如果丧失质物的占有，则丧失质权。

债权说的观点认为担保物权仅赋予债权以优先清偿的权利，实际是债权性的，它随主债权产生而产生、消灭而消灭，附随于主债权关系，不独立存在。且从物权让与性角度出发，担保物权不能与主债权分离而单独让与，物权性的认定大打折扣。从物权排他性的本质属性看，担保物权不具有排他性，一物之上可设立多个性质相同的担保物权。从物权支配性角度看，债权人对抵押财产并未获得自身的执行权，担保物权的实现必须借助国家强制力介入，属于公法上的获取力，不具有直接支配

---

[1] [日] 加贺山茂：《担保物权法的定位》，于敏译，载梁慧星主编：《民商法论丛》（第15卷），法律出版社2000年版，第476页。

性。追及性作为物权的本质,从这一角度出发,除了抵押权,在质权和留置权等实物担保中均因对质物或留置物丧失占有而消灭担保物权,并不能追及物之所在。故而需对担保物权的物权性进行反思,担保人享有的优先受偿权只作为债权平等原则的例外,实际上应被看作是一种受到优待的债权而不是物权,本质上不具有物权的本质特性。

二、物权说

担保物权是否是物权?从法律逻辑层面而言,如果担保物权作为物权的一种类型,按照种属概念,其应满足物权特性。因此,学者们从物权特性的角度来探讨担保物权是否满足物权的支配处分性、排他性、追及性和优先受偿性,也以此反对债权说的观点。

赞成担保物权是物权的学者认为,从支配处分性角度出发,担保物权从其支配客体、支配方式和支配效力等方面仍然表现出物权特性。担保物权是价值权,以支配该物的价值为手段,虽然不直接占有、使用该物,但在债权到期未获满足时,债权人所享有的这一权利无需所有权人同意,可直接处分该物并就该物上的价值获得优先清偿。对该物的交换价值的支配也是其支配权特殊性的表现,物权支配性并不一定必须通过对实体支配来实现。

就物权排他性而言,正确的理解是不允许在一物之上设立若干性质不相融的物权,但一物上设立多个担保权恰恰是性质相互融合的权利,且各个竞合的权利间有先后受偿顺序。同一物上存在先后设立的多个抵押权,这一合理安排恰恰是物权重复抵押制度能够很好地促进物尽其用达到资产利用最大化的制度价值所在。

就追及性而言，毫无疑问抵押具有追及性，抵押权人可请求非法占有该抵押物的第三人返还抵押物。而质押和留置制度也同样具有追及性，丧失物的占有的权利人并不是完全不享有请求非法占有的第三人返还该物的权利。

担保物权的优先受偿性正是其物权特性的最好表达，各国立法上都将优先受偿性作为担保物权的固有属性。这一担保权的绝对性还表现在对于所有有害于担保物权担保力的行为可以请求排除。担保物权在受到侵害时，不仅可获得债权救济方式，也可获得物权救济方式。担保物权的实现也无需借助对方当事人的给付行为。虽然与债权一样都以对方的财产价值为目标，但债权需要对方配合给付，物权可直接请求就该物拍卖或变卖。《物权法》中担保权人不需要请求法院对债权关系或对担保关系再做判断，可直接对物变卖或请求拍卖，这更加加强了担保物权的物权性。

三、中间权利说

也有学者认为担保物权并非完全是物权也非完全是债权，其既表现出物权特性又表现出债权特性，因而被称为中间权利，不能简单地归为债权或物权，具有债权和物权的双重属性。该观点认为就担保物权附随性而言，其附随于主债权，随着主债权消灭而消灭，是打破债权平等，使主债权获得优先受偿的例外，体现出债权性质。而在支配处分性、追及性等方面而言，该权利又体现出物权特性，例如可处分该物就获得的价值优先受偿，且在他人侵犯该物时可排除妨害。所以无法生硬地将该权利归为债权或物权，而应作为中间权利，具有物权和债权的双重性质。

第二节　罗马法上对担保物权性质的认定

罗马法上的实物担保制度，在与债权人信托随着要式买卖和拟诉弃权的消失而消失后，主要是质押和抵押两种实物担保方式。罗马法上抵押权被认为是物权不存在疑问。但自1世纪以来就存在有关质押是否是物权的争论。罗马法上，担保物权没有现代法上这么多类型，只有抵押可以称为物权，而需要交付的质押只能看作是占有。[1] 对于质押的性质理论上的争论由来已久，传统理论认为，将质押看作是物权，是对该物价值上设立的物权，获得了变卖该质物处分物的权利。[2] 我们赞成罗马法上对质押和抵押制度性质或者说将担保物权性质认定为物权的观点。一般认为物权具有以下特征：支配处分性、追及性、排他性和优先受偿性。[3] 我们将以物权的基本特征为基础，逐个分析质押和抵押所表现出的物权特性。

一、支配处分性

支配处分性，即物权人可直接对该物行使其权利，无需第三人协助。最为典型的支配性表现在：所有权人可就其财产使用和收益，无需其他人配合，第三人只负有不进行阻碍所有权人对物行使权利的消极义务。物权作为绝对权，具有对世性，

---

[1] Arnaldo Biscardi, *Appunti sulle garanzie reali in diritto romano*, Milano, 1976, p. 14.

[2] Rubino Gaetano, *La responsabilità patrimoniale, il pegno, i privilegi*, Torino, 1952, p. 184.

[3] Piero Schlesinger, *Manuale di diritto private, diciottesima edizione*, Milano, 2007, p. 245.

即其他人都负有不干扰权利人对物行使权利的义务。同样，如果该第三人侵害物权，该权利人可以针对任何人提起诉讼。[1] 担保物权具有这一支配处分性，是就该物交换价值之上设立的支配处分性，在债权未按时获得清偿时，其可就该物变卖以获得价金优先清偿，直接处分该担保物，无需其他人协助，这与债权存在很大不同。[2]

　　罗马法上认可了担保物权的这一物权特性。首先，在罗马法的表述中，将在物之上设立担保直接表述为对物的权利，表现出物权的基本特征，质权和抵押权都具有一定的支配处分性，没有经过担保权人同意，该担保物所有权人不能任意处分该物。实物担保权拥有对物的处分权能，在其债权没有按时获得满足时，担保权人可以出卖该担保物，或者可请求分割作为担保物共有物的一部分。[3]

　　罗马法上，也可从占有令状和诉权程序性保护手段来看担保物权的性质，[4] 从质押和抵押的保护手段角度来看其处分性。在质押中，质权人占有该物，限制了该物所有权人对物使用和处分，如果未获质权人许可，不允许将该物出卖以转移所有权。实际上，在成立了质押的物上，是质权人享有对该物价值的支配和处分权，不允许所有权人未经过其同意而再次支配和处分该物。质权人的这一占有受占有令状保护，不允许随意

---

[1] Piero Schlesinger, *Manuale di diritto private*, diciottesima edizione, Milano, 2007, p.245.

[2] Rubino Gaetano, *La responsabilità patrimoniale*, *il pegno*, *I privilegi*, Torino, 1952, p.188.

[3] Paolo Frezza, *Le garanzie delle obbligazioni*, *II*, *corso di diritto romano*, Padova, 1963, p.96. Dernburg, *Pendekten*, 7ed., I, 643ss, 104ss.

[4] Arnaldo Biscardi, *Appunti sulle garanzie reali in diritto romano*, Milano, 1976, p.166.

第三章　担保物权实现制度：变卖权

剥夺质权人的占有。在抵押情况下，抵押权人无需占有该物，没有获得清偿的抵押权人可自未获清偿时占有该抵押物，这与在质押中质权人占有该质物一样。[1] 以上诉权都体现担保物权的支配处分性，在优士丁尼法中，质权人和担保权人都可行使对物之诉，因此应该被认为是物权。

二、追及性

追及性，即担保物权人可追及该物之所在，且在其债权到期没有获得满足时，请求变卖该物以清偿其债权，即使该物被第三人获得了，物权人对于任何非法占有该物的第三人都可请求其返还该物，且优先于其他债权人获得保护。[2] 担保物权是就该债务人或第三人财产之上获得的权利，为了担保债权优先于其他债权人获得满足。担保物权具有追及性，在担保权人丧失对担保物的占有时，其可请求任何非法占有的第三人返还该物。[3]

有关担保物权追及性的探讨，主要争议在于认为质权人丧失了该质物占有则丧失了质权，因为质权是以占有为公示生效手段。在古典时期后期，裁判官授予质权人可针对任何占有该担保物的第三人提起的诉权，这一诉权随后扩展到在任何质押场合，即使是在没有转移占有的抵押中也可以适用，即准塞维

---

[1] Arnaldo Biscardi, *Appunti sulle garanzie reali in diritto romano*, Milano, 1976, p. 166.

[2] Rubino Gaetano, *La responsabilità patrimoniale, il pegno, i privilegi*, Torino, 1952, p. 187. Piero Schlesinger, *Manuale di diritto privato*, diciottesima edizione, Milano, 2007, p. 245.

[3] Rubino Gaetano, *La responsabilità patrimoniale, il pegno, i privilegi*, Torino, 1952, p. 184.

鲁诉讼或者说抵押之诉。[1] 片断 D. 20. 1. 17. pr. 中乌尔比安明确说道:"为了公平正义地实现质押,应给与债权人一个对物诉讼"。只有在赋予质权人针对质物的对物之诉的保护后,质押制度的历史发展才能被称为是他物权。程序性的保护手段应该可以看作是其追及性的体现。片断 D. 13. 7. 18. 2. 很好地揭示出了质押的追及效力:

> *Se il fondo pignorato sia stato venduto*, *resta nella condizione del pegno*, *perchè il fondo passa all'acquirente con ciò che vi è connesso*, *come nell'ipotesi di parto della serva che si nato dopo la vendita.*

质物在清偿被担保的债权之前被出卖给第三人,该物之上的质押仍然存在,这是质权追及性所在,因为就像是该购买人许可了该物之上的质押存在。从程序性保护手段来证明担保物权的追及性,罗马法上对担保物权人所提供的是对物之诉,可以针对任何非法占有该物的第三人提起,因此可认为质权是物权。[2] 不仅在债务人没有按时清偿时,质权人和抵押权人可获得该物的占有,即使是质权人获得该物的占有,随后又丧失该物的占有,该质权人也可根据担保物权追及性,以对物的质押之诉要求重新获得占有。对任何非法占有该质物的人享有请求其返还的权利,不能认为丧失了占有就丧失了质权。物权事实上具有绝对性,可对抗任何人,[3] 从程序性保护诉权角度可以

---

[1] Aberto Burdese, *Manuale di diritto privato romano*, Torino, UTET, 2000, p. 381.

[2] Arnaldo Biscardi, *Appunti sulle garanzie reali in diritto romano*, Milano, 1976, p. 166.

[3] Rubino Gaetano, *La responsabilità patrimoniale*, *il pegno*, *i privilegi*, Torino, 1952, p. 15.

认定担保物权的物权特性。[1]

三、排他性

从物权排他性角度出发，同一物上不可存在数个内容相同的担保物权，故而认为担保物权不具有物权性。因为在担保权中，时常发生同一物上存在数个内容相同的担保物权，例如同一物上存在数个抵押权。这一观点欠缺考虑的是，同一物上虽然存在多个内容相同的担保物权，但并不否定担保物权的排他性，以同一物上多个抵押权竞合为例，抵押权内容虽然相同，但却相融合，以抵押权顺位进行规范，各权利人间不会产生不可调和的矛盾，实际并非相互排斥，并不违反物权的排他性原则。

罗马法上的片断 D. 20. 4. 9. pr.[2]中为给付房租，债务人先以其奴隶设立抵押，随后为获得借贷，债务人又以该奴隶为另一债权人设立抵押。在这种情况下，哪一债权人优先行使抵押权？该片断回答：在先债权人-出租人享有相对于在后其他债权人优先权，即使该房租给付还未到期。[3] 按照罗马法学家犹利安和阿富里坎的观点，出租人是在先债权人，即使该债权附条件存在，但其应在随后抵押权人之前享有优先受偿权。[4] 罗马

---

[1] Arnaldo Biscardi, *Appunti sulle garanzie reali in diritto romano*, Milano, 1976, p. 165.

[2] S. Schipani, *Iustiniani Augusti Digesta seu Pandectae e Traduzione*, IV, Milano, 2011, p. 27.

[3] Quid de Erote? Un conflicto en el rango hipotecario, (Afriano, 8 quaest, D. 20. 4. 9. PR), in *I. U. R. A.*, 34, 1983, p. 29. Aberto Burdese, *Manuale di diritto privato romano*, Torino, UTET, 2000, p. 386.

[4] Quid de Erote? Un conflicto en el rango hipotecario, (Afriano, 8 quaest, D. 20. 4. 9. PR), in *I. U. R. A.*, 34, 1983, p. 29.

法上体现一物上存在多个竞合担保物权并不否定物权排他性的片断还有 D. 20. 1. 15. 2. ;[1] D. 20. 4. 11. 1. ;[2] D. 20. 4. 14. ;[3]D. 20. 4. 13. pr. ;[4] D. 20. 4. 9. pr.[5]等，随后我们将会详细讨论一物上多个担保物权竞合的情况。在实物担保制度中，对于一物上存在多个担保物权，罗马法上确定了"时间在先、权利在先（*prior tempore potior iure*）"原则，确定各个担保物权实现顺位，并不违背担保物权的排他性，在后的债权人只在先顺位债权人获得清偿后尚有剩余价值时，才可获得清偿。[6]

四、优先受偿性

毫无疑问，担保物权体现了其相对于债权的优先受偿性，这在学者间争议较少。担保物权具有优先受偿性，打破了债权平等受偿原则，赋予了债权以优先受偿的物权性。为债权设立担保物权，赋予担保物权人在其未按时获得清偿时，就该物变卖并以价金获得优先清偿，相对于其他没有担保物权的债权人具有优先性，是物权相对于债权优先性的体现。担保物权人可扣押该物，就该物强制执行，以获得价金优先受偿，这表现出

---

[1] S. Schipani, *Iustiniani Augusti Digesta seu Pandectae e Traduzione*, IV, Milano, 2011, pp. 11-12.

[2] S. Schipani, *Iustiniani Augusti Digesta seu Pandectae e Traduzione*, IV, Milano, 2011, pp. 28-29.

[3] S. Schipani, *Iustiniani Augusti Digesta seu Pandectae e Traduzione*, IV, Milano, 2011, p. 32.

[4] S. Schipani, *Iustiniani Augusti Digesta seu Pandectae e Traduzione*, IV, Milano, 2011, p. 31.

[5] S. Schipani, *Iustiniani Augusti Digesta seu Pandectae e Traduzione*, IV, Milano, 2011, p. 27.

[6] Vincenzo Arangio-Ruiz, *Istituzione di diritto romano*, Napoli, 2012, p. 268.

了物权的特性。[1] 担保物权与用益物权相比较,如果其在先设立,则表现为担保物权优先于其他随后在该物之上设立的用益物权,按照物权领域"时间在先、权利在先"原则来判断,体现出实物担保权本身的物权特性。[2]

五、附随性

认为担保物权是债权的观点主要是从担保物权附随性的角度出发,认为担保物权附随于主债权关系,随主债权关系之消灭而消灭,不能作为独立权利而转让,只作为一种优先权,不可离开主债权而直接处分该权利,故应认定为债权性质。

(一)担保物权的附随性

我们首先承认担保物权的附随性,有效担保物权的前提条件是存在被担保债权,不论债务人或第三人提供物的担保,如果被担保的债权附条件,那么实物担保也附条件。[3] 质押和抵押都是附随性关系,以主债权债务关系存在为前提,该主债权债务关系是未来之债或附条件之债在所不问,随着主债权消灭而消灭。[4] 质押或抵押具有附随性,不能脱离其所担保的债权本身。[5] 担保物权与主债权的关系紧密,如果主债权不存在的

---

[1] Enrico Gabrielli, *Il pegno*, Ordinario di Diritto civile nell'Università di Roma "Tor Vergata".

[2] Paolo Frezza, *Le garanzie delle obbligazioni*, II, *corso di diritto romano*, Padova, 1963, p. 96.

[3] Aberto Burdese, *Manuale di diritto privato romano*, Torino, UTET, 2000, p. 384. D. 20, 1, 5, pr-2.

[4] Piero Schlesinger, *Manuale di diritto private*, diciottesima edizione, Milano, 2007, p. 418.

[5] Arnaldo Biscardi, *Appunti sulle garanzie reali in diritto romano*, Milano, 1976, p. 10.

话,债权人不能就该物获得任何权利,债权人权利自动消失。[1] 质权在其起源和整个古典时期都作为附随性权利。依照乌尔比安的观点,质权附随于主债权,如果没有主债权,不会产生质权。作为基本原则,质权与其他类型的附随关系一样,在主债权灭失时,该质权也消灭。[2]

(二) 担保物权的附随性与其物权性不存在冲突

担保物权具有附随性,附随于主债权债务关系,但这一附随性并不作为否定其物权性之论据。认为实物担保关系附随于主债权债务关系,随着主债权消灭而消灭,不具有自身独立性的观点本身存在偏差。

首先,实物担保关系也可能自己独立消灭,在主债权关系尚未消灭时。由于以下原因:一是该质物灭失;二是发生了担保权人与该物的所有权人身份混同;三是实物担保权人行使了变卖权;四是权利人放弃了该实物担保权或缔结了解除约款。[3] 依照主流观点,质押或抵押具有附随性。附随性是指其产生前提是存在被担保的主债权债务,其担保债权灭失,该物的担保也自动灭失。但存在例外,在被担保债权消灭时,该担保关系并不消灭。[4] 例如,该实物担保关系是对损害赔偿承担担保责任,或对缔约过失承担赔偿责任的实物担保。[5] 或该实

---

[1] Fritz Schulz, *Classical Roman Law*, Oxford, 1992, p. 421.

[2] Umberto Ratti, *Sull'accessorietà del pegno e sul ius vendendi del creditore pignoratizio*, Jovene Editore, p. 7.

[3] Arnaldo Biscardi, *Appunti sulle garanzie reali in diritto romano*, Milano, 1976, p. 168. Aberto Burdese, *Manuale di diritto privato romano*, Torino, UTET, 2000, p. 387.

[4] Arnaldo Biscardi, *Appunti sulle garanzie reali in diritto romano*, Milano, 1976, p. 167.

[5] Umberto Ratti, *Sull'accessorietà del pegno e sul ius vendendi del creditore pignoratizio*, Jovene Editore, introduzione.

物担保是为担保因为欺诈而承担担保责任。[1] 这两方面实际上突破了实物担保制度的附随性，使其具有一定独立性。所以，以实物担保只附随于主债权债务关系，不具有独立性而否定其物权性的观点有待商榷。

我们认为质押和抵押作为实物担保具有物权性，从质押和抵押支配处分性、追及性、排他性的融合、优先受偿性的体现，以及诉讼保护程序性手段角度都证明了担保物权是一种物权。[2] 我国《物权法》对于实物担保权的性质的判断是，承认其物权特性。我国在《物权法》制定过程中，广泛讨论了实物担保权性质这一问题，最后采纳主流观点，认为实物担保权是一种物权类型。单列了一章为"担保物权"，首先对担保物权制度进行一般性规定，将抵押和质押、留置等制度抽象出了上位担保物权概念，并指出其担保物权性质。罗马法上的分析从实物担保制度起源、发展，以及物权各个权能的角度，更加确定了实物担保的物权性质。在此之前，我国学术界很少有学者从罗马法角度来探讨担保物权的性质，在此不失为做了一个很好的尝试。

六、变卖权的性质界定

《物权法》还存在不完善之处，立法者没有对担保物权人的变卖权提出规范性定义，而局限于为权利人规定相关权能，只规定了担保物权人可就变卖该物的价金优先受偿，并未明确指出变卖权性质，也未规定变卖权行使的实体和程序性要件，有关担保物权实现的规定也略显混乱。理论界并没有针对变卖权

---

[1] Aberto Burdese, *Manuale di diritto privato romano*, Torino, UTET, 2000, p. 557.

[2] Enrico Gabrielli, *Il pegno*, Ordinario di Diritto civile nell'Università di Roma "Tor Vergata".

性质的直接讨论。史尚宽先生认为，中国广泛存在争议的变卖权行使的很多问题归根结底是对变卖权性质判断出现问题，所以我们应该就变卖权的历史发展和性质追溯到罗马法上，做历史和比较研究。

正如以上论述，我们已确认这一在他人之物之上成立的优先权是一种物权，从物权的支配处分性、追及性、排他性和优先受偿性四个方面做出肯定回答。

首先，我们可以确认变卖权的性质是作为物权的权能，其本质上体现了物权的四项权能：其一，支配处分性，即担保物权实际赋予债权人对担保物扣押处分的权利，即可强制变卖该物以获得价金优先受偿，这被称为变卖权。[1]其二，追及性，变卖权实际体现了担保物权追及性的显著特征，即可追及该物而行使变卖权，即使该物在第三人处，也不需要任何人协作，因为这是对物的权利，体现出变卖权本身的追及性。其三，变卖权本身的处分性不言而喻，变卖处分该物可使该物所有权人丧失其物。其四，排他性，同一物上存在多个担保物权，对应则存在多个变卖权，同样，实际变卖权按照顺序行使。此外，变卖权行使效果相对于债权和随后设立的他物权享有物权的优先受偿性。

罗马法上在片断 D. 20. 5. 8. pr. 中确认了质权人对该质物的变卖处分权："允许债权人获得其债权清偿，通过转让那些为其出质的质物"。在片断 D. 20. 4. 12. 10. 中进一步确定："该质权中的变卖权实际无需约定，其是作为质押的本质效力，可就该变卖质物的价金优先受偿。"这一物权性质权利，对他人之物处分、支配等物权权能的行使，其权利基础和来源如何？其正当

---

[1] Piero Schlesinger, *Manuale di diritto private*, *diciottesima edizione*, Milano, 2007, p. 417.

性如何证明？盖尤斯在罗马法上早已提出这一问题，即"债权人不是该物的所有权人，但其却可行使该变卖权"。其在片断 Gai. II. 64. 中提出这一问题。我国很少有学者论及该问题，实际上，变卖权可作为该物所有权人对担保权人的授权。[1] 在实物担保中，担保权人并不是所有权人，其以自己名义为自己利益出卖他人的物，所有权人授权给债权人可转让该物，是该物所有权人默示地放弃了所有权和该物的利益，以便债权人可变卖该物。[2] 担保权人被授予变卖权，起初是基于该担保物所有权人明示授权，随后发展为默示授权。

第三节 变卖权在罗马法上的历史发展

一、变卖权的重要性

用益物权是享有使用和收益他人之物的权利。担保物权就该物的交换价值设立，担保物权的权能非常强大，会限制所有权人处分该物的权利，甚至可消灭所有权人所有权，在债务到期未获得清偿时，担保权人可处分该担保物用于清偿受到担保的债。[3] 实现担保物权一般有两种方式：一是解除约款，即在债务没有按时清偿时，债权人获得该物所有权，是最早出现的担保物权实现方式；二是后产生的更为公平的变卖权制度，变

---

[1] Alberto Burdese, *Lex commissoria e ius vendendi nella fiducia e nel pignus*, Torino, 1949, p. 186.

[2] Alberto Burdese, *Lex commissoria e ius vendendi nella fiducia e nel pignus*, Torino, 1949, p. 133.

[3] Piero Schlesinger, *Manuale di diritto privato*, diciottesima edizione, Milano, 2007, p. 417. Arnaldo Biscardi, *Appunti sulle garanzie reali in diritto romano*, Milano, 1976, p. 8.

卖该物以获得价金优先清偿，允许在该物价值和被担保的债权总额间做出比较，将多余价金返还给所有权人。[1]

担保物权是他物权，预先规定了实现权能，在债务人未按期履行义务时，债权人可实现其债权，通过对该担保物直接强制执行，并相对于其他债权人享有优先权，以保障其债权实现。[2] 罗马法上自公元 320 年君士坦丁禁止解除约款开始，变卖权成为罗马法上实现担保物权的主要方式。担保物权制度中债权人寻求物的担保一般并非想要获得该担保物所有权，而是想在不能按时获得满足时行使变卖权，并以获得的价金优先满足其债权。[3] 担保物权优先受偿效力的获得是通过变卖权这一实现担保物权的方式而实现的。如果担保权人不能变卖该质物并以获得的价金清偿的话，其主要利益不能获得。[4]

二、变卖权的含义

正如之前所说，解除约款作为担保物权实现方式在古典时期已很少出现，而变卖权制度在古典时期时常出现，虽然还不是作为质押协议的自然要素。[5] 有关变卖权含义，首先可引用拉贝奥的片断：

D. 20. 1. 35. （Lab. 1 pith. a Paulo epit.） Si insula, quam tibi ex pacto convento licuit vendere, combusta est, deinde a debitore suo

---

[1] Vincenzo Arangio-Ruiz, *Istituzione di diritto romano*, Napoli, 2012, p. 265.

[2] Piero Schlesinger, *Manuale di diritto privato*, diciottesima edizione, Milano, 2007, p. 423.

[3] Ratti, Sul *ius vendendi* del creditore pignoratizio, in *Studi urbinati*, 1927, p. 5.

[4] Milan Bartosek, La responsabilità del creditore e la liberazione del debitore nella vendita pignoratizia, secondo il diritto romano, in *B. I. D. R.*, 51-52, 1948, p. 275.

[5] Vincenzo Arangio-Ruiz, *Istituzione di diritto romano*, Napoli, 2012, pp. 138-139.

restituta, idem in nova insula iuris habes.

在这一片断中确定的情况是，将一个房子抵押，且当事人达成协议在债权没有按时获得满足时，债权人可合法变卖该房子。这一片段明确确认了当事人可缔结协议赋予债权人变卖权。

Gai. II. 64. *Ex diverso agnatus furiosi curator rem furiosi alienare potest ex lege XII tabularum; item procurator rem absentis, cuius negotiorum administratio ei permissa est; item creditor pignus ex pactione, quamvis eius ea res non sit. Sed hoc forsitan ideo videatur fieri, quod voluntate debitoris intellegitur pugnus alienari, qui olim pactum est, ut liceret creditori pignus vendere, si pecunia non solvatur.*

在这一盖尤斯片段中其明确提出，即使担保权人不是该物的所有权人，但有转让变卖该物的权利，说明质权人享有变卖该物的权利。[1] 盖尤斯的片断想要解释质权人不是所有权人，但可转移该质物所有权的缘由，即质权人变卖该质物是由于出质人（所有权人）明确授权。[2]

由以上片断我们可总结出变卖权的定义，是指在债务人没有按时清偿其债务时，债权人享有的变卖该担保物以获得价金满足其债权的实现担保物权的方式，债权人承担返还多余价值的义务，尚未获得清偿的债权可请求债务人继续清偿。这里所定义的变卖权是广义变卖权，实际应包含以下几项内容：一是扣押权（*Il diritto di sequela*），即在债务没有按时清偿时，变卖权中首先包括担保物权人可扣押占有该物，作为进一步行使出卖该物以获得价金的前提条件。二是变卖权（*Ius distrhendi*），

---

[1] Arnaldo Biscardi, *Appunti sulle garanzie reali in diritto romano*, Milano, 1976, p. 158.

[2] Ratti, Sul *ius vendendi* del creditore pignoratizio, in *Studi urbinati*, 1927, p. 8.

即处分出卖该担保物以获得价金。三是优先受偿权（Il ius prae-letionis），即就变卖价金而言，享有该变卖权的人可优先就该价金满足其被担保债权。[1]

罗马法上很早就出现了与解除约款相对的变卖权简约。在与债权人信托中，变卖权简约在其债权未按时获得满足时，债权人可行使变卖该物就价金优先受偿的权利，应返还给信托人多余价值。[2] 给付质押中，质权人并不是所有权人，但是其像所有权人一样享有变卖权。[3] 不言自明的是，在抵押中，抵押权人在到期债权没有获得满足时可变卖该物，以获得价金清偿，并返还多余价值。[4] 我们在此不区分具体的实物担保形式，实际其在担保物权实现中和在探讨变卖权历史发展中的区别不大。无论是与债权人信托、质权、抵押权人都享有变卖该担保物以获得价金清偿权利。[5] 回到盖尤斯所提出的问题，质权人或抵押权人并不是该物所有权人，为何可处分变卖该担保物以获得价金优先受偿？我们应首先考察变卖权的起源，即如何赋予担保物权人变卖他人物的权利，考察其历史发展，是否一开始就无需约定，而是作为质押和抵押协议中的默示必然要素。

三、变卖权的历史发展

回答盖尤斯提出的问题，在与债权人信托中不会遇到很大

---

[1] Piero Schlesinger, *Manuale di diritto privato*, diciottesima edizione, Milano, 2007, p. 418.

[2] Aberto Burdese, *Manuale di diritto privato romano*, Torino, UTET, 2000, p. 431. P. S. 2, 13, 1.

[3] Ratti, Sul *ius vendendi* del creditore pignoratizio, in *Studi urbinati*, 1927, p. 36.

[4] Paoli, *Studi sul processo attico*, Padova, 1933, p. 114.

[5] Arnaldo Biscardi, *Appunti sulle garanzie reali in diritto romano*, Milano, 1976, p. 240.

第三章　担保物权实现制度：变卖权

的困难。因为债权人-受托人实际是该物所有权人，受托人实际只承担在债务人清偿其债务后返还该担保物的义务。但在质押中，最大的困难是该债权人只占有该物，在抵押中只享有占有该物的权利，而该物的所有权还在债务人手上，担保物权人享有变卖该物、转让该担保物所有权的权利与一般原则相违背。[1] 我们从变卖权在罗马法的历史发展入手考察变卖权的基础和权利来源。传统观点认为，变卖权作为担保物权的实现方式，在罗马法上逐步确认，起初只有当事人明示约定才可行使变卖权。不论在信托中还是质押、抵押中都一样，都存在从解除约款发展到变卖权的过程。[2]

(一) 变卖权明示约定

在希腊法中，解除约款在开始很长一段时间的独立作为担保物权的实现方式，随后变卖权制度才发展起来。[3] 有学者认为债权人的变卖权，即使抵押中没有转移占有，抵押权人也可变卖该物以获得价金，这一制度产生于航海贸易中，在公元前5世纪就存在了，双方达成协议授予债权人明确可变卖该担保物的权利。[4] 但这一观点没有确切的资料支持。但可以肯定的是，变卖权制度引入，开始是为保护债务人利益，这与当时担保物价值通常都是大于被担保债权数额，债权人处于优势地位，利用解除约款盘剥债务人的社会现实相关，变卖权实际是为了纠

---

[1] Alberto Burdese, *Lex commissoria e ius vendendi nella fiducia e nel pignus*, Torino, 1949, p. 131.

[2] Alberto Burdese, *Lex commissoria e ius vendendi nella fiducia e nel pignus*, Torino, 1949, p. 196.

[3] Manlio Sargenti, Il *de agri cultura* di catone e le origine dell'ipoteca romana, in S. D. H. I., 22, 1956, p. 159.

[4] Arnaldo Biscardi, *Appunti sulle garanzie reali in diritto romano*, Milano, 1976, p. 226.

正解除约款的不公平效果而产生的。我们可以说该变卖权简约的引入实际是为保护债务人利益。变卖该物以所获价值清偿债务后，债务人还可获得剩余价值。[1]在变卖权产生之初，担保物权人变卖权的享有需当事人间明示协议约定，否则认为应适用解除约款。

最早有关需明确约定变卖权债权人才可出卖该质物的证据是《法学阶梯》中盖尤斯的片断 Gai. II. 64. 片断没有说授予变卖权的协议是隐含的协议。[2]

Gaio II. 64. *Ex diverso agnatus furiosi curator rem furiosi alienare potest ex lege XII tabularum… item creditor pignus e x pactione, quamvis eius ea res non sit. Sed hoc forsitan ideo videatur fieri, quod voluntata debitoris intellegetur pignus alienari, qui olim pactus est, ut liceret creditori pignus vendere, si pecunia non solvatur.* [3]

盖尤斯表示，某人不是该物所有权人，但是在某些情况下他可以出卖该物，例如在质押情况下其可出卖该质物。该出卖行为符合债务人意愿，在缔结质押协议之时其就明确表示同意出卖，因此承认其法律效力，债务人同意他人即债权人对该物的出卖。[4]一方面，可认为与管理人、监护人一样，债权人作为合法主体可处分他人财产。另一方面，监护人和管理人在市民法上被承认其管理权，相当于所有权人，但质权人必须获得

---

[1] Arnaldo Biscardi, *Appunti sulle garanzie reali in diritto romano*, Milano, 1976, p. 64.

[2] Fritz Schulz, *Classical Roman Law*, Oxford, 1992, p. 416.

[3] Paolo Frezza, *Le garanzie delle obbligazioni*, II, corsi di diritto romano, Padova, 1963, p. 200.

[4] William Smith, *D. C. L, LL. D.*: *A Dictionary of Greek and Roman Antiquities*, London, 1875, pp. 915-918.

第三章　担保物权实现制度：变卖权

所有权人的确定授权，且需要在这一授权具体范围内行使其权利。[1] 在此，盖尤斯认为授权可看作是债务人（该担保物所有权人）授予了债权人，在债务人没有按时清偿时不可以撤销。[2] 变卖权作为债权人权利在公元前 3 世纪都作为与给付质押或协议质押相伴随的明确协议约定。[3]

在罗马法上，开始时解除约款适用更多。事实上，在古典时期前期，当事人可在两种实现方式中选择，解除约款或变卖权。[4] 变卖权产生之初实际是基于社会现实，一般债务人所提供物的价值往往大于被担保债权总额，所以变卖权的产生是为保护债务人利益，其可请求返还该物多余价值。随后该变卖权简约的适用实际上也是为债权人利益，体现了更为公平的价值。该物价值对比债务总额可能大于或小于被担保债权总额。在此该奴隶变卖之后的价值小于债务总额，那么这部分不足以清偿的债权，债权人或其继承人仍可请求。如果价值高于债务总额，那么债务人或其继承人可请求获得多余价值。[5] 从逻辑上来说，变卖权简约的适用，应估价该债务总额和该信托物价值间的差额。事实上，在估价情况下，有两种可能性：从结果上来说，应该考察变卖该物价值和被担保债权总额间关系；从原因

---

[1] Alberto Burdese, *Lex commissoria e ius vendendi nella fiducia e nel pignus*, Torino, 1949, p. 136.

[2] Alberto Burdese, *Lex commissoria e ius vendendi nella fiducia e nel pignus*, Torino, 1949, p. 137.

[3] Paolo Frezza, *Le garanzie delle obbligazioni*, II, *corsi di diritto romano*, Padova, 1963, p. 200. Ratti, Sul *ius vendendi* del creditore pignoratizio, in *Studi urbinati*, 1927, p. 10.

[4] Vincenzo Arangio-Ruiz, *Istituzione di diritto romano*, Napoli, 2012, p. 265.

[5] Arnaldo Biscardi, *Appunti sulle garanzie reali in diritto romano*, Milano, 1976, pp. 66-67.

上来说，应该认为债权人行使变卖权是经过所有权人明确授权其可变卖该物，需要缔结变卖权简约。

如果没有变卖权简约，则没有受到清偿的债权人不能行使变卖权，也就意味着其需要依靠这一变卖权简约才能变卖该信托物。[1] 在这一阶段，当事人之间明确约定变卖权简约是必要的，如果没有约定而债权人行使了变卖权，则被认为是盗窃。片断 D. 47. 2. 74 中确认了没有缔结变卖权简约而变卖该物承担盗窃责任。

D. 47. 2. 74（Iav. 15 ex Cassio）*Se colui, che ha ricevuto una cosa in pegno, non essendosi convenuto nulla intorno alla vendita della cosa data in pegno, l'abbia venduta o fece ciò prima che giungesse il giorno della vendita non essendosi pagata la somma, è tenuto di furto.*

债权人获得某物作为质物，但没有约定可变卖该物，如果其变卖该物或是在缔结的日期之前变卖该物，则视为盗窃。[2] 如果质权人没有缔结变卖权协议，或债权人没有按照协议约定而变卖，那么对质物变卖将要承担盗窃责任，因为在两种情况下质权人都没有变卖该物权利。[3] 如果债权人在约定日期前变卖该物，虽然是因为债务人没有按期清偿债务，但是债权人同样也被认为应承担盗窃责任。我们可以得出结论：在该阶段，若没有变卖权简约约定，债权人不享有变卖权。[4] 无论在质押或抵押中，债权人都有权利变卖该担保物，只要存在变卖权的

---

[1] Arnaldo Biscardi, *Appunti sulle garanzie reali in diritto romano*, Milano, 1976, p. 82.

[2] Bert Noordraven, Pomp., D. 13. 7. 6. pr.: un caso di pignus, in *B. I. D. R.*, 83, 1980, p. 251

[3] Ratti, Sul *ius vendendi* del creditore pignoratizio, in *Studi urbinati*, 1927, p. 6.

[4] Arnaldo Biscardi, *Appunti sulle garanzie reali in diritto romano*, Milano, 1976, p. 158.

特殊协议，这一变卖权协议在古典法时代不被认为隐含在质押协议中。[1] 变卖简约有两方面内容：一是授权给债权人；二是规范债权人变卖行为。[2] 片断 D. 47. 10. 15. 32（Ulp. 1. 77 ad ed.）和 D. 20. 1. 35. pr. 也表示当事人应当明确缔结协议授予担保权人对担保物变卖权。[3] 同样在片断 D. 10. 3. 6. 8. *Ulpiano*，19 ad Ed. *Si fundus communis nobis sit, sed pignori datus a me, venit quidem in communi dividundo iudicio…Arbitrum autem communi dividundo hoc minoris partem aestimare debet quod ex pacto vendere eam rem creditor potest, Iulianus sit.* 中，乌尔比安确定了犹利安的观点，即提起共有物分割之诉，应该评估以债务人的份额设立质押的价值。因为债权人依照变卖质物的协议是可变卖整个物。这一片断表示质物只有基于协议才可以变卖。在乌尔比安时代，变卖权是通过变卖权协议授予债务人，如果没有变卖权简约则没有变卖权。[4]

保罗的片断 D. 20. 3. 3. 明确表示在缺乏变卖权简约时，不允许行使变卖权。如果质权人想要行使权利，通过变卖该质物获得其债权满足，其应该明确缔结协议约定该权利。[5] 从该片断中可看出，在保罗时代变卖权没有其他的基础，除了当事人有关授权变卖该质物的明确协议。片断 D. 20. 3. 3. 对我们而言，可以确定为债权人变卖权发展演变历史界碑的证据，这一变卖

---

[1] Fritz Schulz, *Classical Roman Law*, Oxford, 1992, p. 416.

[2] Fritz Schulz, *Classical Roman Law*, Oxford, 1992, p. 416.

[3] Alberto Burdese, *Lex commissoria e ius vendendi nella fiducia e nel pignus*, Torino, 1949, p. 140.

[4] Ratti, Sul *ius vendendi* del creditore pignoratizio, in *Studi urbinati*, 1927, p. 34.

[5] Ratti, Sul *ius vendendi* del creditore pignoratizio, in *Studi urbinati*, 1927, p. 5.

权的权能是明示协议缔结的。[1] 事实上从片断中很容易推断出，变卖权简约的目的是授予变卖权。[2] 在乌尔比安和保罗的时代，质权人的变卖权完全依赖于变卖权简约。

  罗马法学者们的主流观点是在古典时期前，质权人并没有享有变卖权，也就是说，除非有相反的授予变卖权协议，否则质权人不享有变卖该质物以获得价金满足自身债权的权利。这一授予变卖质物的权利，从质权人角度而言，是基于协议授权。[3] 因为非所有权人转移该物所有权是通过所有权人授权，是通过变卖权协议授予不可撤销的权利。[4] 要求明确授予该变卖权，通常是与质押协议相伴随的，但是不能认为默示地包含在质押协议之中。当事人的协议事实上是为了设立附属于质权的变卖权，因此对变卖权的确定，应该考察当事人之间的协议。该阶段变卖权简约通常是在质押协议中，不将变卖协议作为基于相关的质权协议默示授予质权人。[5]

  在古典时期早期直到彭波尼时期，变卖权只作为变卖权协议得到承认。[6] 在古典法时期，我们提出问题：如果变卖权是作为质押协议附加协议，当事人没有协议约定未获得清偿的债权人可享有这一权利，则不可行使这一权利。随后，变卖权成为该质押协议中的自然要素，当事人只能明示排除这一变卖权，否则没有获得清偿的债权人可变卖该担保物，无论在质押或抵押中。换句话说，这一变卖权是为了债权人的利益，使得没有

---

[1] Paolo Frezza, *Le garanzie delle obbligazioni*, II, corsi di diritto romano, Padova, 1963, p. 202.

[2] Ratti, Sul *ius vendendi* del creditore pignoratizio, in *Studi urbinati*, 1927, p. 14.

[3] Ratti, Sul *ius vendendi* del creditore pignoratizio, in *Studi urbinati*, 1927, p. 11.

[4] Fritz Schulz, *Classical Roman Law*, Oxford, 1992, p. 417.

[5] Ratti, Sul *ius vendendi* del creditore pignoratizio, in *Studi urbinati*, 1927, p. 8.

[6] Ratti, Sul *ius vendendi* del creditore pignoratizio, in *Studi urbinati*, 1927, p. 5.

获得清偿的债权人可以该担保物的价值获得清偿。[1] 意思是债权人享有在其债权得不到清偿时，将债权人占有的质物出卖的权利，之前需要当事人明确，随后成为质押制度的默示要素。

(二) 变卖权默示约定

变卖简约在古典时期末期成为质押制度中隐含要素。变卖权不再是基于当事人明确意思表示，而来自于质权本身的性质。[2]

片断 D. 13. 7. 6. pr. (Pomp. 35 ad Sabinum) 很完整地揭示了变卖权制度的历史发展。*Lo stesso Pomponio, nel libro trentacinquesimo, A Sabino, anche se si è convenuto che ti sia lecito vendere il fondo pignoratizio, non devi essere affatto costretto a venderlo, anche se non sia solvibile colui che ha dato il pegno, in quanto ciò è disposto nel suo interesse. Atilicino, però, dice che vi può essere motivo perchè il creditore debba essere forzato a vendere：…Infatti, è abbastanza contrario alla natura umana che il creditore venga costretto a vendere il pegno contro la sua volontà.*

在这一片断中赋予了担保权人合法变卖质物的权利，只要缔结了质押，则可合法变卖质物。且这一由于质权的担保物权特性而赋予债权人的权利不能作为必须履行的义务，不能要求债权人一定要行使变卖权。"事实上，强制债权人行使其变卖权也与担保物权的本质特性相违背，违背其意愿。"债权人变卖权的基础不再是明确的当事人间协议，即债务人对债权人授权以允许债权人变卖该物。变卖权的基础是基于保护质权人的一般规定，对此绝对会产生变卖权，即质权人享有这一权利是合理的。[3]

---

[1] Arnaldo Biscardi, *Appunti sulle garanzie reali in diritto romano*, Milano, 1976, p. 162.

[2] Ratti, Sul *ius vendendi* del creditore pignoratizio, in *Studi urbinati*, 1927, p. 36.

[3] Ratti, Sul *ius vendendi* del creditore pignoratizio, in *Studi urbinati*, 1927, p. 36.

依照这一惯例，承认变卖权默示属于质权人，是为促使债务人积极履行债务，实质上应当认为是债务人默示放弃了所有权和该物的利益，以便债权人可变卖该物。[1]

事实上，我们可以看到在乌尔比安之后不久，在后古典法时期，变卖权成为信托中的必要因素，随后又成为质押中的必要因素。在后古典法时期债权人享有变卖担保物的权利，无需达成变卖权协议，无需特别授权。变卖权协议被认为隐含在担保协议中。[2]

第一个提到不需要明示协议而可行使变卖权的是片断 D. 13. 7. 4.[3] *Ulpiano, nel libro quarantunesimo A Sabino. Se fin dall'inizio, o in seguito, si è convenuto di alienare il pegno, non solo la vendita è valida, ma il compratore comincia ad avere la proprietà della cosa. Ma anche se non si sia convenuto nulla circa l'alienabilità del pegno, facciamo tuttavia uso di questo diritto, che sia convenuto di non permetterlo. Se però, si è convenuto che non venisse alienato, il creditore, se lo abbia alienato, è obbligato per furto, a meno che al debitore non sia stato tre volte intimato di pagare e non lo abbia fatto.*

乌尔比安在这一片断中确定，如果开始时可缔结协议变卖该质物，随后即使没有达成协议仍可行使这一权利；但如果达成了协议不能变卖，那么债权人变卖了该质物，将会承担盗窃责任，除非债权人三次通知该债务人履行义务。该片断将授予变卖权协议看作是质押必要的和自然的因素。[4]这一片断开始

---

[1] Alberto Burdese, *Lex commissoria e ius vendendi nella fiducia e nel pignus*, Torino, 1949, p. 133.

[2] Fritz Schulz, *Classical Roman Law*, Oxford, 1992, p. 416.

[3] Alberto Burdese, *Lex commissoria e ius vendendi nella fiducia e nel pignus*, Torino, 1949, p. 142.

[4] Salvatore Tondo, *Convalida del pegno e concorso dei pegni successivi*, Milano, 1959, p. 153.

第三章　担保物权实现制度：变卖权

了质权人默示享有变卖权的法律规定阶段，这一判断可在公元3世纪后的皇帝政令中得到论证。[1] 在公元3世纪，变卖质物成为实现质权的技术性手段。[2] 在变卖权默示阶段，不需要变卖权协议，债权人在未按时获得清偿时，可行使这一权利。[3]

解除约款在公元326年被君士坦丁皇帝禁止，可以肯定变卖简约在古典法后期成为质押制度中的隐含因素，无需约定，质权人在自身债权得不到清偿时，就会享有将质物变卖以价金获得清偿的权利。但也允许当事人约定不得变卖简约，指质押或抵押关系的债权人和债务人约定，在债务人不能清偿债务的情况下，债权人不得行使变卖权。

变卖权是在债务人不能清偿债务时，赋予债权人可变卖该质物，并从价金中获得清偿的权利，剩余价值应退还给债务人。这一权利起先是协议内容，通过缔结变卖或不得变卖质物简约，必须在当事人间约定在不能清偿债务时，是否可变卖该质物，是债务人对债权人的明确授权。随后，古典法学极大地扩大了这一简约适用，承认变卖权是在缔结质押协议时就默示包含在质押协议中的。质权人即使缺乏相关变卖权协议，也享有这一变卖质物的权利。大多数学者认为这一变卖权成为质押协议中的自然要素开始于古典时期后期。[4] 在古典时期后期……有关

---

[1] Paolo Frezza, *Le garanzie delle obbligazioni*, II, *corsi di diritto romano*, Padova, 1963, p. 202.

[2] Milan Bartosek, La responsabilità del creditore e là liberazione del debitore nella vendita pignoratizia, secondo il diritto romano, in *B. I. D. R.*, 51-52, 1948, p. 278.

[3] Alberto Burdese, *Lex commissoria e ius vendendi nella fiducia e nel pignus*, Torino, 1949, pp. 142-143.

[4] Herzhn, *Origine dell'hypotheque*, 1898, p. 163. Perozzi, Ist., 1906, I, p. 515. Gibard, Manuale, 1903, p. 794. Vincenzo Arangio-Ruiz, *Istituzione di diritto romano*, Napoli, 1913, I, p. 141.

担保物权人对该物的变卖权一步步在习惯中确定了下来。[1] 只要没有被排除，变卖权就被认为是质押协议中的自然要素。若当事人间约定了不能行使变卖权简约，但债权人变卖了该物，则要承担盗窃责任，只有在明示排除了变卖权时才承担这一责任。[2] 这表明，在这一阶段仍然可明示排除担保物权人的变卖权。

对于不得变卖该质物的协议可以在片断 D. 20. 3. 3（Paul. 1. 3 quaest.）中看到…*e il precedente creditore interpose un patto con il debitore che autorizza la vendita del pegno, mentre il successive creditore omise di pattuire la vendita, non per dimenticanza, ma perchè si era in concreto concluso che non potesse venderlo, vediamo se si possa dire che a lui il diritto del primo passa a tal punto che gli sia consentito di vendere il pegno. Il che ritengo che si debba ammettere…*

之前的债权人与债务人设立合同允许债务人出卖质物，随后债权人忽略了缔结买卖，不是因为忘记了，而是因为缔结合同不能买卖，我们看是否可以说对于他而言，第一个权利在此时可达成合意出卖质物。片断 D. 20. 5. 7. 2. 中更明确地肯定了当事人可约定不得变卖简约："债权人违背与债务人的不得出卖简约约定而出卖该物，无效"。

没有明确约定变卖权，债权人即不享有变卖权的情况在古典时期之前仍然维持，但在古典时期这一情况消失了，变卖权成为质押协议中自然要素，当事人之间如果缔结变卖权协议，

---

[1] Arnaldo Biscardi, *Appunti sulle garanzie reali in diritto romano*, Milano, 1976, p. 238.

[2] Arnaldo Biscardi, *Appunti sulle garanzie reali in diritto romano*, Milano, 1976, p. 160.

其实是多余的。[1] 当事人只有在明示缔结解除约款时才可废除这一变卖权简约,随后该解除约款被君士坦丁禁令所禁止。[2] 在古典时期的末期,即公元3世纪时,变卖权成为质押中的自然要素。[3] 在塞维鲁时期,主流观点发生改变,开始承认默示变卖权,并通过皇帝政令确认了这一默示变卖权,正如在片断 C. 8. 27 (28). 7. 中所表示的。[4] 如果要排除变卖权,需要明示的协议。[5] 在从238年高迪安政令到293年迪奥多西政令的这50年间,有关变卖权制度已完全确立,作为一种普通的、默示的权利。从明示协议向默示协议转变的法律原因应该认为是为了废除解除约款和适应保护债权人利益而假设默示变卖权的需要。[6] 不需要明确有关质权人变卖权的协议。[7] 在古典法时期,质权人在没有变卖权协议时仍然被授予了可变卖质物的权利。[8] 在优士丁尼法中,即使没有相关变卖权简约,质权人也可行使变卖权。

(三) 变卖权不得排除

片断 D. 20. 4. 3. 2. ... *ritenni che con tale accord si debba intendere essere stato contratto il pegno*, ...*che il fratello non avrebbe*

---

[1] Ratti, Sul *ius vendendi* del creditore pignoratizio, in *Studi urbinati*, 1927, p. 3.

[2] Aberto Burdese, *Manuale di diritto privato romano*, Torino, UTET, 2000, p. 431.

[3] Arnaldo Biscardi, *Appunti sulle garanzie reali in diritto romano*, Milano, 1976, p. 161.

[4] Alberto Burdese, *Lex commissoria e ius vendendi nella fiducia e nel pignus*, Torino, 1949, p. 162.

[5] Paolo Frezza, *Le garanzie delle obbligazioni*, II, *corsi di diritto romano*, Padova, 1963, p. 203.

[6] Ratti, Sul *ius vendendi* del creditore pignoratizio, in *Studi urbinati*, 1927, p. 30.

[7] Alberto Burdese, *Lex commissoria e ius vendendi nella fiducia e nel pignus*, Torino, 1949, p. 162.

[8] Ratti, Sul *ius vendendi* del creditore pignoratizio, in *Studi urbinati*, 1927, p. 36.

potuto obbligare al di là della sua quota parte senza il consenso dell' altro fratello condomino.

上述片断中以一个物的所占份额出质，一般情况下，另一共同所有权人是同意授予担保权人变卖权的，否则对其所占份额不产生效力。变卖权被看作是质押协议中所赋予的本质权能，包含在质押协议中，即不能以协议违反。[1] 若当事人缔结协议排除变卖信托物的权利，这一协议已没有任何作用。[2]

片断 D. 13. 7. 5. Pomponio, *nel libro diciannovesimo A Sabino. E questo diritto vale, vuoi quando si sia pattuito che non venga assolutamente venduto, vuoi quando si sia violato il patto circa l'importo a cui venderlo, la condizione o il luogo.*

上述片断中更为明确地确定即使当事人缔结相反约定，也不能取消担保权人的变卖权。债权人有权利在债权到期没有获得清偿时，出卖该质物以满足其债权，这一变卖权是质押合同的题中之义，既不能剥夺债权人的这一出卖权，也不能限制这一出卖权的行使。[3] 因为信托的消失和解除约款禁止，我们可以证明：变卖权制度在优士丁尼法上成为统一的制度。[4] 变卖权在优士丁尼法中已成为质权中的隐含要素，债权人有权利变卖该担保物，即使当事人缔结不能变卖的协议。[5] 在优士丁尼时期，缔

---

[1] Alberto Burdese, *Lex commissoria e ius vendendi nella fiducia e nel pignus*, Torino, 1949, p. 144.

[2] Arnaldo Biscardi, *Appunti sulle garanzie reali in diritto romano*, Milano, 1976, p. 88.

[3] William Smith, *D. C. L, LL. D.*: *A Dictionary of Greek and Roman Antiquities*, London, 1875, pp. 915-918.

[4] Alberto Burdese, *Lex commissoria e ius vendendi nella fiducia e nel pignus*, Torino, 1949, pp. 229-230.

[5] Fritz Schulz, *Classical Roman Law*, Oxford, 1992, p. 416.

结不允许变卖担保物的协议无效。[1] 即使明确缔结不行使变卖权协议，这也不允许排除这一来自于法律的质权人的权利。[2]

小　结

正如以上所说过的，片断 D. 13. 7. 4. 完整揭示出了变卖权的历史发展。担保权人在债务人不按时清偿时，可出卖该担保物，以获得价金进行清偿。在古典时期，在变卖权产生之初，担保权人不能变卖质物，如果没有特殊协议。这一担保权人的出卖权在开始时需要在担保协议中明确约定，赋予担保权人以变卖权。到了塞维鲁时期，变卖权才成为质押中的一般要素，除非有相反约定，担保权人不能行使变卖权。随后君士坦丁禁止了解除约款，变卖权成为质权中的必要要素。[3] 到公元 3 世纪时，出卖权成为担保协议中的必然约款，债权人必然享有出卖权，即使在协议中排除出卖权也不生效，不能排除这一担保物权本质效力。[4] 这一历史发展路径所体现出的趋势是加强了对担保权人权利的保护，或者说是为了加强担保物权的本质效力，体现了更为公平的理念，以及对实质公平保护。每一个发展阶段都与当时的社会环境相关。担保物权制度得到更进一步的发展和确定。[5]

---

[1] Aberto Burdese, *Manuale di diritto privato romano*, Torino, UTET, 2000, p. 386.

[2] Alberto Burdese, *Lex commissoria e ius vendendi nella fiducia e nel pignus*, Torino, 1949, p. 215.

[3] Vincenzo Arangio-Ruiz, *Istituzione di diritto romano*, Napoli, 2012, p. 265.

[4] Aberto Burdese, *Lex commissoria e ius vendendi nella fiducia e nel pignus*, Torino, 1949, pp. 131, 139, 215.

[5] Bert Noordraven, Pomp., D. 13. 7. 6. pr.: un caso di pignus, in *B. I. D. R.*, 83, 1980, p. 250.

第四章
行使担保物权的实体性条件

行使担保物权的前提条件可分为实体性条件和程序性条件，实体性条件更为基础，应该首先考察。担保物权的实现，是指担保物权第二层次效力的发挥，即担保物权人通过行使变卖权以获得的价金优先受偿，这是担保物权的本质效力，体现了担保物权的物权性，也体现了担保物权的优先受偿的制度价值。担保物权的实现，即行使变卖权，需要具备实体上和程序上的条件：首先，需要确定的是行使变卖权的前提条件，即担保物权人在什么情况下才可行使其变卖权以变卖和处分该物。其次，需要确定行使变卖权的主体，债权人（担保物权人）可行使其变卖权这毋庸置疑，但债权人是否可以被强制行使变卖权？另外也需要思考的问题是债务人作为该物的所有权人是否有权行使变卖权？再次，被担保债权范围的确定也是行使变卖权的前提，这划定了担保范围，哪些债权在变卖担保物之后可以获得的价金优先清偿？最后，需要确定担保物范围，即哪些财产被认定为担保财产，同时也是行使变卖权的对象。这些问题都是行使变卖权的实体性问题，作为前提性要件应首先确定。

第一节 行使担保物权的前提条件

担保物权具有两个层次的效力，第一层次效力是对债务人产生心理压力以促使其履行义务。在债务到期未获清偿时，担保物权发挥第二层次效力，即债权人以其享有的变卖权，可变卖该担保物以获得的价金优先清偿。那么，担保权人在什么情况下可行使这一变卖权？需要满足的条件一般分为以下两种情况：一是在缔结担保协议时约定了行使变卖权的前提条件，当该条件成就时，担保权人可行使变卖权变卖该担保物以获得的价金优先受偿；二是在一般情况下，在债务到期没有获得清偿时，担保权人可行使变卖权。

一、中国法上行使担保物权的前提条件

原本的《担保法》在其第33、53、53、71条只规定了担保物权人可行使变卖权的一种情况——在债务人不履行债务时，即债务履行期满未获得清偿时。[1] 而2007年颁布的《物权法》在有关担保物权一般规定中，于第170条规定了两种情况下担保物权人可行使担保物权（变卖权）："担保物权人在债务人不履行到期债务或者发生当事人约定的实现担保物权的情形，依法享有就担保财产优先受偿的权利，但法律另有规定的除外。"《物权法》第179、219条分别规定在抵押和质押中，抵押权人和质押权人可行使担保权的两种情形：一是债务到期没有清偿；

---

[1]《担保法》第33条第1款：本法所称抵押，是指债务人或者第三人不转移对本法第34条所列财产的占有，将该财产作为债权的担保。债务人不履行债务时，债权人有权依照本法规定以该财产折价或者以拍卖、变卖该财产的价款优先受偿。第53条第1款：债务履行期届满抵押权人未受清偿的，可以与抵押人协议以抵押物折价或者以拍卖、变卖该抵押物所得的价款受偿；协议不成的，抵押权人可以向人民法院提起诉讼。第63条第1款：本法所称动产质押，是指债务人或者第三人将其动产移交债权人占有，将该动产作为债权的担保。债务人不履行债务时，债权人有权依照本法规定以该动产折价或者以拍卖、变卖该动产的价款优先受偿。第71条第1~2款：债务履行期届满债务人履行债务的，或者出质人提前清偿所担保的债权的，质权人应当返还质物。债务履行期届满质权人未受清偿的，可以与出质人协议以质物折价，也可以依法拍卖、变卖质物。

二是当出现了当事人约定的可行使该担保物权的情况时。《物权法》第179条第1款规定："为担保债务的履行，债务人或者第三人不转移财产的占有，将该财产抵押给债权人的，债务人不履行到期债务或者发生当事人约定的实现抵押权的情形，债权人有权就该财产优先受偿。"第219条第1~2款规定："债务人履行债务或者出质人提前清偿所担保的债权的，质权人应当返还质押财产。债务人不履行到期债务或者发生当事人约定的实现质权的情形，质权人可以与出质人协议以质押财产折价，也可以就拍卖、变卖质押财产所得的价款优先受偿。"

对于债权到期没有获得满足，则债权人可行使变卖权这一情形，学者间争议较小。而对于当事人是否可约定行使担保物权的条件，学界存在广泛争议。有学者认为这是私法自治的内容。《物权法》添加了该条有关"当事人可约定行使变卖权的情形"，是为了避免恶意的债权人损害财产价值，使财产价值不正当降低。有学者认为当事人不能改变变卖权行使条件，因为物权的内容只能由法律规定，不可由当事人通过协议自由协商，允许当事人协议行使变卖权的条件违反了《物权法》第5条所规定的物权法定原则。另一种观点认为，应该尊重当事人的意思自治，允许其对自身权利做出处分。《民法典》仍然沿袭了《物权法》上的规定，在"担保物权"分编的"一般规定"一章中明确了行使担保物权的两类情形，其一，"担保物权人在债务人不履行到期债务"；其二，"发生当事人约定的实现担保物权的情形"，此时，担保物权人依法享有就担保财产优先受偿的权利，即可行使其担保物权。[1] 并且在随后对抵押权和质押权

---

[1]《民法典》第386条：担保物权人在债务人不履行到期债务或者发生当事人约定的实现担保物权的情形，依法享有就担保财产优先受偿的权利，但是法律另有规定的除外。

的分别规定中重申了行使这两类担保物权的前提条件。[1]

由此可见,我国有关担保物权人行使变卖权的前提条件的规定较为简略,对于债务人到期没有履行债务的原因并没有区分考察。实践中有可能存在的情况是:债务虽然到期没有履行,但该不履行是由不可归责于债务人的原因造成,或许债权人本身存在过错,例如接受迟延或是不履行接收义务等,是否此时担保物权人仍可行使其担保物权还存在疑问。且《民法典》也没有考虑分期付款的情形,如果其中一期价款没有按期清偿,而该分期付款的债权之上存在担保物权,则担保物权人是否可行使其担保物权?

二、罗马法上行使担保物权的前提条件

(一)债务没有获得清偿,且并非债权人的过错造成

罗马法上首先肯定了在债务到期没有获得清偿时,担保权人可行使其变卖权。对于这一种情形,罗马法上还强调该债务到期没有履行,债权人没有任何过错,其才可行使变卖权。如果债权人受领迟延或拒绝受领,导致该被担保的债权没有获得满足,则其不能行使变卖权。

罗马法上强调债务到期没有清偿是由于债务人而不是债权人的过错所造成。罗马法上认定第一个可行使变卖权变卖质物

---

[1]《民法典》第394条第1款:为担保债务的履行,债务人或者第三人不转移财产的占有,将该财产抵押给债权人的,债务人不履行到期债务或者发生当事人约定的实现抵押权的情形,债权人有权就该财产优先受偿。第425条关于动产质权的定义:为担保债务的履行,债务人或者第三人将其动产出质给债权人占有的,债务人不履行到期债务或者发生当事人约定的实现质权的情形,债权人有权就该动产优先受偿。前款规定的债务人或者第三人为出质人,债权人为质权人,交付的动产为质押财产。

有效的不可或缺的条件是债务由于债务人过错没有获得清偿。[1]如果债务到期没有清偿是由于债权人过错造成,那么将不再授予债权人以抵押之诉,一般情况下依照抵押之诉其可以行使变卖权。[2]

(二) 分期付款中的一期没有清偿,债权人可行使变卖权

对于"债务到期没有清偿"的理解,在特殊情况下,即在分期付款情况下,分期付款中一期未获得清偿,债权人是否可行使其变卖权?是否可就该物整体行使变卖权,以实现对债权的担保?罗马法上的片断 D. 20. 1. 14. pr. 有明确说明。

D. 20. 1. 14. pr. *Ulpiano nel libro settantatressimo all'editto. Si è posta la questione se, qualora non sia ancora scaduto il termine di una rata, si debba permettere di perseguire I pegni anche in un momento intermedio. E repute che si debba concedere il perseguimento del pegno, perchè vi è un interesse mio proprio di creditore; e così scrive Celso.*

乌尔比安在这一片断中提出这样一个问题:假设分期付款的最后一期期限还没到期,但中间有一期债权人未获得清偿,那么是否允许债权人就该物行使变卖权?乌尔比安在此赞成罗马法学家杰尔苏的观点,认为必须允许在一个中间的时刻获得该质物占有,行使变卖权,因为任何一期付款都是为了债权人自身利益。我们认为分期付款实际上已经将总的债权拆分为小的债权,在其中一个债权到期未获得清偿时,应该可就整个担保物行使变卖权。正如将债权分为几个份额给予不同继承人,在其中一个继承人份额到期时,其可请求就整个担保物行使变卖权一样。因为实际上,该担保物是为整个债权设立的担保,

---

[1] Ratti, Sullo *ius vendendi* del creditore pignoratizio, in *Studi urbinati*, 1927, p. 23.

[2] Ratti, Sullo *ius vendendi* del creditore pignoratizio, in *Studi urbinati*, 1927, p. 23.

各份额上也成立整个物的担保。而且，如果不允许其行使变卖权，一定要等到最后一期付款期限到来时才可行使变卖权，时间可能很长，债务人在此期间可能转移该担保物，不利于担保权人担保利益的实现。所以，应该赋予债权人在其中一期分期付款期限到来而未获得清偿时，对该物行使变卖权，以变卖的价金优先受偿该期未获得清偿的债权，其余的价值可以提存。

（三）当事人可约定行使变卖权的情形

罗马法上允许当事人可约定行使变卖权的情形，变卖权简约包含着更为准确的有关变卖权范围和行使的规范。[1] 在罗马法上，无论是变卖信托物或是质物、抵押物，该变卖都应受到当事人协议的约束，正如原始文献中所呈现的。[2] 实际上，罗马法上尊重当事人的意思自治，如果当事人对于行使变卖权的条件预先在变卖权简约中约定了，则债权人可按照其约定条件，在条件成就时行使变卖权。

这里涉及意思自治在罗马法上的贯彻，罗马法上的意思自治体现在对当事人合法缔结协议效力的承认，只要不违反诚信原则、不损害他人利益。如果债权人与出质人达成协议，这一质押物可被出卖，这一协议在缔结质押时或是随后缔结都可以，也可约定不仅仅是在债务人到期不履行其义务时才行使该变卖权。[3] 意思是罗马法上承认当事人可约定变卖权行使条件，不一定非得要到债务人不能按期清偿债务时才可行使变卖权。

我国从《担保法》上单一地规定只有债务到期未获清偿时，

---

[1] Ratti, Sullo *ius vendendi* del creditore pignoratizio, in *Studi urbinati*, 1927, p. 25.

[2] Fritz Schulz, *Classical Roman Law*, Oxford, 1992, p. 416.

[3] Arnaldo Biscardi, *Appunti sulle garanzie reali in diritto romano*, Milano, 1976, pp. 159-160.

担保物权人才可行使变卖权，到《物权法》上给当事人以意思自治空间，承认当事人可约定担保物权行使条件，这是法律的进步，是对当事人意志更为充分地尊重，并不违反物权法定原则。可以说物权法定原则的绝对化并不适应私法精神的客观现实，物权法定原则的绝对化不利于商业发展中物权的保护。因此，为了符合私法自治精神，应允许当事人约定行使担保物权的条件，这更有利于经济发展的需要。

第二节 行使担保物权的主体

解决了担保物权行使的前提条件，对于变卖权的具体行使，应确定行使该权利的主体，即谁可以行使变卖权。从以上论述中我们可以看出，债权人享有行使变卖权的权利毫无疑问，其作为担保物权人，是就该物上的交换价值享有优先受偿权的人，在其债权没有按时获得满足，或是发生当事人所约定的情况时，其可行使变卖权当是实物担保制度的题中之义和其制度价值之体现。但需要考虑的问题是：是否可以强制担保物权人行使其变卖权以维护该担保物所有权人的利益？并且物的担保关系中的另一位主体，即债务人，其作为该物的所有权人，在变卖权行使、担保物变卖中是否享有利益？是否应该赋予其对该担保物的变卖权？

一、中国法上有关行使担保物权主体的规定

我国 2007 年颁布的《物权法》中规定了质权人、抵押权人有权利变卖或请求拍卖该担保物，其作为出卖人。债权人是担保物权的主体，可作为变卖人，《物权法》第 179、219 条分别规定了抵押权人和质权人的变卖权。

相对应的,《民法典》中基本沿袭了《物权法》上的表述,其在第410条[1]和第436条[2]分别对抵押权的实现和质权的实现进行规定,赋予抵押权人和质权人在满足担保物权行使前提条件时,可以先与抵押人和质押人就担保物权的实现进行协议,达不成协议的,其有权请求拍卖或者变卖该担保物。正如我们之前所确定的,变卖权是该物的所有权人(债务人)对债权人的默示授权,而该物的所有权人其自身是否可变卖该担保物,或是请求债权人变卖该物在我国法律中并没有详细涉及。

原本《物权法》第220条有关及时行使质权的规定亦在《民法典》第437条中得到了充分体现:"出质人可以请求质权人在债务履行期限届满后及时行使质权;质权人不行使的,出质人可以请求人民法院拍卖、变卖质押财产。出质人请求质权人及时行使质权,因质权人怠于行使权利造成出质人损害的,由质权人承担赔偿责任。"这一规定肯定了出质人可请求质权人行使变卖权,条件仅仅是债务履行期限届满即可,一定程度上忽视了有关变卖权(担保物权)行使期限的规定。当质权人迟延行使其变卖权造成损害,则质权人对造成的损害承担赔偿责任。可以看出,我国法上规定了质权人应及时行使其变卖权,

---

[1]《民法典》第410条关于抵押权的实现:债务人不履行到期债务或者发生当事人约定的实现抵押权的情形,抵押权人可以与抵押人协议以抵押财产折价或者以拍卖、变卖该抵押财产所得的价款优先受偿。协议损害其他债权人利益的,其他债权人可以请求人民法院撤销该协议。抵押权人与抵押人未就抵押权实现方式达成协议的,抵押权人可以请求人民法院拍卖、变卖抵押财产。抵押财产折价或者变卖的,应当参照市场价格。

[2]《民法典》第436条关于质物返还及质权实现:债务人履行债务或者出质人提前清偿所担保的债权的,质权人应当返还质押财产。债务人不履行到期债务或者发生当事人约定的实现质权的情形,质权人可以与出质人协议以质押财产折价,也可以就拍卖、变卖质押财产所得的价款优先受偿。质押财产折价或者变卖的,应当参照市场价格。

否则要承担损害赔偿责任。实际强制规定了质权人应行使其变卖权的义务，债务人可以借助于公共力量要求质权人变卖处分担保物，这一规定易造成对债务人的过度保护，而对担保权人的担保利益造成不利影响。

《民法典》上并未在抵押领域做出同样规定，其未规定抵押人可请求抵押权人行使其变卖权。立法者的这一做法考虑到抵押权人并不占有该物，不具有强制抵押人行使变卖权的条件。但从本质上而言，质押和抵押两种实物担保实质一样，只在缔结担保形式上存在差别，并不能在效力上做这样的区分。即使由抵押人占有该抵押物，其可使用、收益该物，但该物实际同样受到担保物权约束，抵押人未经抵押权人同意不可任意处分该物。在抵押权人到期没有行使其担保物权时，抵押人也不能仅仅因为占有该物就可以自行处分该物。所以按照我国法律现行规定的法律逻辑，实际上不赋予抵押人请求抵押权人行使担保物权，或请求法院拍卖、变卖该物的法律逻辑解释不通。

我国一些学者认为，在最合适的时间及时行使变卖权，可获得该物的最高价值，故而应该赋予债务人可请求债权人行使其变卖权变卖该担保物。但产生的问题是：行使变卖权的期限还没有到期，或者甚至是在被担保的债权到期之前，为何出质人可请求质权人行使其变卖权？如果说债权人附有行使担保物权变卖权的义务，否则其将承担未及时行使带来损害赔偿，那么担保物权的权利性质发生了扭曲，并不是作为担保权人的权利，而是义务，这一规定是否合理？针对这一系列疑问，我们可从分析罗马法上行使变卖权的主体入手，以为我国担保物权实现制度的完善提供一些启发。

首先应该承认债权人可行使变卖权，但不能强制其行使变卖权。因为变卖权、担保物权作为权利，权利人享有行使自由，不能强制其行使，否则权利转化为义务。但为维护在担保物变卖中债务人利益，以避免债权人逾期不行使变卖权造成该物价值降低给债务人带来不正当的损失，可赋予债务人以相对的变卖权，使债务人成为行使变卖权的主体以维护其正当利益。

二、罗马法上有关行使担保物权主体的规定

（一）债权人

毫无疑问，罗马法上债权人是行使变卖权的主体。正如我们之前引用的盖尤斯片断中所提出的问题，债权人（担保物权人）并不是该物的所有权人，但其可以变卖处分该担保物。盖尤斯与其他处分他人物的主体做比较：一方面，可认为与管理人、监护人一样，债权人作为合法主体可以处分他人财产；另一方面，监护人或管理人是在市民法上承认了其管理权，相当于所有权人，但质权人必须获得所有权人确定授权，且需要在这一授权具体范围内行使其变卖权。[1] 债权人作为出卖人行使变卖权，实际上是获得物的所有权人对其授权，为自身利益出卖他人所有的物。[2]

在债务人不能按时清偿其债务时，债权人可行使变卖权，变卖该担保物以获得价金优先受偿。在该变卖中，债权人作为出卖人，对购买人承担转移该物所有权的责任。[3] 在变卖权在罗马法上的历史发展一节中，我们实际已详细论述了债权人享

---

[1] Alberto Burdese, *Lex commissoria e ius vendendi nella fiducia e nel pignus*, Torino, 1949, p. 136.

[2] Alberto Burdese, *Lex commissoria e ius vendendi nella fiducia e nel pignus*, Torino, 1949, p. 134, note 1.

[3] Arnaldo Biscardi, *Appunti sulle garanzie reali in diritto romano*, Milano, 1976, p. 110. Paolo Frezza, *Le garanzie delle obbligazioni*, II, *corsi di diritto romano*, Padova, 1963, p. 59.

有变卖权的历史发展，即从需要缔结明确的变卖权简约由债务人授予债权人以变卖权，到成为担保协议中的必然要素，再到即使有相反约定也不能排除变卖权，实际这一发展过程也是对债权人作为行使变卖权主体的一步步确认。在优士丁尼法中即使没有相关变卖权简约，债权人也可行使变卖权。[1] 更值得讨论的是：债权人是否承担行使变卖权的义务？是否可强制债权人行使其变卖权？

如果债权人不行使其变卖权，如何保护债务人的利益以避免逾期行使变卖权导致该物价值降低？《民法典》第437条规定："出质人可以请求质权人在债务履行期限届满后及时行使质权；质权人不行使的，出质人可以请求人民法院拍卖、变卖质押财产。出质人请求质权人及时行使质权，因质权人怠于行使权利造成出质人损害的，由质权人承担赔偿责任。"如上所述，我国法律规定了债务人可以请求债权人行使其变卖权，且由于债权人怠于行使变卖权造成的损失应该向债务人承担损害赔偿责任。这一否定性后果的承担，实际上从正面角度即要求债权人承担及时行使变卖权的义务，因为只有对义务的违反才会产生否定性的责任，而对权利的违反只是对自身利益的放弃，并不会对他人承担否定性的后果。我国《民法典》"担保物权"分编的规定中要求质权人承担行使变卖权的义务这一规定是否合理？这一问题在罗马法上也存在争议，片断 D. 13. 7. 6. pr. 为我们全景式地展示了罗马法上是否可以强制债权人行使其变卖权的相关争议和结论。

D. 13. 7. 6. pr. （Pomp. 35 ad Sabinum）*Lo stesso Pomponio, nel libro trentacinquesimo, A Sabino, anche se si è convenuto che ti sia*

---

[1] Ratti, Sullo *ius vendendi* del cretitore pignoratizio, in *Studi urbinati*, 1927, p. 36.

第四章　行使担保物权的实体性条件

lecito vendere il fondo pignoratizio, non devi essere affatto costretto a venderlo, anche se non sia solvibile colui che ha dato il pegno, in quanto ciò è disposto nel suo interesse.

　　Atilicino, però, dice che vi può essere motivo perchè il creditore debba essere forzato a vendere: che avviene, infatti, se ildebito sia molto minore, e il pegno si possa vendere a più caro prezzo oggi che non in seguito? E'quindì meglio dire che colui che abbia dato il pegno possa venderlo, e con il denaro ricevutone, pagare il debito, in maniera però che il creditore sia tenuto a rendere accessibile la cosa pignorata, quando sia mobile e da parte del debitore, si debba prestare prima idonea garanzia che sarà tenuto del tutto indenne da ogni danno.

　　Infatti, è abbastanza contrario alla natura umana che il creditore venga costretto a vendere il pegno contro la sua volontà.

　　这一片断是法学家彭波尼论萨宾的片断，片断中首先规定"如果缔结协议，可以合法地变卖质物，那么债权人不应该承担一定要变卖该物的义务。因为质权是其享有的权利。"随后片断中提出了法学家阿提里其诺（Atilicino）的观点，其认为"强制债权人行使该变卖权是有理由的，债权人应该被强制变卖该物。事实上，如果该物担保的债权是非常小的，而该质物如果不及时变卖将会降低很多价值，因此更好的办法是该质物应该被变卖，并以该获得的价金清偿债权人。"阿提里其诺从对债务人利益保护角度，认为如果不及时变卖，则该物的变卖价格可能小于该质物的本身价值造成债务人损失。意思是债权人何时行使变卖权会影响该担保物的变卖价格。但在该片断结尾，彭波尼认为"事实上，强制债权人行使其变卖权也与债权人的本质特性相违背，这违背其意愿。"该片断得出的结论是债权人和债务人达成协议，债权人可变卖该质押土地，但却不能强制债权人行使该变卖权,因为是债务人未按时履行其义务而导致这一变卖权的行使,这一担保的设定是为了债权人的利益,在此不能由于债务人没有履行义务而产生对债权人强制其执行权利的义务。[1] 更为准确地说,债权人有权变卖该物以获得价金满足其债权,但如果强制债权人变卖该物,事实上,这对于债权人来说,这一义务是不人道的和残酷的。[2]

我赞成彭波尼的观点,因为强制债权人行使其担保物权实际上违反担保物权的本质和权利的本质。权利本身即意味着自由,权利人可选择行使或不行使;如果规定权利人一定要行使,否则将承担否定性的后果,那么实际上扭曲了权利的本质。可强制相关主体行使的,是义务,而不是权利。缔结了变卖权简约,债权人并非在其债权没有获得满足时就一定要行使变卖权,因为变卖权是为债权人利益而设立,是其权利,其在行使期限内可自由做出选择。如果一个特定的协议是为了某人的特定利益,那么这人享有该协议赋予的特定权利,不能强制其行使该权利。[3] 事实上,在这样的情况下,债权人即使是违背诚信,都不能被强制变卖该物,因为这是债权人享有的权利,而不能认为是其义务。[4] 没有人可被强制行使为其利益而设立的权利。[5]

变卖权制度相对于解除约款的制度价值在于,如果该物的

---

[1] Bert Noordraven, Pomp., D. 13. 7. 6. pr.: un caso di pignus, in *B. I. D. R.*, 83, 1980, p. 247.

[2] Bert Noordraven, Pomp., D. 13. 7. 6. pr.: un caso di pignus, in *B. I. D. R.*, 83, 1980, p. 247.

[3] Arnaldo Biscardi, *Appunti sulle garanzie reali in diritto romano*, Milano, 1976, p. 81.

[4] Bert Noordraven, Pomp., D. 13. 7. 6. pr.: un caso di pignus, in *B. I. D. R.*, 83, 1980, p. 252.

[5] Arnaldo Biscardi, *Appunti sulle garanzie reali in diritto romano*, Milano, 1976, p. 85.

价值大于被担保的债权总额,那么债权人应承担返还该多余价值的义务,债务人享有质押之诉的反诉可请求债权人返还这一多余价值。正如我们之前所确定的,不需要缔结协议授予债务人这一请求返还之诉,该返还的义务内含于其中。[1] 那么,如果债权人不行使其变卖权,债务人无法确定获得该物的多余价值,那么债务人的返还请求权和相关利益应该如何保护?且在该物的价值因为变卖权的不行使而急速降低时,是否可向债务人提供相关保护手段?因为如果该物的价值远远大于被担保债权,对于债权人而言,即使该物价金急剧降低其利益并不会受到影响,但对于债务人和债务人的其他债权人而言这影响甚巨,这是不能回避的问题。

(二) 债务人

罗马法上实际承认了债务人对该担保物的变卖权,赋予债务人变卖该担保物的权利,作为对其权利的保护手段——如果到期债权人不行使权利,在该物价值降低有损于债务人利益时。债务人甚至可变卖该物给债权人,因为该物所有权仍在债务人手上。如果该物价值大于被担保债权总额,在满足担保权人债权后的多余价值,债务人可请求返还。但从权利本身不能被强迫行使的角度出发,若不能强迫债权人行使其变卖权,那么较好的处理方式是赋予债务人以同样的权利,以解决权利无人行使、利益无法保障的问题。实际上,对债务人变卖权的肯定有可能符合双方当事人的利益。

片断 Paul. Sent. 2. 13. 3 中,在后古典法时期,变卖权成为实物担保中的必要因素,债务人也可变卖该物以便获得价金清

---

[1] Alberto Burdese, *Lex commissoria e ius vendendi nella fiducia e nel pignus*, Torino, 1949, p. 204.

偿自身债务。[1] 这一片断中否认了即使该变卖权简约也为债务人利益，就可强制债权人行使其变卖权，承认了债务人有权利依照其勤谨注意来出卖该担保物，即使该物处于债权人占有下；也赋予债权人另一担保，如果债务人的出卖造成债权人损失的话。[2]

我们认为，罗马法上的观点值得借鉴，因为在片断 D. 13. 7. 6. pr. 中，学者阿提里其诺认为债权人应可以被强制行使变卖权，唯一的目的是使债务人获得多余价金返还。[3] 其认为在该物的价值大于被担保债权总额时，要求债权人行使其变卖权是为债务人利益。但按照阿提里其诺的逻辑，若该物价值小于被担保债权总额，没有多余价值，则该变卖不是为了债务人利益，那么其不享有请求债权人变卖的权利。[4] 这一逻辑难以解释本身存在的矛盾：其一，该物价值只有在变卖后才能准确确定，事先就比较该物价值与被担保债权总额间关系而决定是否授予债务人请求债权人行使其变卖权的做法不合理，实践中也可能不能实现；其二，以该物价值大小来决定债权人和债务人权利义务缺乏价值基础的合理性。

我们承认，不同的变卖时间可能带来不一样的效果，因为在市场中，物的价格时刻在变化，债权人迟延变卖有可能造成该担保物在价格较低时被卖出，有可能造成该价金不足以满足

---

[1] Arnaldo Biscardi, *Appunti sulle garanzie reali in diritto romano*, Milano, 1976, p. 86.

[2] Arnaldo Biscardi, *Appunti sulle garanzie reali in diritto romano*, Milano, 1976, p. 82.

[3] Bert Noordraven, Pomp., D. 13. 7. 6. pr.: un caso di pignus, in *B. I. D. R.*, 83, 1980, p. 251.

[4] Bert Noordraven, Pomp., D. 13. 7. 6. pr.: un caso di pignus, in *B. I. D. R.*, 83, 1980, p. 251.

债权人的债权。在这一情况下,对债权人和债务人都造成损害,因为债权人债权也承受着有可能不被清偿的风险。当然一般情况是,该担保物价值远大于被担保债权总额,所以债权人对于价格波动并不关心,其只要确保该价格能够满足自身债权总额即可,价格波动带来的是债务人损失风险,债务人可请求返还的多余价值就减少了。这样的情况在实践中不算少数,所以出于对债权人和债务人权利义务的公平考虑,应赋予债务人保护其利益的相关权利。所以,罗马法上所采取的是被我国法律所忽略的另一手段,以促使债务人的利益得到保护,即赋予债务人以变卖权,其不能强制债权人行使其变卖权,但其享有在一定条件下变卖该担保物的权利以维护自身正当利益,也促使该物价值得到完全实现。我们应该对债务人行使这一变卖权规定一定条件,即到期应先请求债权人行使,如果被拒绝才可行使自身变卖权。

赋予债务人有权行使这一变卖权有其制度价值:一是可维护其权利,获得多余价值返还;二是有利于结束担保物权和主债权债务关系等法律关系悬而未决的状态,否则影响当事人对物的处分和交易;三是有利于该物进入流通,促使物尽其用,有利于交易繁荣和经济发展。因此我国物权法上应借鉴这一做法。

(三) 债权人和债务人的继承人

中国法上并未提到债权人和债务人的继承人是否可行使变卖权。原本在《最高人民法院关于适用〈中华人民共和国担保法〉若干问题的解释》(以下简称《担保法解释》)第 68 条中仅规定,"抵押物依法被继承或者赠与的,抵押权不受影响。"但这一规定已经失效,且并没有从可行使变卖权主体角度出发。罗马法上确定了债权人和债务人的继承人可行使变卖权。债权人继承人可利用该担保物以满足其债权,意思是其可行使该变卖权,债权人继承人可缔结有关变卖权行使的协议。[1] 罗马法上的片断 D. 13.7.11.4. 确认了债权人的继承人享有变卖权。

Se più eredi siano pagata dal debitore la sua parte, gli altri eredi del creditore non devono sopportarne ingiuste conseguenze, ma possono vendere il fondo dato in pegno per intero, offrendo al debitore la somma pagata all'altro loro coerede; e questo parere non è privo di fondamento razionale.

债权人的继承人将债权分为各个份额,债务人清偿了其中一个债权人的份额,其他继承人仍可变卖该质物,但应将该债务人已清偿份额返还给债务人。这一观点是合理的。

物被设立担保之后,对物的限制直到债务人清偿其全部债务才结束。如果没有到期清偿或是约定清偿期限届满,或分期付款期限届满仍然未完全清偿其债务,那么,债权人或其继承人享有出卖该担保物的权利。[2] 罗马法上充分肯定了债权人继承人享有变卖该担保物以清偿债务的权利,即使是享有该债权份额的继承人也可以请求就该物整体行使变卖权,以实现担保。

债务人的继承人可行使该变卖权在罗马法上也得到承认,如果债务没有按期清偿,在债权人死亡时,其继承人可合法出卖该设为信托的物,该出卖也应以协议方式进行。[3] 罗马法学家已经强调了继承人的权利,债务人作为担保人死亡了,其留

---

[1] Arnaldo Biscardi, *Appunti sulle garanzie reali in diritto romano*, Milano, 1976, p. 79.

[2] Arnaldo Biscardi, *Appunti sulle garanzie reali in diritto romano*, Milano, 1976, p. 41.

[3] Arnaldo Biscardi, *Appunti sulle garanzie reali in diritto romano*, Milano, 1976, p. 67.

下了几个继承人,在一般情况下这些人成为共同继承人,共同继承了债权和债务,应该区分各自的债权和债务份额,继承人可依照已经确定好的条件行使变卖权,债务人的继承人也可行使变卖权。[1]

第三节　被担保债权的范围

对被担保债权范围的确定非常重要,这涉及实物担保的效力范围。《民法典》第389条[2]明确规定了担保物权的担保范围,包括主债权及其利息、违约金、损害赔偿金、保管担保财产和实现担保物权的费用。当然,仍然尊重当事人的意思自治,有约定的从约定。

《民法典》分别在抵押权和质押权的章节,对抵押合同和质押合同约定的事项做出引导性规定,第400条第2款规定:"抵押合同一般包括下列条款:①被担保债权的种类和数额;②债务人履行债务的期限;③抵押财产的名称、数量等情况;④担保的范围。"第427条第2款规定:"质押合同一般包括下列条款:①被担保债权的种类和数额;②债务人履行债务的期限;③质押财产的名称、数量等情况;④担保的范围;⑤质押财产交付的时间、方式。"被担保债权的种类和数额、担保的范围,换句话说,就是该质押或是抵押效力扩展的范围,即在多大范围内,针对哪些债权承担担保责任,主债权、利息、违约金、损害赔

---

[1] Arnaldo Biscardi, *Appunti sulle garanzie reali in diritto romano*, Milano, 1976, p. 78.

[2] 《民法典》第389条关于担保物权的担保范围:担保物权的担保范围包括主债权及其利息、违约金、损害赔偿金、保管担保财产和实现担保物权的费用。当事人另有约定的,按照其约定。

偿金、实现担保的费用、保管费用，等等。

一、中国法上有关被担保债权范围的规定

（一）我国法律承认当事人约定的担保范围优先

我国原本在《担保法》和《物权法》中都承认当事人约定的被担保债权范围具有优先效力，应首先尊重当事人意思自治。在《民法典》中依旧坚持这一立场，原因在于"法律没有必要强行介入到私人可自我管理的领域"。[1] 我国法上规定这一担保范围的内容，一般情况下应是担保协议中的内容。《担保法》第39条第1款规定了抵押合同应当包括的内容，就包括担保范围确定的规定，但随后又规定"抵押合同不完全具备前款规定内容的，可以补正"。《担保法》第65条对质押的规定也一样。《物权法》的颁布修改了这一法律术语表述不严谨的问题，在第185条、[2] 第210条[3]中规定，抵押或是质押合同"一般包括下列条款：①被担保债权的种类和数额；……④担保的范围……"。《物权法》完善了法律术语表述的严谨性，从"应当包括"过渡到"一般包括"。《担保法》虽然规定为"应当"，字面表述是强制性命令，没有完成则不能产生预设的结果，且

---

[1] l'interpretazione l'art. 61 ha disposto che l'ambito registrato dei beni sotto garanzia è diverso dall'ambito del contratto, dobbiamo secondo la registrazione. Il diritto cinese non ha riferito l'ambito dei crediti garantiti.

[2] 《物权法》第185条：设立抵押，当事人应当采取书面形式订立抵押合同。抵押合同一般包括下列条款：①被担保债权的种类和数额；②债务人履行债务的期限；③抵押财产的名称、数量、质量、状况、所在地、所有权归属或者使用权归属；④担保的范围。

[3] 《物权法》第210条：设立质权，当事人应当采取书面形式订立质权合同。质权合同一般包括下列条款：①被担保债权的种类和数额；②债务人履行债务的期限；③质押财产的名称、数量、质量、状况；④担保的范围；⑤质押财产交付的时间。

第四章 行使担保物权的实体性条件

应承担否定性后果,但《担保法》中非但没有规定否定性结果,而且改变了"应当"这一术语本身所包含的强制命令性含义,而转变为任意性含义,规定了"不完全具备前款规定的内容的,可以补正"。意思是前款规定本质上不作为命令性规定,而是引导性规范。我国法上,时常在法条中规定法律主体"应当"为某行为,但并未规定相应的否定性后果。我们认为,其本质上不是强制命令性规范,而只作为民法中的引导性规范,即使违反仍可补救。我们应改变"应当"这一法律用语混乱而不严谨的用法,使其准确表达出真正本意。《民法典》中对于担保范围的表述基本沿袭了《物权法》上的规定,并未做出任何修正。

在司法实践中,当事人通常只约定本金数额,不涉及利息或是罚金等。那么,如何确定该被担保债权的范围?在浙江省湖州市中级人民法院的判决中,认定该抵押协议中只约定本金作为主债权受到担保,但是法院认为利息、惩罚金、损害赔偿金和变卖权执行费用,与本金相关的其他费用都作为被担保债权,不需要当事人明确协议。[1]在这一案件中实际存在当事人的约定,当事人只是约定了本金作为被担保的债权范围,但法院认为约定不明确,应由法律补充,那么这一约定实际并未产生效果。假设只约定了本金,但法律仍然要补充利息等其他债权作为被担保债权,这是对当事人真实意思表示的违反,法院的判决不能作出如此"一刀切"的武断判断。法院的判决应当考究的是对当事人真实意图的探究还是违背当事人意思表示。我们认为,如果当事人在协议中只约定了主债权数额,且从协议其他条款不能推断出该担保物也为其他债权承担责任,则应尊重当事人意思自治,同时则也对在后债权人和其他没有担保

---

[1] 浙江省湖州市中级人民法院 2010 年 1 月 29 日判决。

债权人的利益保护更为公平。

(二) 我国法律规定的一般担保范围

如果在有关抵押和质押的协议中没有约定担保范围，则法律规定了一般担保范围。有关被担保债权范围在原本的《担保法》和《物权法》中几乎不存在差异，《担保法》第46条规定："抵押担保的范围包括主债权及利息、违约金、损害赔偿金和实现抵押权的费用。抵押合同另有约定的，按照约定。"第67条规定："质押担保的范围包括主债权及利息、违约金、损害赔偿金、质物保管费用和实现质权的费用。质押合同另有约定的，按照约定。"《物权法》第173条规定："担保物权的担保范围包括主债权及其利息、违约金、损害赔偿金、保管担保财产和实现担保物权的费用。当事人另有约定的，按照约定。"而《民法典》在其第389条保持了与《物权法》的一致性，其规定，"担保物权的担保范围包括主债权及其利息、违约金、损害赔偿金、保管担保财产和实现担保物权的费用。当事人另有约定的，按照其约定。"从以上规定可看出，如果当事人之间没有约定担保范围，我国法律规定担保一般债权的范围包括：本金、利息、违约金、损害赔偿金、实现担保物权的费用和保管的费用等。

二、罗马法上有关被担保债权范围的确定

(一) 当事人约定范围优先

罗马法上首先承认了当事人之间约定的担保范围优先，如果在当事人之间存在协议，则应遵守意思自治原则，法律没有必要强行介入私人可以自我管理的领域。变卖权简约包含着有关变卖权范围和行使的更为准确的规范。[1] 担保债权范围由当

---

[1] Ratti, Sullo *ius vendendi* del creditore pignoratizio, in *Studi urbinati*, 1927, p. 25.

事人约定，可能包括本金或利息，或者两者，或者可能包括本金、利息以及质权人支付的为保存质物的花费。[1]

私法自治的严格概念在罗马人看来，只有具有合法原因才可以使私法自治无效，私法自治的自治性体现为以合适的法律行为实现其目的。[2] 所以，首先应该尊重当事人的意思自治，按照约定确定被担保债权的范围。

(二) 被担保债权一般范围

如果当事人没有就质押和抵押所担保的债权范围作出约定，那么应该如何判断这一被担保债权范围？在罗马法上，对本金、利息、保管费用、实现担保物权的费用和损害赔偿都做了详细论述，这对中国法上对相关债权是否属于担保范围的判断具有借鉴意义。

1. 本金、利息

毫无疑问，罗马法上的本金和利息应属于被担保债权的范围，这不存在争议，罗马法上很多片断都对此进行了论证。

D. 20. 4. 18. pr. *Scevola, nel libro primo dei response. Lucio Tizio dette del denaro a mutuo ad interesse, ricevendo dei pegni, e anche Mevio dette del denaro a mutuo alla lo stesso debitore, ricevendo gli stessi pegni: pongo la questione, se Tizio fosse di grado poziore non solo per il capitale e per quegli interessi che vi si aggiunsero prima che Mevio, a sua volta, concedesse il credito, ma anche per quegli interessi che vi si aggiunsero il seguito. Il giurista diede il response che Lucio Tizio fosse di grado poziore per tutto ciè che gli si dovesse.*

---

[1] William Smith, *D. C. L, LL. D.*: *A Dictionary of Greek and Roman Antiquities*, London, 1875, pp. 915-918.

[2] Salvatore Tondo, *Convalida del pegno e concorso dei pegni successivi*, Milano, 1959, p. 5.

在这一片断中罗马法学家切沃拉认为某人借贷给债务人且约定了利息,并获得了该债务人所提供的物的质押。随后该债务人为获得借贷又将该物设立抵押,那么在先的债权人享有优先权,就其所借出的本金和利息可请求优先受偿,且不论该利息的约定是先于或后于第二个债权人借贷达成之时。这一片断确认了该担保物应该为主债权本金和利息承担担保责任。

公元前2世纪后期,罗马法上担保物所担保的,不仅应该对该借贷的本金负责,而且应给付的利息也应作为被担保债权,多余价值才返还给被剥夺了该物的债务人。[1] 主债权和利息都受到担保物担保,在主债权的本金已经清偿的情况下,如果债务人没有清偿利息,则该担保物仍然处于担保之下,债务人无权请求返还。因为利息本身被看作是本金的附属物,应一同获得担保。[2] 罗马法上的片断 D. 20.1.16.6. 明确地确认了这一原则。

D. 20. 1. 16. 6. *Se il debitore non consegnando la cosa pignorata, sia stato condannato ad una somma superiore a quella derivante dal computo del capitale e degli interessi, forse chè, qualora abbia pagato solo quanto era il debito, la cosa ipotecata sarebbe liberate? Il che io non approvo, in considera, infatti, che la causa perviene una sola volta alla condanna e da questa scaturisce l'obbligo di pagare. Ma è più umano che egli liberi la cosa ipotecata dando non più di quanto veramente deve.*

这一片断中首先提出一个问题:如果债务人只是清偿了本

---

[1] Arnaldo Biscardi, *Appunti sulle garanzie reali in diritto romano*, Milano, 1976, p. 240.

[2] Alfredo Bicci, *Della surroga ipotecaria per evizione e del lucri dotali*, Torino, 1882, p. 86.

金部分，那么质押被解除了么？法学家马尔西安不赞成这样，认为该物还应受约束，为利息等继续承担担保责任。该物不会因为本金给付了就解除了质押，应该就所有债权都得到清偿，才能解除质押，例如本金、利息、实现债权的费用等。我们认为物的担保应该扩展到所有的在该债权获得满足、该物被执行前所产生的利息上，直到该物被执行或是变卖。

D. 13. 7. 8. 5. *Quando*, *in forza di accordo*, *il pegno si può vendere*, *esso potrà essere venduto non solo per la somma capitale non pagata*, *ma anche per tutto il resto*, *come per gli interessi e per le spese inerenti alla cosa pignorata*. 中，罗马法上进一步肯定说："质物担保债权的范围，不仅是担保本金，也担保利息、必要费用等，这是协议中强制的内容，不需要当事人约定。"

2. 保管担保财产和实现担保物权的费用

罗马法上，在与债权人信托和质押这两种实物担保形式中，是由受托人和质权人占有该担保物，对于受托人和质权人占有该担保物所支出的必要费用，罗马法上首先确认债务人应返还给债权人这一保管信托物和质物所支出的必要费用。在债务人没有返还时，该费用也作为被担保债权范围。

片断 D. eod. 8. 5（Pomp., ibid.）中主要是说，信托物担保的范围不仅包括本金，也包括利息和保管费用等。罗马法上在与债权人信托中，受托人可留置该物拒绝返还，如果其没有获得相关保管该物费用的补偿，其可行使信托之诉反诉要求返还其费用支出的补偿或损害赔偿。[1]这里说到保管该信托物的必要费用，这部分费用也应该由信托人补偿给受托人，因为受托人行使的是留置权利。但受托人仅享有留置权所提供的保护则

---

[1] Arnaldo Biscardi, *Appunti sulle garanzie reali in diritto romano*, Milano, 1976, p. 105.

不周到，即使在该担保物灭失时，债务人也应返还这一必要费用支出，虽然该担保物灭失了。奴隶如果由于健康原因死掉，而之前受托人对奴隶管理等费用支出，或者是受托人维修的房屋被火烧毁了，没有可留置的客体了，在此受托人可对信托人提起信托之诉反诉，获得对其必要支出费用的补偿。[1] 正如以上的片断 D. 13. 7. 8. 5. 中所确认的，担保债权范围不仅包括本金、利息，也包括必要费用，这不需要当事人缔结明确的协议说明，而是本身内含的。

D. 13. 7. 8. pr. (Pom. , 35 ad Sab.): *si necessarias impensas fecerim in servum aut in fundum, quem* [*pignus*] <*fiduciae*>*causa acceperim, non tantu retentionem, sed etiam contrariam* [*pigneraticiam*] <*fiduciae*> *actionem habebo; finge enim medicis, cum aegrotaret servus, dedisse me pecuniam et eum decessisse, item insulam fulsisse vel refecisse et postea deustam esse, nec habere quod possem retinere.*

法学家彭波尼在这一片断中确认说，如果是必要的对质物维护费用，那么不仅享有留置该质物的权利，还应该享有质押之诉反诉的权利，意思是债务人以质押之诉请求返还该物时，可以质押之诉反诉对抗，要求其清偿必要费用的支出。事实上，假设我支付了作为质物的奴隶的医药费，而随后该奴隶死亡了，或是我支付了维修或重建该房屋的费用，该房屋作为质物，但随后该房屋被火烧毁，这也不会产生任何影响。质权人必要费用支出，应属于被担保债权范围。

同样在片断 D. 13. 7. 25. *Dal giudice, dunque ciò dovrà essere valutato con equilibrio, perchè non si presti ascolto nè a un debitore difficile nell'approvare le spese sostenuto dal creditore, nè a un creditore*

---

[1] Arnaldo Biscardi, *Appunti sulle garanzie reali in diritto romano*, Milano, 1976, p. 75.

esoso nella richiesta di rimborso. 中，法官认为应该平衡债权人和债务人利益，承认债权人可请求债务人对必要费用补偿。同时对于债权人保管该物造成不正当损失，该物所有权人也可请求赔偿损失。

如果债权人对担保财产维护支出了必要费用，不管是在信托担保中还是在质押中，债权人都可向债务人追偿，债务人应该偿付债权人为保管和维护该物的费用，这一保管担保物的费用作为被担保债权范围，在古典法时期，广泛适用返还保管质物费用的规定。[1] 这一对保管质物必要费用的偿付，在《意大利民法典》第2790条规定："设定质押的人要偿付为保管质物所必需的费用。"同样我国原来在《担保法》和《物权法》都规定了保管质物所支出费用应由债务人向债权人偿付，并且作为被担保债权范围，在《民法典》中亦做出同样的要求。

对于实现担保物权的费用，或者说行使变卖权费用，我国法律规定属于担保债权范围，原本《物权法》第173条，现在的《民法典》第389条规定："担保物权的担保范围包括主债权及其利息、违约金、损害赔偿金、保管担保财产和实现担保物权的费用。当事人另有约定的，按照其约定。"我们认为，更为准确的表述是，实现担保物权的费用作为被担保债权，应该优先获得清偿。理由是该实现担保物权的费用是为所有债权人利益而支出的共同费用，作为公共费用支出，而不仅作为个别担保权人的债权。特别是在同一物之上存在多个竞合债权人，如果在后债权人债权先到期，其行使变卖权，支出了费用，若只是将该支出费用作为其自身债权受到担保，则有可能该费用的

---

[1] Paolo Frezza, *Le garanzie delle obbligazioni*, II, *corsi di diritto romano*, Padova, 1963, p. 45.

支出得不到任何补偿，因为后顺位的债权人即使行使变卖权，也应该在在先债权人获得清偿后才就剩余价值再获得清偿，如果在先债权人获得了变卖该物的所有价值，则在后债权人不但不能获得其债权满足，且对于所支付的实现担保的费用也得不到保障，这对在后债权人不公平。所以，我们认为应该将实现担保费用作为公共费用首先扣除，就变卖担保物的价值首先支付实现担保的费用，而不是在该债权人被担保债权范围内。实现担保的费用应该被赋予最优先顺位。因为这是为所有债权人利益的，为所有债权人利益而支出的费用应该享有优先去除权。[1]

3. 违约金和损害赔偿金

我国法律规定违约金和损害赔偿金属于被担保的债权范围，原本《物权法》第173条，现在的《民法典》389条规定："担保物权的担保范围包括主债权及其利息、违约金、损害赔偿金、保管担保财产和实现担保物权的费用。当事人另有约定的，按照其约定。"违约金一般都是在缔结主债权债务协议或是担保协议中确定好的，对于各方当事人而言是明确的，在债务人违约时，该违约金作为被担保债权范围在各国法上都不存在争议。

出现争议的是损害赔偿金是否可作为被担保债权。一些学者认为在设立担保物权时，不能预见到这一损害的存在和损害数额。且在抵押情形下，该损害赔偿金不但不能确定也没有登记，没有公示则不产生对抗第三人效力。损害赔偿金作为被担保债权对于第三人而言不公平，因为其无法获知该物上设立担保范围到底有多宽，将会损害该债务人的顺序在后债权人和无

---

[1] Rubino Gaetano, *La responsabilità patrimoniale*, *il pegno*, *i privilegi*, Torino, 1952, p. 37.

担保债权人的利益，使他们的利益处于不确定的状态之下。[1] 要求承担其不可预见的风险是不合理的。德国、瑞士和法国都没有规定损害赔偿作为被担保债权范围。[2]

另一些学者认为损害赔偿不作为被担保债权范围，这对于债权人而言不公平。损害赔偿总额可以确定，损害赔偿一般情况下是由法院和仲裁机构确定，这不会损害第三人利益。[3]

罗马法上是否将损害赔偿作为被担保债权范围？信托人应该对受托人保管该物支出和对该信托物进行改善支出和该物所造成其损失承担赔偿和补偿责任。这一被质押或是抵押担保债权范围包括，主债权债务、利息、损害赔偿、费用、罚金等等。[4] 罗马法上确定了约定的罚金和损害赔偿应作为被担保债权范围。

片断 D. 20. 1. 13. 6. *Se il bene ipotecato sia obbligato anche per gli interessi, questi devono essere pagati; lo stesso diremo anche per la penale.* 中认为，如果抵押财产也为利息设立抵押，那么必须给付，同样情况也存在于为罚金设立抵押。片断 D. 20. 2. 2. pr. *Marciano, nel libro unico alla formula ipotecaria. Pomponio, nel libro quarantareessimo delle lezioni varie. Scrive: le cose portate e introdotte nell'abitazione saranno vincolato come pegno non solo per il canone, ma anche se l'inquilini per sua colpa abbia deteriorate l'abitazione, deterioramenti a titolo dei quali vi sarà l'azione di locazione nei suoi confronti.* 中也肯定了担保物应该为债务人所承担的损害赔偿责任承

---

[1] 叶金强：《担保法原理》，科学出版社 2002 年版，第 126 页。
[2] 许明月：《抵押权制度研究》，法律出版社 1998 年版，第 270 页。
[3] 许明月：《抵押权制度研究》，法律出版社 1998 年版，第 270 页。
[4] Arnaldo Biscardi, *Appunti sulle garanzie reali in diritto romano*, Milano, 1976, p. 104.

担担保责任,认为带入住宅中的物品都被看作质物,不仅为房租出质,如果承租人由于自己过失损害了住房,也可为损害赔偿出质。

我们认为,违约金和罚金的约定本身在设立担保之初就是确定的,各方当事人都可明知,不存在对他人利益的不正当影响,所以应该认为属于被担保债权范围。对于损害赔偿金,其不能作为被担保债权范围的理由主要是其具有不确定性,对第三人利益会产生不利影响。这一理由是否成立,首先考察这一不确定性是否会成为障碍。因为同样的保管该担保物费用和实现担保物权费用也不确定,所以,以不确定性作为阻碍其成为被担保债权范围的理由有待商榷。另外该债务人的顺位在后的债权人或是没有担保的债权人在缔结债权债务关系或是担保关系之时,就明知该物之上还存在在先债权人,其实已经对其履行了通知义务,由其承担这一风险并非不公平。且如果在被担保主债权债务关系灭失完全转化为损害赔偿关系时,不允许该债权人获得担保物对损害赔偿的担保,这对该债权人极为不公。所以我们赞成罗马法上的观点,当事人约定违约金、罚金和损害赔偿都可作为被担保债权范围。[1]

对被担保债权范围的确定,存在的特殊情况是最高额抵押和质押,它们是为在一定时间内产生的债权在最高额限度内承担担保责任。因为这一商业经济关系是持续和快速发展的,为了排除每次缔结担保的繁琐,节省资源,产生了该最高额抵押和质押制度。原本在《担保法》第59~62条规定了最高额抵押,但没有规定最高额抵押所担保债权范围。被担保债权范围

---

〔1〕 司法实践中确认了当事人约定的违约金应该属于被担保债权范围,违约金是确定的,各方当事人都可以预知,例如最高人民法院2001年12月14日判决中确定"当事人约定了担保的范围包括主债权、利息、违约金、实现抵押权的费用"。

在订立最高额抵押协议之时无法确定，其是为一段时间内持续发生的债权做担保，这正是其制度价值所在，所以被担保债权范围只有在一定情形发生时才能确定，2007 年制定的《物权法》第 206 条明确规定，"有下列情形之一的，抵押权人的债权确定：①约定的债权确定期间届满；②没有约定债权确定期间或者约定不明确，抵押权人或者抵押人自最高额抵押权设立之日起满 2 年后请求确定债权；③新的债权不可能发生；④抵押财产被查封、扣押；⑤债务人、抵押人被宣告破产或者被撤销；⑥法律规定债权确定的其他情形。"《民法典》第 423 条进行了几乎一模一样的规定，仅仅在表述上更为精确，将原本的第 4 项"抵押财产被查封、扣押"修改为"抵押权人知道或者应当知道抵押财产被查封、扣押"。这主要是从抵押权人的角度进行考虑，应当在其明知或者应当知道抵押财产被查封时，权利可以行使时才计算被担保债权的范围。将第 5 项"债务人、抵押人被宣告破产或者被撤销"修改为"债务人、抵押人被宣告破产或者解散"，撤销多为行政行为之表述，从以公司为主体的角度，应表述为公司的解散更为妥当。而最高额质押所担保范围参照最高额抵押相关规定，《民法典》第 439 规定："出质人与质权人可以协议设立最高额质权。最高额质权除适用本节有关规定外，参照适用本编第十七章第二节的有关规定。"

4. 被担保债权的清偿顺序

债权人就该担保物享有优先受偿权利，如何确定担保范围内各个债权的受偿顺序，这一清偿债权顺序时常都由法律直接规定。但原本的《担保法》和《物权法》都没有规定，在《民法典》中亦未涉及。已经失效的《担保法解释》中第 74 条仅仅规定对抵押物估价或变卖、拍卖获得的价金，如果当事人没有就清偿债权顺序达成协议,则应依照以下顺序清偿,"抵押物折价或者拍卖、变卖所得的价款,当事人没有约定的,按下列顺序清偿:①实现抵押权的费用;②主债权的利息;③主债权。"[1]

在拍卖作为抵押物的国有土地使用权时,债权人仅享有就给付国家相关土地转让金之后的价款优先受偿。这是中国特殊制度,为了保护债权人的利益和有利于社会主义市场经济的发展,我们应该改变公法对私法领域的过多干涉。

但罗马法上对此有明确的片断规定,罗马法上所确认的清偿被担保债权的顺序是先清偿利息,再清偿本金。片断 D. 13. 7. 35. pr. Fiorentino, *nel libro ottavo Delle istituzioni. Se a titolo di somma presa a mutuo e di interessi qualcosa è dovuto da colui che è debitore di una somma di denaro garantita da pegni, quando si ricavi dalla vendita dei pegni deve essere prima imputato agli interessi, che consti siano dovuti già in quel momento; poi, se qualcosa sopravanza, alla somma presa a mutuo; nè si deve da ascolto al debitore se, sapendo di essere poco solvibile, voglia scegliere per quale debito egli preferisca essere liberato grazie al suo pegno.* 中明确表明,债务人借贷了一笔金钱,其约定了利息,以质物出质担保,当变卖该质物时,应该首先清偿截止到变卖时的利息,然后多余的才清偿本金。

第四节　担保物范围的确定

实物担保是以债务人或第三人所提供特定物承担担保责任,债务到期未获清偿,债权人则可行使变卖权,变卖担保物以获

---

[1]《担保法解释》第74条。

得价金优先受偿。担保物范围的确定是行使变卖权、实现担保物权的前提条件,应首先确认能够行使变卖权的客体范围,变卖标的物的范围,这也是担保物权对物的效力范围,即该担保物权扩展到那些物上。法官首先考察有关设立质押或抵押的物,某物是否属于担保物范围之内。[1]

担保物范围的确定与变卖权行使密切相关,这一前提性要件决定了变卖权行使范围、可变卖对象,对担保物范围的划定直接影响到顺位在后或无担保债权人所享有的责任财产范围。因此,在行使变卖权时非常有必要先确定担保物范围。

一、当事人对担保物范围的约定优先

(一) 我国法律规定当事人对担保物范围的约定优先

在之前的《担保法》和《物权法》中例举了可成为抵押和质押客体的物的范围,但只规定了哪些物可成为抵押或质押客体,例如《物权法》第180条例举了可成为担保物的范围,在《民法典》中基本沿用了《物权法》中的规定,其在第395条例举了可以抵押的财产的范围:"债务人或者第三人有权处分的下列财产可以抵押:①建筑物和其他土地附着物;②建设用地使用权;③海域使用权;④生产设备、原材料、半成品、产品;⑤正在建造的建筑物、船舶、航空器;⑥交通运输工具;⑦法律、行政法规未禁止抵押的其他财产。抵押人可以将前款所列财产一并抵押。"此外,《民法典》中也规定了不可抵押的财产的类型,其第399条规定:"下列财产不得抵押:①土地所有权;②宅基地、自留地、自留山等集体所有土地的使用权,但是法律规定可以抵押的除外;③学校、幼儿园、医疗机构等为

---

[1] Salvatore Tondo, Pignus e precarium, in *Labeo*, 5, 1959, p. 186.

公益目的成立的非营利法人的教育设施、医疗卫生设施和其他公益设施；④所有权、使用权不明或者有争议的财产；⑤依法被查封、扣押、监管的财产；⑥法律、行政法规规定不得抵押的其他财产。"这几类财产要么是禁止或是限制流通的土地所有权，要么是出于公益性目的而设立的财产，或者是处于争议之中可能产生实现困难的财产。此类财产即使设定担保也有不能实现之虞，故排除在可担保财产的范围之内，以免债权人遭受不利益，影响担保制度之效用发挥。

正如《民法典》所确定被担保债权范围的规定一样，对于担保物范围确定，我国法律首先也尊重当事人意思自治，当事人约定的担保物范围具有优先效力，法律并无必要强行介入到私人可自我管理的领域。有关担保物担保范围的内容，一般情况下包含在当事人所缔结的担保协议中。《民法典》第400条规定[1]，"抵押合同一般包括下列条款……③抵押财产的名称、数量等情况"。第427条规定："设立质权，当事人应当采用书面形式订立质押合同。质押合同一般包括下列条款：……③质押财产的名称、数量等……"如果当事人之间没有约定，或约定不明确，那么，从物、附随物是否属于担保物，或是新增加的添附物是否属于担保物范围，我国《民法典》中并没有明确统一规定。

（二）罗马法上当事人对担保物范围的约定优先

尊重意思自治，应首先考察当事人自身约定，罗马法上承认当事人对担保物范围的约定具有优先性。变卖权简约包含着有

---

[1]《民法典》第400条关于抵押合同：设立抵押权，当事人应当采用书面形式订立抵押合同。抵押合同一般包括下列条款：①被担保债权的种类和数额；②债务人履行债务的期限；③抵押财产的名称、数量等情况；④担保的范围。

关变卖权范围和行使的更为准确的规范。[1] 私法自治的严格概念在罗马人看来，只有合法原因才能使私法自治无效，私法自治体现为以合适的法律行为实现其目的。[2] 所以在罗马法上，如果当事人对于担保物具体范围作出约定，应首先尊重当事人意思自治，债权人应按照约定的担保物的范围行使其变卖权。

一般情况下，担保物权是在特定物之上设立的。但从担保物权的设立到变卖权行使、担保物权实现，一般要经过一段时间。在这一时间段内，担保物本身有可能发生变化，产生了孳息或添附进了新的物或毁损灭失了等。担保物范围在行使变卖权时很可能与之前设立时存在差异，所以在行使变卖权、实现担保物权时，确定担保物范围就显得尤为重要，需要在行使变卖权时依照相关规则确定担保物具体范围。我国法律对于作为担保财产的物的范围没有统一规定，理论界对这一问题也没有进行细致深入研究，并没有像其他国家法典或在罗马法上将其看作理论问题。

罗马法上对于担保物可能出现的各种变化都提出了具体的处理方式，值得我国法律在对变卖权行使、担保物权实现进行具体规定时借鉴。我们将以中国法上的法律规定和理论争议为切入点，重点分析罗马法上相关片断，找出相关问题在罗马法上的具体判断途径，以对我国法律完善产生借鉴意义。逐个考察担保物变化形式可以发现，质物范围的确定和抵押物范围的确定是类似的，一般情况下，都包括考察主物、从物、孳息、替代物、损害赔偿金、添附物等，这些物在什么情况下属于担

---

[1] Ratti, Sullo *ius vendendi* del creditore pignoratizio, in *Studi urbinati*, 1927, p. 25.

[2] Salvatore Tondo, *Convalida del pegno e concorso dei pegni successivi*, Milano, 1959, p. 5.

保物范围，在什么情况下不属于担保物范围需要具体分析。

二、主物和从物

主物是指在物的组合中能独立存在，独立起作用，且发挥主要作用的物。主物毫无疑问应属于担保物范围，这是担保物权设立的基础，该担保物权实际主要是在该物之上设立。如果主物无法确定，或主物不作为担保物范围，则该担保协议无效。正如之前《担保法解释》第56条第1款规定："抵押合同对被担保的主债权种类、抵押财产没有约定或者约定不明，根据主合同和抵押合同不能补正或者无法推定的，抵押不成立。"

从物是指该物只是作为另一物的服务性功能的附属物，而不是其不可或缺的部分，或者只是作为使主物性能增加或更加有用的物。[1] 主要争议在于：从物是否属于担保物范围？如果当事人有约定，当然约定优先；如果不存在当事人间约定，则应该区分该从物的不同状态分别讨论从物是否属于担保物范围。

（一）中国法上有关从物是否属于担保物范围的规定

如果没有当事人明确约定，从物是否属于担保物范围，这在《担保法》和《物权法》上都没有明确规定，但原本的《担保法解释》第63条规定："抵押权设定前为抵押物的从物的，抵押权的效力及于抵押物的从物。但是，抵押物与其从物为两个以上的人分别所有时，抵押权的效力不及于抵押物的从物"。《担保法解释》第91条对质押的规定与抵押中一样，只存在一个区别即如果该从物没有转移占有给质权人，则不属于质物范围。对于从物是否属于担保物的范围，《民法典》中亦并未明确，在《最高人民法院关于适用〈中华人民共和国民法典〉物

---

〔1〕 Piero Schlesinger, *Manuale di diritto privato*, diciottesima edizione, Milano, 2007, p. 178.

权编的解释（一）》中也没有涉及这一问题。

按照原本《担保法解释》的规定，我国区分从物的不同情况，首先，区分该从物是产生于实物担保设立之前还是之后，即使没有约定，担保效力也及于担保之前就存在的该担保物的从物。言外之意，如果是在担保设定之后产生的从物，则不属于担保物范围。其次，区分该从物的所有权人，如果该从物的所有权人不是债务人，则其不能作为担保物。最后，区分质押和抵押，质押以转移占有作为公示方式，如果该从物没有转移占有给质权人，则不属于质物范围。在抵押中不存在转移抵押物占有的需要，如果从物没有被登记为抵押物，那么抵押效力是否扩展到从物之上？依照郑玉波的观点，抵押效力范围并不是依照当事人意志决定，而是依照法律规定决定，并不需要登记，如果从物也是属于设立质押或设立抵押的债务人，只需要在设立担保之时属于债务人即可。

在实物担保设定之后产生的新的从物是否属于担保物范围？对这一问题的回答法律没有明确规定。在学者间存在不同观点：有学者认为这一新产生的从物不能作为担保物，首先是因为这违反当事人意志，且对其他债权人也不利。[1] 史尚宽先生不同意这一观点，其从主物和从物的联系不是基于当事人意志而是从客观经济联系角度出发，认为从物总是从属于主物，不需要对从物另外单独缔结协议。另外有学者采取折中方式，认为可以将主物和从物一起变卖，但该担保效力并没有扩展到该从物之上，也就是说债权人对于变卖该从物获得的价金不能优先

---

[1] Yao Ruiguang, *Il ritratto sui diritti reali*, 1988, p. 215. 姚瑞光：《民法物权论》，1988年作者自版，第215页。

受偿。[1]

(二) 罗马法上的"从物追随主物"原则

依据罗马法上的"从物追随主物"原则,无论该从物是产生于缔结担保之前还是之后,都应作为担保物范围。根据从物追随主物原则,因此在抵押中抵押的效力是扩展到改善物,附属于主物之上的。[2] 这不需要明确约定,即使是后产生的从物也是如此。

我们赞成罗马法上的观点,基于主物和从物之间的自然联系和经济联系,要求对主物的处分也包含了对从物的处分。这并不会违背当事人意志,因为这一自然的联系正如史尚宽先生所言,主物和从物之间的联系本质上是由客观经济现实所决定的,所以对从物的处分不需要单独达成协议或是单独地转移。这是当事人应该预见的,也应该认为是当事人默许的。且一并变卖主物和从物将更容易找到买家,也更容易获得更高价格,这对于债权人和债务人都有利。除非从物是明确属于他人,而不是债务人的物,则该从物不论是在先还是在后产生都不成为担保物。

三、孳息

孳息可分为两种:自然孳息[3]和法定孳息。自然孳息是直接产生于另一个物的出产物,需要或不需要人的劳动加入。例

---

[1] Ye Jinqiang, *Principi generali della legge sulle garanzie*, Editrice di Scienza, 2002, p. 130. 叶金强:《担保法原理》,科学出版社 2002 年版,第 130 页。

[2] Piero Schlesinger, *Manuale di diritto privato*, diciottesima edizione, Milano, 2007, p. 426.

[3] 如果孳息没有与母物分离的话,那么被称为悬而未决的天然孳息,其仍然是母物的一部分,还不具有独立性。如果其被认为是孳息,那么其已经成为独立的物,只有与母物分离了,其才被看作是独立的物,称为所有权的客体。

如耕种农作物获得的谷物,动物生产的幼崽,土地产生矿产等。法定孳息,可认为是因为对某物享有权利而获得的利益。如果我将我的物出租,获得的租金就是法定孳息。这一孳息是由法律规定的,即承租人通过使用该物而付给我的租金就是法定孳息。法定孳息可以是本金的利息,或股票收入等。法定孳息相对自然孳息的特点是其应分时间段而获得。

(一) 中国法上有关孳息属于担保物的规定

对于该担保物产生的孳息是否属于担保物范围,我国法律区分质押和抵押作为实物担保制度的不同特性而分别规定。原本的《担保法》第68条和《物权法》第213条分别规定:"质权人有权收取质物所生的孳息。质押合同另有约定的,按照约定。前款孳息应当先充抵收取孳息的费用。""质权人有权收取质押财产的孳息,但合同另有约定的除外。前款规定的孳息应当先充抵收取孳息的费用。"这一规定亦在《民法典》中进行了明确,其第430条作出了相同的规定。另外,《民法典》对于抵押权人该如何收取抵押物孳息也进行了规定,在第412条中规定[1],"债务人不履行到期债务或者发生当事人约定的实现抵押权的情形,致使抵押财产被人民法院依法扣押的,自扣押之日起,抵押权人有权收取该抵押财产的天然孳息或者法定孳息,但是抵押权人未通知应当清偿法定孳息义务人的除外。前款规定的孳息应当先充抵收取孳息的费用。"与质押不同的是,抵押权人收取孳息应从抵押物被扣押之日起,因为抵押物不需要转移占有至抵押权人处,而由抵押人占有、使用和收益该抵押物,这正是抵押之制度价值,即实现了使用价值和交换价值之平衡。在债务到期之前,抵押权人不能获得该物的孳息。而在债务人

---

[1] 对应的之前的条文是《担保法解释》第64条和《物权法》第197条。

不履行到期债务或发生当事人约定的实现抵押权情形，致使抵押财产被人民法院依法扣押，自扣押之日起抵押权人有权收取该抵押财产天然孳息或法定孳息，但抵押权人未通知应当清偿法定孳息义务人的除外。前款规定的孳息应当先充抵收取孳息的费用。

孳息是否属于担保物范围，在质押和抵押之间存在很大差异。因为质押和抵押的区别在于：质押需要转移质物占有，质权人自获得该物占有时起就可收取孳息，一般情况下该孳息首先用于清偿利息，如果超过了利息的话，就作为本金抵偿。[1]而在抵押中，不转移该物的所有权与占有，该物仍然由债务人处占有、使用和收益，抵押权人不占有该抵押物，只在债务人没有按期清偿其债务，抵押权人行使其权利扣押占有该物时，其才可收取孳息。如果是不动产典质[2]的话，那么不动产典质权人有收取孳息的权利，该孳息作为利息，且不需要折抵本金。

尽管在质押和抵押中当事人收取孳息的时间存在差别，不可否认的是权利人所收取的孳息都是作为对债权担保的担保物范围，除非当事人有不同约定。[3]

---

[1] Arnaldo Biscardi, *Appunti sulle garanzie reali in diritto romano*, Milano, 1976, p. 169.

[2] 不动产典质是指债务人或第三人负有给付不动产给债权人以担保债权，使得债权人获得孳息并将其归于利息内，在必要时归于本金的契约。不动产典质的标的物是不动产，与一般质权的区别是，典质的质权人可以收取该质物的孳息，其直接获得了该孳息的所有权，该孳息先充抵借贷的利息，有多余的再充抵本金。或者一般不约定利息，直接将该占有不动产获得的孳息作为利息。而一般的质押的话，质权人也应当收取孳息，但是该孳息的所有权人是债务人，只是该孳息也作为质物为债务人的债权担保。二者在债权人是否取得孳息的所有权上是有区分的。

[3] 《物权法》第 179 条，《德国民法典》第 1213 条，《日本民法典》第 297、350 条。

（二）罗马法上孳息属于担保物范围

罗马法上，毫无疑问的是质权人享有变卖该物的权利，享有收取孳息的权利。[1] 有学者认为，在古典法时期，质物产生的孳息或是生产物不作为质物范围，只有双方当事人约定是质物时才会成为质物。但到了优士丁尼时期，质物产生的孳息或生产物都作为质物的范围。[2] 我们认为这一观点值得商榷，首先需要提出的是，在公元前 3 世纪，乡村土地上的出租人不仅以随带物也以土地上的孳息作为租金给付的担保。[3] 质权人的权利在古典时期是由占有权和收取孳息的权利构成，如果该质物是可以产生孳息的质物。[4] 质权人合法占有该质物，获得相关占有令状保护，且质权人可获得该债务的孳息或生产物，其应该收取孳息和生产物。这被塞尔维皇帝政令（C. 4. 24. 3.；C. 8. 27/28. 1.）所批准。[5]

罗马法上的很多片断都证明了担保物产生的孳息属于质物范围。

D. 20. 1. 1. 2. *Costituendo in pegno un fondo* <*senza consegna del possesso di esso, colui che lo costituiva*> *convenne espressamente che anche I frutti fossero in pegno...ciò è però differente riguardo ai frutti,*

---

[1] Fritz Schulz, *Classical Roman Law*, Oxford, 1992, p. 401.

[2] Paolo Frezza, *Le garanzie delle obbligazioni*, II, *corsi di diritto romano*, Padova, 1963, p. 193, nota 2.

[3] F. La. Rosa, La protezione interdittale del pignus e l'actio serviana, in *Studi in onore di C. Sanfilippo*, VII, Milano, 1987, p. 302.

[4] Ratti, Sullo *ius vendendi* del creditore pignoratizio, in *Studi urbinati*, 1927, p. 4.

[5] Paolo Frezza, *Le garanzie delle obbligazioni*, II, *corsi di diritto romano*, Padova, 1963, p. 198. 塞维鲁皇帝的政令与保罗实际是同一个时期的，在这一政令中确认了每一个质物的孳息都是作为质物的范围的，这不需要明确约定，是默示的协议规定的。

perchè questi non furono mai del debitore.

这一片断中说,将一块土地出质,但并没有交付该土地占有,还由出质人耕种,非常明确的协议是土地孳息也是质物……即使该担保物是债务人的物,但是约定了债权人可以收取孳息作为物的担保,则其可收取该担保物孳息直接用于满足其债权。

D. 20. 1. 13. pr. *Marciano, nel libro unico alla formula ipotecaria. Una volta vincolato in pegno il gregge, sono tenuti anche gli animali che nascono successivamente; ma anche se, essendo morti i precedenti animali, l'intero gregge si sia rinnovato, esso sarà tenuto in pegno.*

该片断中,以可产生孳息的一群羊作为质押物,那些随后出生的小羊作为孳息也应该属于质押物的范围。

D. 20. 2. 7. pr. *Pomponio nel libro tredicessimo dalle lezioni varie. Nei fondi rustici, si ritengono tacitamente essere in pegno del proprietario del fondo locato i frutti che nascono in essi, anche se ciò non si sia convenuto espressamente.*

这一片断中,法学家彭波尼更为明确地确定了债权人收取孳息的权利,在乡村土地上,那些在该出租人所出租土地上生产的孳息也默示被认为是质押物,即使没有达成明确协议。

Pauli Sent. II. 5. 2. *fetus vel partus eius rei quae pignori data est pignoris iure non tenetur, nis hoc inter contrahentes convenerit.*

这一保罗判决中明确说明,质押的效果扩及质物的孳息和质物的部分之上。[1]

D. 20. 1. 29. 1. *Se dei servi finirono nella situazione di essere in*

---

[1] Paolo Frezza, *Le garanzie delle obbligazioni*, *II*, *corsi di diritto romano*, Padova, 1963, p. 150.

pegno, sono da ritenere nella stessa condizione giuridica anche i nati da essi. Tuttavia ciò che dicemmo, ciò che sono tenuti anche i nati, sia che di essi si sia convenuto in modo specifico sia che no, è così se la proprietà di essi sia in mano di chi vincolò in pegno o del suo erede; diversamente, se abbiano partorito presso un altro padrone, non saranno vincolati in pegno.

这一片断中强调，如果一些奴隶在其作为质物出质时死亡，同样的法律情况是在出质时生产出新的物。我们说对于那些新出生的奴隶，无论是否以特殊方式做出约定，如果这些新出生奴隶的所有权在出质人或其继承人手上，则他们是质物。不同的是，新出生的奴隶如果是在另外一个主人处出生，那么其不受质押约束。

罗马法上对于孳息的产生实际上也区分该孳息的所有权归属，如果该孳息是属于他人的物，则不能剥夺他人所有权，质权人不能收取该孳息、将其作为担保物；如果该物是债务人或其继承人享有所有权，则质权人可收取该孳息，获得该孳息的担保。

获得自然孳息的首要问题是从什么时间点开始可获得该自然孳息。[1] 从母体分离开始，自然孳息则获得了独立性，成为独立物权主体。该孳息所有权在一般情况下由享有母物所有权人获得，在该母物作为质物出质的情况下，由占有该物的质权人收取该孳息。债权人可以自己收取自然孳息，在法定孳息的情况下，质权人应通知履行给付义务的债务人（次债务人）向其给付。债权人可获得该孳息占有，如果其没有履行这一通知义务，则次债务人可向债务人继续给付，且这一给付产生消灭

---

[1] Aberto Burdese, *Manuale di diritto privato romano*, Torino, UTET, 2000, p. 323.

债务的效力。

片断 Paul. Sent. 2. 13. 2. 中说的是，债权人-受托人将作为信托物的奴隶出租，其所获得的租金应归入对债权的部分清偿，因此债务总额减少。[1] 这里债权人的通知义务的目的是对第三人的保护，以避免双重给付义务的承担。债务人没有履行给付义务也不会使得债权人丧失对该孳息的收取权，否则这将对债权人非常不利，因为债权人不总是明知该附有义务的第三人是谁，或是很难对其进行通知。所以，正确的选择是，在没有通知的情况下，债权人对该孳息的收取权只是不享有对抗第三人的效力。第三人对债务人的给付有效，但该孳息仍然应作为对债权的担保物，即使其是在债务人手上。

但需要注意的是，当该质物是处于善意第三人处时，该质物产生的孳息和生产物将不会作为质物。[2] 正如片断 D. 20. 1. 1. 2. 中所揭示的。

> *Costituendo in pegno un fondo< senza consegna del possesso di esso, colui che lo costituiva > convenne espressamente che anche I frutti fossero in pegno. Il compratore del fondo che li abbia consumati in buona fede non sarà costretto, con l'azione Serviana in via utile, a restituirli al creditore pignoratizio: parve bene, infatti, che la condizione di cosa in pegno non si estiguesse nepurre per usucapione, poichè la questione del pegno è tenuta distinta dalla pretesa della proprieta; ciò è però differente riguardo ai frutti, perchè questi non furono mai del debitore.*

---

[1] Arnaldo Biscardi, *Appunti sulle garanzie reali in diritto romano*, Milano, 1976, p. 92.

[2] Paolo Frezza, *Le garanzie delle obbligazioni*, *II, corsi di diritto romano*, Padova, 1963, p. 193, nota 2.

第四章　行使担保物权的实体性条件

这一片断中说到将一块土地出质,但并没有交付该土地的占有,还由出质人耕种,非常明确的协议是土地孳息也是质物。该土地购买人善意地消费了孳息,将不会被塞维鲁扩用诉讼强制返还孳息给质权人。

需要区分的是在抵押情况下,该抵押权人只有在该物被扣押后才能收取孳息。片断 D. 20. 1. 16. 4. 为我们揭示出这一观点,即在该抵押物被争讼之后,抵押权人才可获得就该抵押物所产生的孳息。

Talora il giudice devedecidere anche dei frutti, cosiche condanni anche al pagamento dei frutti stessi fin dal tempo in cui fu cominciata la lite. Cosa dire, poi, se il fondo sia di un valore minore di quanto sia dovuto? Infatti, il giudice non può in alcun modo pronunciarsi in merito ai frutti anteriori, se non vi siano ancora e la cosa non sia sufficienti.

这一片断中说到法官还需要决定孳息,因此判决自诉讼开始起就计算应该给付的孳息。不论该土地的价值是否小于应给付的价值。事实上,法官不能以任何方式宣布之前的孳息也作为担保物。

罗马法上,受托人可基于其所有权获得所有孳息,不论是自然孳息或是法定孳息。但转移该信托物是出于担保的目的,因此要避免债权人不当得利,这些债权人所获得的孳息应抵偿其债权。[1] 在信托中,该收取孳息的权利是受托人享有的,先用于抵偿利息随后用于抵偿本金。[2]

如果质物是能产生孳息的,那么债权人被授权可收取孳息

---

[1] Arnaldo Biscardi, *Appunti sulle garanzie reali in diritto romano*, Milano, 1976, p. 91.

[2] Fritz Schulz, *Classical Roman Law*, Oxford, 1992, p. 418.

并保存孳息。孳息的价值用于减少或全部消灭债务。[1] 债权人应该将其所获得的孳息，不论是自然孳息还是法定孳息都归为已获得清偿的债权。[2] 债权人可收取孳息直到该债权消灭，因此收取孳息不但有利于维护债权人的利益，也有利于维护出质人的利益。[3] 当存在本金和利息时，孳息先用于消灭利息然后是本金。[4]

质物产生孳息，依公元3世纪时的法律规定，应以孳息依次抵销收取孳息的费用、利息、本金。在双方协议用孳息代替利息时，其实质为不动产典质（antichresis），[5] 即一方对出典物使用收益。正如《意大利民法典》第2791条规定，债权人可收取该物孳息，先抵偿收取费用，然后是利息，然后是本金。[6] 当然，当事人也可有相反约定。

四、损害赔偿金

（一）中国法上对损害赔偿金属于担保物范围的规定

抵押物灭失，对所获得的赔偿金或替代物，抵押仍然在这些物上成立，这是抵押权的物上代位性。我国法律明确规定，质物或抵押物的损害赔偿金作为担保物继续承担担保责任。原

---

[1] Fritz Schulz, *Classical Roman Law*, Oxford, 1992, p. 418.

[2] Arnaldo Biscardi, *Appunti sulle garanzie reali in diritto romano*, Milano, 1976, p. 102.

[3] Salvatore Tondo, Pignus e precarium, in *Labeo*, 5, 1959, p. 179.

[4] Fritz Schulz, *Classical Roman Law*, Oxford, 1992, p. 418.

[5] D. 20. 1. 11. 1. 缔结了不动产典质，即在土地或者建筑物上设立不动产典质，那么将保持质押的物品直到付清钱款为止。然而为了利息可取得孳息或租用或取得该物或自己居住。

[6] Piero Schlesinger, *Manuale di diritto privato*, diciottesima edizione, Milano, 2007, p. 423.

本的《担保法》第58条和《担保法解释》第80条都规定，抵押权因抵押物灭失而消灭。因灭失所得的赔偿金，应当作为抵押财产。原本的《担保法》第73条规定质权因质物灭失而消灭，因灭失所得的赔偿金，应当作为出质财产。2007颁布的《物权法》第174条规定，担保期间，担保财产毁损、灭失或者被征收等，担保物权人可以就获得的保险金、赔偿金或者补偿金等优先受偿。被担保债权的履行期未届满的，也可以提存该保险金、赔偿金或者补偿金等。同样，在2021年生效的《民法典》中依然坚持了《担保法》和《物权法》的立场，其在"担保物权"分编的"一般规定"中进行了统一规定，明确了担保物权的物上代位性及代位物的提存，《民法典》第390条规定："担保期间，担保财产毁损、灭失或者被征收等，担保物权人可以就获得的保险金、赔偿金或者补偿金等优先受偿。被担保债权的履行期限未届满的，也可以提存该保险金、赔偿金或者补偿金等。"也就是说，如果作为抵押物或质物的物毁损灭失了，则该获得的担保金和赔偿金应作为质物或抵押物，依照顺序清偿；如果原来担保物丧失而获得新物，则该新物也构成担保。

担保物替代物和替代性债权仍然作为担保物，这没有争议。保险公司的赔偿或是其他的赔偿或是补偿金都作为担保物。[1]《意大利民法典》同样规定，质押和抵押的功能是确保债权人能获得债权的满足，依照这一规则，处于质押或是抵押下的物灭失或是损毁的，获得的补偿金应该用于担保债权。[2] 大陆法系其他有关担保物灭失赔偿金取代担保物成为质物的规定，可参见《法国民法典》第2078条、《德国民法典》第1214条、《日

---

〔1〕《物权法》第174条，《担保法》第58、73条，《担保法解释》第80条。

〔2〕 Piero Schlesinger, *Manuale di diritto privato*, diciottesima edizione, Milano, 2007, p. 418.

本民法典》第342条和我国台湾地区民法方面有关规定第884条。大陆法系规定如果该物灭失有相应补偿或保险金,那么该补偿金或保险金将取代该物的位置,成为新的担保物,这一规定有其罗马法渊源。

(二) 罗马法上损害赔偿金作为担保物范围

罗马法上,认为担保物灭失所获得的赔偿金和补偿金,替代了担保物的位置,成为该债权的担保物。更进一步说,如果对该担保物进行了变更,则变更之后的物也是担保物。这一对担保物的改变不能损害该物价值,罗马法上很多片断都对此进行了论证。

D. 20. 1. 29. 2. *Si è bruciata una casa data in pegno e Lucio Tizio ne compro l'area e costruì, si è posta la questione sulla sorte del diritto di pegno. Paolo diede il responso che il potere di persecuzione giudiziale del pegno permane e per tanto si considera che la condizione di diritto si trova il suolo prosegua quale era, cioè con il dritto di pegno, ma che il possessore di buona fede non sono costretti a consegnare l'edificio ai creditori altrimenti che se abbiano ricevuto le spese erogate per la costruzione, nella misura del maggior valore conferito alla cosa.*

该片断中明确说明,一个人烧毁了用于质押的房屋,该房屋是提其奥 (Tizio) 购买了土地并建造的,这就提出质权风险的问题。保罗答复道,质权的法律执行力还存在,因此认为该权利存在于该房子曾所在的土地上,即在土地之上还存在质权,但善意所有人不承担将后建成的建筑物交付给质权人的义务,除非其之前获得了提供给重建房子的费用。意思是以该房屋设立质押,该房屋所占的土地是该债务人的,虽然该房屋烧毁了,但是可以认为这土地之上仍然存在质权,且如果是以该烧毁房屋的损害赔偿金重新建造了房屋,则应认为该新建造的房屋也

第四章 行使担保物权的实体性条件

处于质押之下,也是质物。

D. 20. 1. 35. pr. *Labeone nel libro primo degli enunciati plausibili epitomati da paolo. se un casamento, che ti era lecito vendere in virtù di un patto ipotecario, si è incendiato e poi, è stato ricostuito dal debitore a proprie spese, sul nuovo casamento avrai lo stesso diritto.*

该片断说到,一个房子,抵押给你,你可以合法出卖;之后房子被烧,债务人用自己的钱款重新建造,那么对新的房子你有同样的权利。

D. 20. 1. 16. 2. *Se la cosa data in ipoteca in seguito sia stata nutata, ugualmente competerà l'azione ipotecaria, come quando sia stata data un' ipoteca sella casa e questa poi fu trasformata in giardino; parimenti, se si convenne su un suolo e vi fu costruita una casa; parimenti, se fu data su un terreno e poi in esso fu piantato un vegneto.*

该片断中肯定了,如果抵押物随后发生改变,抵押之诉同样能适用。抵押物随后发生改变,就像是将一个房子作为抵押物,而后该房子被改造成花园;同样如果就一块土地抵押达成协议,之后其上建成一个房子;或将一块土地抵押,而之后该土地上种植了葡萄变成了葡萄园。在这样的情况下,该变更了的物都应该作为担保物。

五、添附

添附包括财产的附和、混合和加工。担保物权效力是否扩展到添附之中,这取决于添附后的物的所有权是由谁获得。[1] 原本的《担保法解释》第 62 条规定:"抵押物因附合、混合或者加工使抵押物的所有权为第三人所有的,抵押权的效力及于

---

[1]《担保法解释》第 62 条,江西省高级人民法院 2004 年 1 月 7 日判决。

补偿金;抵押物所有人为附合物、混合物或者加工物的所有人的,抵押权的效力及于附合物、混合物或者加工物;第三人与抵押物所有人为附合物、混合物或者加工物的共有人的,抵押权的效力及于抵押人对共有物享有的份额。"这一规定明确揭示,在添附情况下该添附物所有权归属对担保权人担保权产生影响。《民法典》中并未统一规定担保物的添附问题。仅在第417条规定了抵押权对新增建筑物的效力。[1]

罗马法上将添附分为几种情况,从不同角度、不同类标准可以做出以下区分:一种分类方法是可将添附分为主物和从物。说到添附的统一概念,传统观点是两个所有权主体不同的物结合在一起,一个物称为主物,另一个物称为从物。从物所有权归主物所有权人享有。[2] 罗马法上决定添附物所有权的归属应遵从主物和从物的区分,主物所有权人获得该添附物整体的所有权,确定主物标准应按照社会经济功能来判断。另一需要考虑的问题是附属物所有权的丧失应该得到补偿,主物所有权人成为整个物的所有权人,其应该补偿附属物的所有权人。[3]

罗马法上对于添附的另一种分类方法是以添附物性质来区分:一是不动产附和于不动产。片断 D. 13. 7. 18. 1. *Se sia stata data in pegno la nuda proprietà, usufrutto, che vi si accresca successivamente, sarà altresi in pegno: il fondamento è il medesimo di quello relativo all'alluvione.* 中讨论的情况是土地由于附和而增加。如

---

[1]《民法典》第417条:建设用地使用权抵押后,该土地上新增的建筑物不属于抵押财产。该建设用地使用权实现抵押权时,应当将该土地上新增的建筑物与建设用地使用权一并处分。但是,新增建筑物所得的价款,抵押权人无权优先受偿。

[2] Aberto Burdese, *Manuale di diritto privato romano*, Torino, UTET, 2000, p. 324.

[3] Aberto Burdese, *Manuale di diritto privato romano*, Torino, UTET, 2000, p. 325.

果是以土地所有权或是用益权作为质物,当该土地价值增加或由于洪水致使土地面积增加,添附进了其他部分时,该部分也作为质物。二是动产附和于不动产,由土地所有权人获得这一附和物所有权,例如将种子播种入土地。[1] 罗马法上与现代法上存在不同的是,在土地上建造的房屋,依照古典法学家确认的自然法一般原则,地上的物归土地所有者,所以,该土地所有权人获得土地上建筑物的所有权。[2] 三是动产附和于动产,例如书法,绘画等,颜料吸收画布,由创作者取得画布的所有权。

我国法律上的主要争议是土地和建筑物间的附和,或者说土地和建筑物设立担保应如何判断其担保物范围,如何确定其担保效力范围的问题。我们从分析我国法律上的规定和存在问题入手,以罗马法上有关土地和建筑物关系的相关片断为切入点,考察罗马法上有关担保物添附的相关处理办法从而为我国实物担保法律制度中应如何更好地规范土地与建筑物间关系提供可供借鉴的域外法律经验。

(一) 中国法上有关土地使用权和房屋添附是否作为担保物的规定

我国有关担保物添附的特殊情况是土地使用权和土地之上建筑物添附的问题。我国坚持社会主义公有制,个人不享有土地所有权,有关土地的担保实际上是在土地使用权上设立抵押,而不是以该物所有权作为担保物,这是中国社会主义公有制的特色。原本的《担保法》第34条第1款第3项规定:抵押人依法有权处分的国有土地使用权、房屋和其他地上定着物可以作

---

[1] Aberto Burdese, *Manuale di diritto privato romano*, Torino, UTET, 2000, p.324.
[2] Aberto Burdese, *Manuale di diritto privato romano*, Torino, UTET, 2000, p.324.

为抵押的财产。[1]《民法典》[2]中列明的可抵押的财产的类型中包括了"①建筑物和其他土地附着物;②建设用地使用权";并且还明确排除了可抵押的财产中包括了"土地所有权"[3];由此可见,我国法律规定了土地使用权可作为担保物,土地上房屋也可作为担保物,并非像其他大陆法系国家一样以土地所有权作为抵押物。这一有关担保物权的特殊规范是由中国特殊的土地所有权制度决定的。[4] 因为在中国现行社会主义公有制经济体系之下,国家或集体才享有土地所有权,私人只享有土地使用权。在这样的情况下,对于土地使用权和土地上房屋间的关系,我国法律确定了"房随地走、地随房走"原则。

针对我国特殊的土地制度,在土地使用权之上设立担保也体现出其特殊性,总结来看可以表述为"房随地走,地随房走"。相应的规范体现在:其一,原本《担保法》第36条规定:"以依法取得的国有土地上的房屋抵押的,该房屋占用范围内的

---

[1]《担保法》第37条规定了不得抵押的财产有土地所有权,耕地、宅基地、自留地、自留山等集体所有的土地使用权等。

[2]《民法典》第395条关于抵押财产的范围:债务人或者第三人有权处分的下列财产可以抵押:①建筑物和其他土地附着物;②建设用地使用权;③海域使用权;④生产设备、原材料、半成品、产品;⑤正在建造的建筑物、船舶、航空器;⑥交通运输工具;⑦法律、行政法规未禁止抵押的其他财产。抵押人可以将前款所列财产一并抵押。

[3]《民法典》第399条关于禁止抵押的财产范围:下列财产不得抵押:①土地所有权;②宅基地、自留地、自留山等集体所有土地的使用权,但是法律规定可以抵押的除外;③学校、幼儿园、医疗机构等为公益目的成立的非营利法人的教育设施、医疗卫生设施和其他公益设施;④所有权、使用权不明或者有争议的财产;⑤依法被查封、扣押、监管的财产;⑥法律、行政法规规定不得抵押的其他财产。

[4] Aldo Petrucci, La legge sulla garanzia delle obbligazioni della repubblica popolare cinese, una prima analisi, in *Diritto Commercio Internazionale*, n. 10. 4, 1996, p. 878.

国有土地使用权同时抵押。以出让方式取得的国有土地使用权抵押的,应当将抵押时该国有土地上的房屋同时抵押。"其二,《物权法》第182条规定,以建筑物抵押的,该建筑物占用范围内的建设用地使用权一并抵押。以建设用地使用权抵押的,该土地上的建筑物一并抵押。抵押人未依照前款规定一并抵押的,未抵押的财产视为一并抵押。其三,在《民法典》中依然延续了《物权法》上的一并抵押规则,其在第397条规定了建筑物与建设用地使用权同时抵押的规则。但《民法典》第417条中对于土地使用权设立抵押之后新增的房屋做出了例外规定,"建设用地使用权抵押后,该土地上新增的建筑物不属于抵押财产",只是在实现抵押权时依然坚持房随地走的原则,要求"应当将该土地上新增的建筑物与建设用地使用权一并处分",只是由于该建筑物是新增的,因此抵押设立的当时其效力并未及于该建筑物,故其并不应纳入抵押财产的范畴,"新增建筑物所得的价款,抵押权人无权优先受偿"。[1]

(二) 中国相关规定存在的问题

之前《担保法》第36条和《物权法》第182条所规定的"房随地走、地随房走"的原则,土地使用权和土地上房屋抵押的效力自动扩展,这一规定是否合理?针对我国法律上的这一规定,存在很多争议。总体而言,有以下几种代表性的观点:

其一,自动扩展说。一些学者认为从我国法律规范可推断,建筑物所有权或土地使用权即使单独设立抵押,抵押效力自然扩展。依照"房随地走、地随房走"的原则,抵押效力自然扩

---

[1] 《民法典》第417条关于抵押权对新增建筑物的效力:建设用地使用权抵押后,该土地上新增的建筑物不属于抵押财产。该建设用地使用权实现抵押权时,应当将该土地上新增的建筑物与建设用地使用权一并处分。但是,新增建筑物所得的价款,抵押权人无权优先受偿。

展到另一没有设立抵押的部分,这可被定义为法律强制的共同抵押。其二,分别设立抵押无效说。另一些学者认为如果在土地使用权和土地上的建筑物上分别设立抵押,这一抵押协议无效。因为每个国家有关物权的规范都是强制性规范,应遵循物权法定原则,不允许任意约定和变更。《担保法》《物权法》和《土地管理法》都规定了建筑物和土地使用权应一起设立抵押,不可违背这一强制性规定。其三,效力不扩展但一并变卖说。还有学者认为抵押有效,但不扩展到其他部分,仅在土地使用权或建筑物上设立抵押。抵押物的出卖应该扩展到另一部分,应该将土地使用权和地上建筑物一起出卖,但出卖获得的另一部分价金没有优先受偿的权利。

学界争议尚未取得一致意见,我国有关土地使用权和房屋抵押的相关规定存在一定的局限性,并不能解决"房随地走、地随房走"原则所带来的问题。如果该债务人将土地使用权和房屋为不同债权人设立抵押,且在不同部门做了登记,那么这两个抵押是否都有效?如何确定两个抵押的效力范围?是否存在两个竞合的抵押权?各个抵押权人如何行使其变卖权?此外,在 2014 年颁布的《不动产登记暂行条例》[1]实施之前,我国有关土地和房屋抵押登记的法律规定存在不明确、不统一之处,各个地方有关土地使用权和房屋抵押登记的规定不一致。实践中也存在登记机关不统一、重复登记等问题。比如,《担保法》第 42 条规定的办理抵押物登记的部门如下:①以无地上定着物的土地使用权抵押的,为核发土地使用权证书的土地管理部门;

---

[1]《不动产登记暂行条例》(2019 年修正)第 6 条第 2 款规定:县级以上地方人民政府应当确定一个部门为本行政区域的不动产登记机构,负责不动产登记工作,并接受上级人民政府不动产登记主管部门的指导、监督。目前,各地均已设立统一的不动产登记中心。

②以城市房地产或者乡（镇）、村企业的厂房等建筑物抵押的，为县级以上地方人民政府规定的部门；③以林木抵押的，为县级以上林木主管部门；④以航空器、船舶、车辆抵押的，为运输工具的登记部门；⑤以企业的设备和其他动产抵押的，为财产所在地的工商行政管理部门。依照《担保法解释》第60条的规定，以《担保法》第42条第2项规定的不动产抵押的，县级以上地方人民政府对登记部门未作规定，当事人在土地管理部门或者房产管理部门办理了抵押物登记手续，人民法院可以确认其登记的效力。对于建筑物设立抵押的登记，《担保法》第42条第2项规定由县级以上人民政府确定登记部门。《担保法解释》第60条规定既可在土地管理部门登记也可在房管部门登记，这为土地使用权和土地上房屋所有权分别为不同主体设立抵押埋下隐患。当事人就土地使用权和土地上建筑物分别设立了抵押，并分别进行了登记，由于登记机关不统一，信息又相互不融通，分别登记的情况时有发生，给实践中带来了难以解决的矛盾。

《担保法》及其司法解释有关土地使用权和房屋抵押登记的混乱规定违反了物权领域的公示公信原则，因为第三人无从知悉该房产或土地上权利设定情况，因为没有一个统一的渠道和方式规范不动产抵押登记。造成实践中登记混乱，当事人查询不易，且交易成本极高。

但对于土地之上新建造的建筑物，我国法律自《担保法》以来的规定均为不能成为抵押权的客体。《担保法》第55条第1款规定，城市房地产抵押合同签订后，土地上新增的房屋不属于抵押物。需要拍卖该抵押房地产时，可依法将该土地上新增的房屋与抵押物一同拍卖，但对拍卖新增房屋所得，抵押权人无权优先受偿。《物权法》第200条规定，建设用地使用权抵押后,该土地上新增建筑物不属于抵押财产。该建设用地使用权实现抵押权时,应将该土地上新增建筑物与建设用地使用权一并处分,但新增建筑物所得的价款,抵押权人无权优先受偿。《民法典》同样秉持了一贯的立场,在第417条[1]排除了土地使用权设立抵押之后地上新增建筑物亦成为抵押财产。但对于设立抵押之时已经存在的建筑物,《民法典》仍然坚持"房随地走,地随房走"的立法取向,其在第397条规定:"以建筑物抵押的,该建筑物占用范围内的建设用地使用权一并抵押。以建设用地使用权抵押的,该土地上的建筑物一并抵押。抵押人未依据前款规定一并抵押的,未抵押的财产视为一并抵押。"

提出的疑问是,如果该房屋也是债务人所有的财产,为何新增房屋不作为抵押财产,但在以土地使用权设立抵押对于该土地上原有的房屋即使设立时没有约定是抵押财产,但法律规定应作为抵押财产,这样的区分规定的法律基础何在?法律规定需要将土地使用权和土地上建筑物所有权一起拍卖以实现担保物权,这可以理解,因为我国法律规定土地使用权和房屋所有权的主体应该同一。我国法律只是想要土地使用权主体和建筑物主体一致,规定应该同时变卖给一个主体。这与中国特殊的经济体制、特殊的土地制度相关,因为在中国私人没有土地所有权,而只有土地使用权。[2]

从《担保法》到《物权法》再到《民法典》都一一确认

---

[1]《民法典》第417条关于抵押权对新增建筑物的效力:建设用地使用权抵押后,该土地上新增的建筑物不属于抵押财产。该建设用地使用权实现抵押权时,应当将该土地上新增的建筑物与建设用地使用权一并处分。但是,新增建筑物所得的价款,抵押权人无权优先受偿。

[2] Aldo Petrucci, La legge sulla garanzia delle obbligazioni della repubblica popolare cinese, una prima analisi, in *Diritto Commercio Internazionale*, n. 10.4, 1996, pp. 878-879.

了，抵押人依法有权处分的国有土地使用权、房屋和其他地上定着物作为担保物的范围；准确地说，在国有土地之上建造的建筑物上设立抵押的，该抵押权扩展到该国有土地使用权上。同样的，在该国有土地使用权上设立抵押的也扩展到该建筑物上。我国法律实际区分该建筑物是土地使用权设立抵押之前就存在于该土地上的，还是在之后才存在于该土地上的。但直接违背当事人意愿将效力扩展到另一部分，这一规定存在不合理之处。

就之前《担保法》第 36 条的规定来看，以依法取得的国有土地上的房屋抵押的，该房屋占用范围内的国有土地使用权同时抵押。以出让方式取得的国有土地使用权抵押的，应当将抵押时该国有土地上的房屋同时抵押。乡（镇）、村企业的土地使用权不得单独抵押。以乡（镇）、村企业的厂房等建筑物抵押的，其占用范围内的土地使用权同时抵押。该规定前两款没有规定不得单独抵押，只规定了如果单独抵押则效力扩展。《担保法》第 36 条第 3 款做出了一些改变，说到乡（镇）企业抵押时，不允许单独抵押，对于在其上的厂房等建筑物的抵押，确定了这一一般原则，将抵押扩展到相关土地使用权上。[1] 在《民法典》[2]中仍然保持了对乡（镇）、村企业的建设用地使用权抵押限制，要求其不得单独抵押，以其上房屋抵押的，效力扩及房屋占有范围内的建设用地使用权。

在之前的司法实践中，最高人民法院的典型判决[3]涉及这

---

[1] Aldo Petrucci, La legge sulla garanzia delle obbligazioni della repubblica popolare cinese, una prima analisi, in *Diritto Commercio Internazionale*, n. 10. 4, 1996, p. 879.

[2] 《民法典》第 398 条关于乡镇、村企业的建设用地使用权抵押限制：乡镇、村企业的建设用地使用权不得单独抵押。以乡镇、村企业的厂房等建筑物抵押的，其占用范围内的建设用地使用权一并抵押。

[3] 最高人民法院 2002 年 8 月 20 日判决。

一问题。甲和乙达成协议,甲将自己的建筑物以及该建筑物所占的土地使用权为乙设立抵押,但是其仅就土地使用权抵押进行了登记。在这一判决中我们可以分析出以下三个方面结论:其一,最高人民法院承认了抵押是可在土地使用权和土地上的建筑物上一并设立的。这里只是登记了土地使用权的抵押,但是效力扩及另一部分。其二,在该建筑物属于第三人的情况下,此抵押的效力不会扩展至建筑物上。其三,如果抵押是无效的,当事人按照自己的过错承担责任。[1] 在最高人民法院的另一个判决中,甲将自己的房屋为乙设立抵押,仅在城市房屋管理部门登记了,法院承认了这一抵押的效力扩展至该房屋所占的土地使用权之上。乙可要求一起变卖该房屋和土地使用权,可以获得价金优先受偿。

无论是《担保法》《物权法》,还是最新的《民法典》中均确定了在变卖权行使的时候不能改变集体土地的最初用途。这一规定带有强烈中国特色,一定程度上有碍变卖权的行使,使得权利人很难行使变卖权实现自己的权利,也阻碍了担保物权的发展。中国现行的规定中存在着绝对性,不利于对物权的保护和对物的最大化利用,也不利于促进交易和经济发展。[2] 如

---

[1] 1997年《中华人民共和国城市房地产管理法》(已被修改)第31条规定:"房地产转让、抵押时,房屋的所有权和该房屋占用范围内的土地使用权同时转让、抵押。"中华人民共和国建设部1997年10月27日颁布的《城市房屋权属登记管理办法》(现已失效)第6条规定:"房屋权属登记应当遵循房屋的所有权和该房屋占用范围内的土地使用权权利主体一致的原则。"中华人民共和国土地管理局1992年3月8日颁布的《划拨土地使用权管理暂行办法》(现已失效)第11条第1款规定:"转让、抵押土地使用权,其地上建筑物、其他附着物所有权随之转让、抵押;转让、抵押地上建筑物、其他附着物所有权,其使用范围内的土地使用权随之转让、抵押。但地上建筑物、其他附着物作为动产转让的除外。"

[2] 徐武生:《担保法理论与实践》,工商出版社1999年版,第221页。

果已经附和的财产又分离的话,那么抵押的效力是否还存在于这一已经分离的部分之上?这取决于这一分离是自然的还是人为的。[1]

(三) 罗马法上有关土地和地上建筑物设立抵押的规定

添附是质物的自然增长,例如冲积、添附等,或是法定增长,如在他人之物之上的权利,该质物生产的物都会受到质押关系约束,作为质物的范围。例如女奴所生的奴隶作为担保物范围。[2]罗马法上确认,如果一个单一的物被设立为质押,那么该物的增加部分也作为质押物,就像是一块土地因为洪水而增加,那么该土地作为质押物。如果一个商店或是仓库作为质押物,那么所有商品也作为质押物,不论其中一些物品被出卖了或是又买进一些物品。[3]

片断 D. 20. 1. 16. pr. *Marciano*, *libro unico alla formula ipotecaria*. *Se sia stato dato in ipoteca un fondo e poi si è incrementato a causa di alluvione, sarà vincolato tutto*. 说的便是,如果将一块土地抵押,此后该土地由于洪水冲击而有所增长,那所有的土地都作为质物。同样片断 D. 20. 1. 21. 2. *Tutto ciò che, con vantaggio o svantaggio, fortuitamente accedette al pegno, spetta al debitore*. 中更为明确地说到该物发生无论是有利还是有害,意外添加给质物的,归债权人。

对于土地和建筑物间关系,罗马法上把建筑物附属于土地

---

[1] Shi shangkuan, *Il trattato sui diritti reali*, Editrice CUPL, 2000, p. 278. 史尚宽:《物权法论》,中国政法大学出版社2000年版,第278页。

[2] Paolo Frezza, *Le garanzie delle obbligazioni*, II, *corsi di diritto romano*, Padova, 1963, p. 193, nota 2.

[3] William Smith, *D. C. L, LL. D.*: *A Dictionary of Greek and Roman Antiquities*, London, 1875, pp. 915-918.

看作动产附属于不动产，所以不动产所有权人获得该物的所有权。在罗马法上只将土地看作不动产，将房屋看作是由动产建筑材料所构建的物，看作动产。按照"土地吸附一切"的原则，土地所有权人获得该物所有权。

罗马法上实际土地和建筑物的所有权是不能分开的，应该作为一并处分的客体，不会属于两个不同主体。如果将土地设立抵押，那么房屋同样也处于抵押之下；或是将房屋设立抵押，那么该房屋所占的土地也处于抵押之下，不需要当事人明确约定土地和房屋同时处于抵押之下，土地和房屋实际是单一所有权客体。

片断 D. 13. 7. 21. *Lo stesso Paolo, nel libro sesto Dei brevi commentari all'editto. Quando sia data in pegno una casa, sarà vincolata pure l'area: questa, infatti, è parte di essa. E nel cosa contrario, l'edificio seguira il diritto del suolo.* 中明确解释出罗马法上"房随地走、地随房走"的原则，即如果以房屋设立抵押，那么房屋所占的土地也是抵押物，事实上，房屋是土地的部分。相反情况，如果以土地出质，则房屋也是随着土地。

D. 20. 1. 29. 2. *Si è bruciata una casa data in pegno e Lucio Tizio ne comprò l'area e costruì, si è posta la questione sulla sorte del diritto di pegno. Paolo diede il responso che il potere di persecuzione giudiziale del pegno permane e per tanto si considera che la condizione di diritto si trova il suolo prosegua quale era, cioè con il dritto di pegno, ma che il possessore di buona fede non sono costretti a consegnare l'edificio ai creditori altrimenti che se abbiano ricevuto le spese erogate per la costruzione, nella misura del maggior valore conferito alla cosa.*

在这一片断中，一个人烧毁了处于抵押下的房屋，该房屋是 Tizio 购买了土地并建造的，这就提出一个有关抵押物风险的问题。保罗答复道，抵押权的法律执行力还存在，因此认为该权利存在于该房子曾所在的土地上,即在此还存在抵押权,但善意所有人不承担将后建成的建筑物交付给抵押权人的义务,除非其之前获得了提供给重建房子的费用。

罗马法上对于土地和建筑物关系,在《十二表法》中规定了实际该建筑物所有权属于该土地所有权人,禁止要求返还建筑物材料所有权,为此不能分离用于建造的木材。[1] 所以,罗马法上实际是土地作为不动产吸收一切,即该土地的所有权人获得该土地上建筑物所有权。

这对现代法的启示是,不会出现两个不同主体互相阻碍行使权利,阻碍物的流通和处分、不利于经济发展。罗马法上的做法应用到中国法上还省去了登记机关不统一的麻烦。但在中国需面对的现实问题是,基于社会主义公有制形式,个人并不享有该土地所有权,而只是使用权,所以很难适用罗马法上的土地吸附一切原则。由于不能因为享有该土地附有期限的使用权而享有该土地之上永久的房屋所有权,所以罗马法上的经验在中国很难得到贯彻和落实。

实际上,罗马法上的解释更为合理,我们只能说建筑物添附于土地,不能认为是土地添附于建筑物,所以认为建筑物添附于土地是动产添附于不动产十分正确,将建筑物在建造时看作是动产材料的添附,且由不动产所有权人获得该动产所有权是恰当的。这样可以回答土地和土地上建筑物设立抵押时的一系列的问题,例如土地设立抵押之前就存在的或是设立抵押之后建造的建筑物都应该归为担保物的范围,因为其是作为土地的一部分。造成担保物权制度中的担保物权设立、效力、行使中的与众不同之处的原因在于我国坚持社会主义公有制,没有

---

[1] Aberto Burdese, *Manuale di diritto privato romano*, Torino, UTET, 2000, p. 324.

赋予私人以土地所有权。

六、担保物的排除

(一) 中国法上仅规定特定物不能成为担保物

我国法律仅仅存在排除特定物属于担保物范围的规定,主要从该物性质角度出发,排除一些与公共利益相关的物作为担保物资格。如之前的《担保法》第37条规定:"下列财产不得抵押:①土地所有权;②耕地、宅基地、自留地、自留山等集体所有的土地使用权,但本法第34条第5项、第36条第3款规定的除外;③学校、幼儿园、医院等以公益为目的的事业单位、社会团体的教育设施、医疗卫生设施和其他社会公益设施;④所有权、使用权不明或者有争议的财产;⑤依法被查封、扣押、监管的财产;⑥依法不得抵押的其他财产。"原本的《物权法》第184条规定:"下列财产不得抵押:①土地所有权;②耕地、宅基地、自留地、自留山等集体所有的土地使用权,但法律规定可以抵押的除外;③学校、幼儿园、医院等以公益为目的的事业单位、社会团体的教育设施、医疗卫生设施和其他社会公益设施;④所有权、使用权不明或者有争议的财产;⑤依法被查封、扣押、监管的财产;⑥法律、行政法规规定不得抵押的其他财产。"《民法典》上的规定与《担保法》和《物权法》的规定一样,[1] 只规定了与公共利益相关的物,或者是所有权或使用权不明或有争议的物,或者是被扣押、处于裁判中

---

[1]《民法典》第399条关于禁止抵押的财产范围:下列财产不得抵押:①土地所有权;②宅基地、自留地、自留山等集体所有土地的使用权,但是法律规定可以抵押的除外;③学校、幼儿园、医疗机构等为公益目的成立的非营利法人的教育设施、医疗卫生设施和其他公益设施;④所有权、使用权不明或者有争议的财产;⑤依法被查封、扣押、监管的财产;⑥法律、行政法规规定不得抵押的其他财产。

的物,法律排除的其他物,不能成为担保物权的客体,[1] 并没有从对债务人基本的人道主义关怀角度对此进行规定。

(二) 罗马法上排除特定物不能成为担保物

罗马法上并没有强调与公共利益相关的物不能成为担保权客体,而是从对债务人人道主义关怀角度出发,强调债务人个人生活用品、与其情感密切相关的物不能成为担保物。正如罗马法上所强调,债务人即使是以其所有财产出质,也要排除其日常生活个人生活用品,例如日常衣服等。[2] 罗马法上的一系列片断排除了特定物不能成为担保物,债权人不能行使变卖权,变卖该物以获得的价金优先受偿。

D. 20. 1. 6. *Ulpiano, nel libro settantatressimo all'editto. Nel vincolo generale <in pegno> delle cose che uno già aveva o avrebbe avuto, non veranno comprese quelle che verosimilmente uno non avrebbe specificamente vincolato <in pegno>, come la suppelettile; parimenti vanno lasciati al debitore la veste e tra i servi, quelli che utilizzerà purchè appaia certo che non li avrebbe dati in pegno. ed anche per le cose del tutto necessarie alla sua attività o che concernano i suoi affetti.*

这一片断中,关于质押总的约束力,一些虽然属于该债务人的物,但这些物与债务人日常生活、情感相关,应该排除。例如该片断中所提出的债务人的家具、衣服等,以及与债务人生活的必需品,或有关其情感的物品都应排除质押物的范围。

D. 20. 1. 7. *Paolo, nel libro settantottossimo all'editto. O anche per*

---

[1] Aldo Petrucci, La legge sulla garanzia delle obbligazioni della repubblica popolare cinese, una prima analisi, in *Diritto Commercio Internazionale*, n. 10. 4, 1996, p. 879.

[2] F. La. Rosa, La protezione interdittale del pignus e l'actio serviana, in *Studi in onore di C. Sanfilippo*, VII, Milano, 1987, p. 294.

le cose che sono considerate di uso quotidiano non compete l'azione serviana.

这一片断中，法学家保罗认为对于那些被认为是日常使用的物品也不受塞维鲁诉讼约束。明确将债务人日常生活所需要的物品排除出质物范围，这一规定是法律规定，不需要当事人事先约定排除这些物不属于担保物范围。

罗马法学家勒拉其奥（Nerazio）说即使是默示协议质押，也排除个人生活必需品。当然与债务人有感情紧密相关的物也应排除，例如与债务人有特殊感情的奴隶，比如是债务人的姘妇的女奴等。

D. 20. 1. 8. *Ulpiano, nel libro settantatressimo all'editto. Inoltre fu certo che nell'obbligazione generale in pegno non rientrino la serva concubine, i figli naturali servi, i giovani servi propri allievi ed eventuali altri sottoposti di uguale natura.*

乌尔比安在这一片断中也认为即使是债务人与债权人约定，以其所有物设立担保，那也不包括作为情妇的奴隶、作为奴隶的自然家子、作为自身学徒的年轻奴隶和其他可能具有同样性质的下属。这些物被认为是与债务人情感紧密连接，实际上已经超出了普通物的性质，应排除出担保物范围。出于对相关主体的人道主义关怀，在任何的情况下，人总要超越于物和利益。我们认为对财产的总的质押中也是会排除有关人生活的日常用品，如衣服、家具等。[1] 即使是以该债务人所有的物设立担保，对担保协议中担保物范围的确定，有些物品应排除在外，并不是所有属于债务人所有的物品都是担保物。例如，日常生活所用的家具、为债务人人身提供某项服务的奴隶、债务人特

---

［1］ F. La. Rosa, La protezione interdittale del pignus e l'actio serviana, in *Studi in onore di C. Sanfilippo*, VII, Milano, 1987, p. 295.

别喜爱的有个人情感的奴隶、债务人劳动的工具等,这些都不能作为担保物。[1]

七、浮动抵押中对抵押物范围的确定

我国自《物权法》以来已经承认浮动抵押制度,《物权法》在其第 181 条明确规定,经当事人书面协议,企业、个体工商户、农业生产经营者可以将现有的以及将有的生产设备、原材料、半成品、产品抵押,债务人不履行到期债务或者发生当事人约定的实现抵押权的情形,债权人有权就实现抵押权时的动产优先受偿。《民法典》延续了《物权法》上对于浮动抵押的规定,其在第 396 条规定:"企业、个体工商户、农业生产经营者可以将现有的以及将有的生产设备、原材料、半成品、产品抵押,债务人不履行到期债务或者发生当事人约定的实现抵押权的情形,债权人有权就抵押财产确定时的动产优先受偿。"

在浮动抵押中,首要问题是如何确定该抵押财产范围,这是行使变卖权前提。因为浮动抵押中抵押财产不确定,在浮动担保确定"结晶"之前一直处于变动状态,浮动抵押人仍然可进行正常经营活动,处分其财产,这正是浮动担保制度的价值所在。

对此,原本的《物权法》第 196 条规定了浮动抵押财产确定的情形,《民法典》亦沿袭了原本《物权法》上的规定,其第 411 条规定了浮动抵押财产的确定:"依据本法第 396 条规定设定抵押的,抵押财产自下列情形之一发生时确定:①债务履行期限届满,债权未实现;②抵押人被宣告破产或者被解散;③当事人约定的实现抵押权的情形;④严重影响债权实现的其

---

[1] Paolo Frezza, *Le garanzie delle obbligazioni*, *II*, *corsi di diritto romano*, Padova, 1963, p. 171.

他情形。"

  罗马法上也有关于浮动抵押的片断。债务人以其商店或仓库设立抵押，该抵押人仍然可以进行正常经营活动，只在相关事由发生时，抵押权人可行使其变卖权时，抵押财产才能确定。

  D. 20. 1. 34. pr. *Scevola, nel libro ventisettesimo dei Digesti. Avendo un debitore dato in pegno al creditore una bottega, si è posta la questione, se con quell'atto non abbia compiuto nulla o si consideri che con la denominazione di bottega abbia convenuto quelle merci e ne abbia comprato altre e le abbia portato in questa bottega e poi sia deceduto, il creditore potrebbe chiedere con l'azione ipotecaria tutto ciò che si trova lì, sebbene le specifiche concrete merci siano cambiati o siano state introdotte altre merci? Il giurista diede il responso：si considera essere vincolato in pegno tutto ciò, che è stato trovato nella bottega al momento della morte del debitore.*

  这一片断中，法学家切沃拉说，一个债务人将其商店向债权人设立抵押，这就提出一个问题：依据这一以商店设立抵押的协议，应认为抵押物不包括该商店中的任何东西，还是认为依据商店的定义，应包括商店中的商品，该债务人可买入或卖出任何商品？债权人是否可以抵押之诉就该商店中所有商品请求行使变卖权、实现担保物权？虽然其中具体商品已经带入、带出进行更换。法官答复道，处于抵押下的物是在债务人死亡时商店中所有的物，该片断认可了债务人对该商店中的物的处分，认可了浮动抵押制度。以该债务人的死亡作为"结晶"的事件，确定了担保物的范围。

第五章
行使担保物权的程序

担保物权的实现指,债务到期没有获得清偿时,债权人可行使变卖权,变卖该担保物并就获得价金优先受偿。优先权是优先于其他没有担保物权的债权人获得满足。可以说担保物权实现是通过变卖权行使这一程序所达成的结果。变卖权的行使程序是指变卖该担保物给第三购买人,使其获得该物所有权的法律制度,第三购买人通过担保权人的变卖获得了该物的所有权。[1] 变卖该物的程序,实际影响实体权利的实现,在此有必要探讨债权人如何行使变卖权。担保物权具有处分性,权利人可直接处分该担保物,不需要其他人协助,这是担保物权的性质与债权的不同之处。[2] 也有学者认为,优先权(变卖权)作为程序性权利,只能请求执行机关才能执行。[3] 在此涉及两种不同行使变卖权、实现担保物权模式,即自力救济和公力救济模式。

---

[1] Alberto Burdese, *Lex commissoria e ius vendendi nella fiducia e nel pignus*, Torino, 1949, p. 222.

[2] Rubino Gaetano, *La responsabilità patrimoniale, il pegno, i privilegi*, Torino, 1952, p. 188.

[3] Rubino Gaetano, *La responsabilità patrimoniale, il pegno, i privilegi*, Torino, 1952, p. 185.

第一节　中国法上行使担保物权的程序

一、当事人有关变卖权行使程序的约定优先

我国法上，对于担保物权的实现方式，一以贯之的首先坚持意思自治，担保人可以和担保权人协商确定就担保物优先受偿的方式。如原本的《担保法》第 53 条第 1 款规定：债务履行期届满抵押权人未受清偿的，可以与抵押人协议以抵押物折价或者以拍卖、变卖该抵押物所得的价款受偿。《物权法》第 195 条第 1 款规定：债务人不履行到期债务或者发生当事人约定的实现抵押权的情形，抵押权人可以与抵押人协议以抵押财产折价或者以拍卖、变卖该抵押财产所得的价款优先受偿。协议损害其他债权人利益的，其他债权人可以在知道或者应当知道撤销事由之日起一年内请求人民法院撤销该协议。《民法典》第 410 条第 1 款规定：债务人不履行到期债务或者发生当事人约定的实现抵押权的情形，抵押权人可以与抵押人协议以抵押财产折价或者以拍卖、变卖该抵押财产所得的价款优先受偿。

由此可见，我国法上，首先承认当事人意思自治，债权人与债务人之间的协议具有优先性，可约定担保物权实现方式或约定变卖权行使方式。法律不会强制干涉当事人自由，当事人可自由决定变卖权行使程序。如果这一协议损害其他债权人的利益，其他债权人可请求人民法院撤销这一协议，相比于《物权法》在担保物权中特别规定这一撤销权的行使期间"其他债权人可以在知道或者应当知道撤销事由之日起一年内请求人民法院撤销该协议"，《民法典》第 410 条删除了有关其他债权人撤销权行使期限的规定，将撤销权的行使规则统一到"总则"编中，节省了立法资源，很好地使总则发挥了抽象之功能。

但在实践中，当事人一般较难达成有关变卖权行使活担保物权实现的协议。如果债权人和债务人没有达成有关变卖权行使程序的协议，那么债权人应如何行使变卖权？应请求法院拍卖或变卖该担保物，还是可直接变卖该担保物？依据不同国家立法经验，理论上可分为两种行使变卖权的模式，即自力救济模式和公力救济模式，我们首先考察我国相关法律规定所采取的担保物权行使程序的模式。从《担保法》到《物权法》再到《民法典》，有关担保物权实现的方式在我国立法立场上发生了相应的转变。

二、《担保法》上的公力救济

公力救济模式是指公共机关介入提供给债权人行使变卖权的保护。在这一模式下，担保物权不通过提起诉讼，甚至不通过强制执行就不会实现。债权人应向法院起诉变卖该物，即债权人自己不能直接变卖该物，需要法院判决或有权机关的决定，通过民事诉讼程序和强制执行程序才可实现其变卖权，以获得价金优先受偿，德国、日本、瑞士做出了这样的规定。公力救济具有强烈的确定性效果，但这一变卖权行使程序冗长且花费巨大。

原本的《担保法》第53条第1款规定："债务履行期届满抵押权人未受清偿的，可与抵押人协议以抵押物折价或者以拍卖、变卖该抵押物所得价款受偿；协议不成的，抵押权人可以向人民法院提起诉讼。"在此，在抵押领域，立法者认为抵押权人未能与抵押人就该变卖权行使达成协议，其应向法院提起诉讼，法院应首先判断主债权和担保物权的存在，然后再判定抵押权人可行使变卖权以实现担保物权。这代表了法院对于担保物权行使最大程度和最严格的介入。

质押中质权人如何行使变卖权，原本的《担保法》第71条规定:"债务履行期届满债务人履行债务的，或者出质人提前清偿所担保的债权的，质权人应当返还质物。债务履行期届满质权人未受清偿的，可以与出质人协议以质物折价，也可以依法拍卖、变卖质物。质物折价或者拍卖、变卖后，其价款超过债权数额的部分归出质人所有，不足部分由债务人清偿。"《担保法》基于质押和抵押中存在的差异进行了担保物权实现程序的差异性规定，因为质权人占有该质物，而抵押权人不占有该质物，对于质权人而言不需要法官介入，协议不成，质权人可依法直接拍卖、变卖该质物。仅仅因为抵押权人不占有该抵押物，就规定了与质权人行使其变卖权如此不一样的程序，这一理由是否充分？质押和抵押都是实物担保制度，为何规定如此不一致的实现程序，质权人享有直接变卖该物的权利，而抵押权人必须请求公权力介入，首先要求判断主债权债务关系和抵押担保关系合法有效，随后抵押权人才可行使变卖权。这一抵押领域强制公力救济缺乏合理性，实际使得担保物权形同虚设，抵押权人没有任何对物处分的权利，失去了抵押权作为物权的特性，因为其还要求法院预先判断主债权债务关系和抵押关系，以此作为基础才可赋予抵押权人行使变卖权。且这一程序本身繁琐、冗长，成本很高，不利于当事人权利的实现，也损害了抵押的制度价值。如何才能简化这一行使变卖权实现担保物权的程序，降低权利实现费用，这是我国立法者一直在思考的问题。

三、《物权法》上以自力救济为主、公力救济为辅

担保物权行使中除了公立救济模式，另一种立法模式是自力

救济模式,即债权人可直接变卖该担保物,不需要公共机关介入。[1]例如美国、英国即采取这种自力救济模式。一般情况下,自力救济中债权人可选择其想要采取的程序来行使变卖权。但第三人受到损失的可请求赔偿,如果债权人的行为是滥用其权利或不正当行为。

我国 2007 年颁布的《物权法》改变了《担保法》上抵押领域中要求法院强制介入主债权债务关系和担保关系中进行审判的做法。《物权法》第 195 条第 2 款规定:"抵押权人与抵押人未就抵押权实现方式达成协议的,抵押权人可以请求人民法院拍卖、变卖抵押财产。"《物权法》中"抵押权人可以请求人民法院拍卖、变卖该财产"的表述与《担保法》中"向人民法院提起诉讼"的表述存在实质不同。向人民法院起诉意味着是对主债权债务关系和担保关系等实体权利义务关系请求法院作出裁判,而请求人民法院拍卖、变卖该财产实际是允许债权人直接行使变卖权,请求行使变卖权,而不是首先通过诉讼对主债权债务关系、担保关系做出确认。债权人可直接请求变卖或拍卖抵押财产,不需要求助于整个审判程序。《民法典》中对于抵押权实现的程序仍然秉持《物权法》中的规定,按照其 410 条之规定,抵押权人与抵押人未就抵押权实现方式达成协议的,抵押权人可以请求人民法院拍卖、变卖抵押财产,这意味着抵押权人可以直接启动实现抵押权的执行程序。

2013 年之前在我国的司法实践中,较少出现法院接受抵押权人请求,直接就该抵押物变卖或拍卖的案例。存在问题的是实物担保合同在《民事诉讼法》上并不作为具有执行力的文件,所以依照实物担保合同所做的执行缺乏执行名义。有关法规配

---

[1] 毛亚敏:《担保法论》,中国法制出版社 1997 年版,第 176 页。

套、执行名义的问题受到很多批判，实物担保想要获得执行效力，其需要先做公证，将担保协议做成公证文书，随后才可请求直接执行。这一程序复杂而费时费力，并不快捷经济。2012年《民事诉讼法》做出修改，在其第196条规定了"实现担保物权案件"："申请实现担保物权，由担保物权人以及其他有权请求实现担保物权的人依照物权法等法律，向担保财产所在地或者担保物权登记地基层人民法院提出。"第197条规定："人民法院受理申请后，经审查，符合法律规定的，裁定拍卖、变卖担保财产，当事人依据该裁定可以向人民法院申请执行；不符合法律规定的，裁定驳回申请，当事人可以向人民法院提起诉讼。"由此，在《民事诉讼法》中也很好地完善了担保物权人行使变卖权的程序规定，实现了无论从实体法上还是程序法上对担保物权人更有利更全面的保障。对于质权人而言，其行使变卖权不需要他人协助。《物权法》第219条第2款规定："债务人不履行到期债务或者发生当事人约定的实现质权的情形，质权人可以与出质人协议以质押财产折价，也可以就拍卖、变卖质押财产所得的价款优先受偿。"

四、《民法典》有关担保物权行使程序的立法遗憾

同样，在《民法典》的第436条第2款[1]也规定了质权人在行使质权的时候，可以先与出质人协议，协议不成的，可以直接拍卖或是变卖质押财产以便优先受偿，实现质权。相比于抵押权的实现，该条规定应理解为，质权人可直接变卖该担保质物，不需要请求法院拍卖或是变卖该质物。我国《担保法》

---

[1]《民法典》第436条第2款：债务人不履行到期债务或者发生当事人约定的实现质权的情形，质权人可以与出质人协议以质押财产折价，也可以就拍卖、变卖质押财产所得的价款优先受偿。

和《物权法》对质权人所规定的实现担保物权的程序实际是真正的自力救济保护模式。其可直接变卖该物，即使没有与债务人达成协议，不需要请求法院协助就可行使这一变卖权。因为质权人占有该质物，其具有行使变卖权的便利条件。

遗憾的是，《民法典》也如《物权法》一样，并没有规定质权人具体变卖该质物的程序，没有规定其通知义务，没有平衡好当事人之间权利、义务关系。一般情况下，允许担保权人以自力救济方式行使变卖权的国家，都同时规定了质权人相关通知义务，其应该通知债务人等相关人，确定相关履行期限，债权人还应该承担清算义务。当然，不可否认的是质权人也可以请求法院拍卖、变卖该物。司法救济的途径总会作为权利保护的最后手段。因为任何权利最后救济手段都应该是司法体制的公立救济。我国有关担保物权执行的规定在实践中带来很多混乱，阻碍了变卖权的行使、担保物权的实现，学界对担保物权行使程序还存在一系列争议。

五、中国法上的争议

如前所述，按照我国法律的规定，抵押权人只能请求法院拍卖、变卖该抵押物，《民法典》并没有规定抵押权人享有如质权人一样的直接变卖该抵押物的权利，直接请求法院变卖和拍卖抵押物仍然需要借助于公权力的介入，并不能较好地保障抵押权人权利，不利于抵押作为"担保之王"之制度价值的发挥。对抵押权人是否可以直接处分变卖该抵押物学界存在一些有争议的观点。

一些学者认为应该承认抵押权人也享有这一直接变卖抵押物的权利，因为质押和抵押本质上都是一样的，都是作为民法中的担保物权，都作为对物权，具有直接处分该物的价值的权利,不需要第三人协助,这是担保物权对世性和处分性体现。因为是否占有该担保物的区分,将质权人和抵押权人行使其变卖权的程序规定得存在如此大的差异缺乏合理的法理基础。

另一些学者认为,由于抵押权人没有占有该抵押物,事实上如果赋予抵押权人可直接行使变卖权变卖该抵押物,则很可能会在实践中与第三占有人产生纠纷。且因为抵押权人并不占有该抵押物,在这样的情况下,也较难找到买家。罗马法上,担保权人如何行使变卖权,在质押和抵押中是否存在区别,抵押权人是否可以直接变卖该抵押物,对这一系列问题的解决途径或许会对我国质押权人和抵押权人行使其变卖权的合理程序的设计产生积极的借鉴意义。

第二节 罗马法上担保物权人行使变卖权的程序

一、当事人对变卖权行使程序的约定优先

罗马法上,在实物担保领域,从尊重当事人意思自治、对自由价值的重视出发,首先规定了担保物变卖,当事人可约定不同形式。实际,在彭波尼时代就规定了当事人可就出卖地点、时间、程序等达成协议。[1] 实物担保中,对变卖权行使程序,在实践中有很多种变化,给予债权人选择权,选择诉讼或出卖方式,例如债权人没有获得清偿,其可分期出卖该担保物直到所有债权都获得满足为止。[2]

正如我们多次强调的,变卖权简约包含着有关变卖权范围

---

[1] Arnaldo Biscardi, *Appunti sulle garanzie reali in diritto romano*, Milano, 1976, p. 71.

[2] Arnaldo Biscardi, *Appunti sulle garanzie reali in diritto romano*, Milano, 1976, p. 70.

和行使的更为准确的规范。[1] 私法自治的严格概念在罗马人看来，只有具有合法原因才能使私法自治无效，私法自治体现为以合适的法律行为实现其目的。[2] 所以对于变卖权的行使程序这一之关乎私人利益的领域，如果存在当事人约定，则法律大可不必介入其中强制性规定，应交由经济理性人其自身合理判断处分其个人利益。

二、罗马法上变卖权行使中的自力救济和公力救济

另一个需要考虑的问题是，对质物或抵押物的变卖，应该区分协议变卖还是强制变卖。[3] 在债权未按时获得满足时，担保权人是否需要请求公力机关介入，还是可自己行使其变卖权，以获得价金优先受偿？

首先，罗马法上确认了担保物权人行使变卖权的自力救济模式。在罗马法上将担保物权认定为物权，变卖权的行使实际是物权效力的发挥。担保物权具有处分性，直接处分该担保物，无需他人协助，这是与债权的不同之处。[4] 这一变卖可以公开拍卖，如果该物有市场价值或有当下价值的话，也可授权私人直接变卖。担保物权这一性质的认定使得担保物权人在变卖中无需他人合作，也不需要公共机关配合，因为该价金不是给付

---

[1] Ratti, Sullo *ius vendendi* del creditore pignoratizio, in *Studi urbinati*, 1927, p. 25.

[2] Salvatore Tondo, *Convalida del pegno e concorso dei pegni successivi*, Milano, 1959, p. 5.

[3] Rubino Gaetano, *La responsabilità patrimoniale, il pegno, i privilegi*, Torino, 1952, p. 66.

[4] Rubino Gaetano, *La responsabilità patrimoniale, il pegno, i privilegi*, Torino, 1952, p. 188.

给法官的，而是给付给债权人的，其可直接获得清偿。[1]

同样，在罗马法上也存在质押和抵押在行使变卖权、实现担保物权时的区别，因为质权人自设立质押起就一直占有该质物，而抵押权人并未占有该抵押物。[2] 质权人可实现自力救济，直接变卖该处于其手上的物，这不存在疑问。对于不占有该物的抵押权人应如何行使其变卖权、实现其担保物权存在疑问。是否可以自力救济方式获得保障？是否需要抵押权人先占有该物？

罗马法上，对于担保权人行使变卖权是否需要占有该物，存在争议的观点。有学者认为，如果以非常严格方式来解释，那么可说债权人不占有该质物，则不能变卖该质物，只有从债务人或第三占有人处获得该质物占有后才可行使变卖权。换句话说，变卖该质物的前提条件是债权人占有该质物，这涉及债权人转移该质物占有给购买人的义务，[3] 对人的质押之诉也可被债权人在抵押中用来获取对该抵押物的占有，以便变卖该

---

[1] 但在法国，公力救济是传统的模式，《法国民法典》没有承认当事人之间可以自由达成有关变卖权行使程序的协议，这是强制性规定。有关债权人可任意变卖该担保物的协议，被称为"绕航协议"。法国学者认为这一当事人之间的协议存在局限性，债权人很可能以低于该物正常价格变卖该物，因为对于债权人而言，其只是为获得债权的满足就够了。在该物的价值远远大于被担保的债权时，其以过低的价格出售该物也不会损害其债权的满足。在2006年《法国民法典》改革之后，质权人可以通过三种方式实现其债权：一是要求法院裁判该物的所有权归自己，质权人获得该物的所有权，且不需要专业机构对该物估价。二是债权人请求法院强制拍卖该担保物，依照《法国民法典》第2346条。三是质权人可以一直占有该质物，直到其债权获得满足。

[2] Paolo Frezza, *La garanzia delle obbligazione, corso di diritto romano, II, le garanzie reali*, Padova, 1963, p. 216.

[3] Paolo Frezza, *La garanzia delle obbligazioni, corso di diritto romano, II, le garanzie reali*, Padova, 1963, p. 217.

抵押物。[1] 第一个债权人可行使其变卖权，首先占有该物，依照变卖权协议变卖该物。[2]

但有学者提出相反观点，其认为债权人（担保权人）不占有该质物而变卖该质物也是合法的。[3] 质权人可能不占有该质物，该物被第三占有人非法占有，但质权人享有对物提起质押之诉以请求非法占有人返还该物的权利。这与在抵押中，抵押权人不占有该物，其也可以对物的质押之诉（即抵押之诉）请求债务人或是非法占有的第三人返还该抵押物，在其债权到期没有获得满足，其可行使变卖权变卖该抵押物。在罗马法上，实际上，一方面担保权人可合法变卖该担保物，即使不占有该物，债权人没有占有该物，其可对债务人或是第三占有人行使塞尔维之诉，随后将该物卖给购买人，其可转让给购买人一个针对债务人或是第三占有人的塞尔维之诉的诉权，那么实际变卖的并非是该担保物，而是担保物的返还请求权；另一方面如果担保物权人占有该物，将更加容易能找到买家。最后得出的结论是：不需要占有该物，但占有该物将更加容易找到买主，只要购买人明知其所受让的是"对物的质押之诉"的权利，可请求第三人返还该物的权利即可，只要购买人明知这一物的状况，则由其承担这一风险。

所以，实际上在罗马法上质押和抵押没有区别，都可直接变卖该返还请求权或是该物，只要履行了通知购买人的义务即可。事实上，当可行使变卖权的条件实现，即使该物在第三人处，债权人也可行使扣押变卖的权利，自动启动执行之诉，这

---

[1] Fritz Schulz, *Classical Roman Law*, Oxford, 1992, p. 417.

[2] Fritz Schulz, *Classical Roman Law*, Oxford, 1992, p. 424.

[3] Paolo Frezza, *La garanzia delle obbligazioni, corso di diritto romano, II, le garanzie reali*, Padova, 1963, p. 217.

一诉权是在实物担保关系中在缔结实物担保协议之初就潜在存在了。

给付质押和协议质押（抵押）中没有区别，赋予了担保权人变卖该担保物的权利，以获得的价金清偿，在债务人没有按时清偿时，行使变卖权可通过对占有的确保而行使，无论是在设立质押之初获得该占有，还是在到期时获得该物的占有，对于质押的程序性保护是对物的质押之诉，其可从任何第三人处获得该物的占有，在抵押场合是到期债权没有获得满足的情况下，其可先请求占有该担保物，随后再行使变卖权。占有不是作为行使变卖权的前提条件，抵押权人也可不请求获得占有，而直接变卖该担保物。

亚历山大的政令 D. XLIV, 3, 12（Paul., XVI respons.）表示一方面债权人可合法出卖质物，即使其没有占有该质物，另一方面存在风险，购买人是从非作为占有人的债权人处购买质物。[1]所以，罗马法上实际从保护购买人角度出发，为了预先告知这一风险，规定了担保物权人告知义务，即其应该告知该物是担保物，其作为出卖人是担保权人而并不是该物所有权人。下一节将要讨论变卖权行使中的诚信、告知义务。

因此，我们可以说，在罗马法上，无论是在质押还是在抵押中都不需要以占有该物为前提条件而行使变卖权。担保物权债权人没有占有该物但出卖该担保物是合法的，排除了债权人-出卖人占有该担保物作为变卖担保物的前提，不再认为是前提条件，而只是认为债权人获得了该物占有，将更容易出卖该担保物。在罗马法上彻底承认了变卖权行使的自力救济模式，无论在质押还是抵押中，担保物权人都可直接变卖该担保物，无

---

[1] Paolo Frezza, *La garanzia delle obbligazione, corso di diritto romano*, II, *le garanzie reali*, Padova, 1963, p. 217.

需法官公力救济介入。只需要在变卖中向购买人履行相关告知义务。这对于我国改善抵押权人行使变卖权的程序具有借鉴意义。实际上没有必要控制抵押权人行使其变卖权，强制其需请求法院拍卖、变卖该抵押物。这一程序冗长繁琐、成本极高，不利于抵押权人权利保护，不利于抵押制度价值发挥，也不利于该物快速流向最需要其的地方、发挥最大效用，不利于实现资源优化配置和经济发展繁荣。

第三节 担保物变卖中债权人的义务

担保物权行使，即变卖担保物具体程序如何，如前所述，我们已经讨论了担保物权人在其债权到期没有获得清偿时，享有变卖该担保物以获得价金优先清偿的权利，这是担保物权效力的发挥，也是担保物权的制度价值，即在债权到期没有获得清偿时，赋予担保物权人变卖该担保物并就该物价值上享有优先受偿权。这一节讨论的即是债权人应如何行使变卖权获得该物价金以满足自身债权的程序问题。债权人是否承担通知债务人该变卖的义务，在变卖过程中的诚信责任，是否应为其故意和过失承担责任，债权人是否应承担尽最大努力寻找最优买家这都是本章讨论的重点。

一、当事人约定行使变卖权的程序优先

在罗马法上，对于债务人到期没有清偿其义务，债权人应如何行使变卖权，以实现担保物权。首先，罗马法上承认当事人对行使变卖权形式可缔结协议。且这一协议具有优先效力。一般情况下，担保物变卖没有具体协议规定，但如果存在有关

行使变卖权协议的话,则应首先遵循协议规定。[1] 当事人可约定变卖权行使日期,到期只需简单请求,债权人即可变卖该担保物。

对于罗马法后期要求债权人行使变卖权前应通知债务人对担保物的变卖,如果存在不同的有关变卖权行使的具体协议,则应尊重当事人意思自治,不需要承担这一通知义务。[2] 罗马法上实际充分尊重当事人意志,意思自治是通过契约自由正式得以法律化,在担保物权领域,无论抵押还是质押都作为当事人创设的对债权的担保手段,是私人为保障其债权获得满足而寻找的救济手段。当事人就担保物权的设立、权利行使方式、消灭等都可自主决定,法律没有必要也不能强行介入私人关系领域,私法自治不仅代表经济关系的良性发展,其本质是当事人自由处分自身权利,即使将其置于不利境地,也应尊重其自由,因为私法自治本身就代表利益。变卖权简约包含着有关变卖权范围和行使更为准确的规范。[3]

我国从《担保法》到《物权法》,再到《民法典》都规定当事人对担保物权行使方式的协议优先。《民法典》第410条规定:债务人不履行到期债务或者发生当事人约定的实现抵押权的情形,抵押权人可以与抵押人协议以抵押财产折价或者以拍卖、变卖该抵押财产所得的价款优先受偿。协议损害其他债权人利益的,其他债权人可以请求人民法院撤销该协议。抵押权

---

[1] Ratti, Sullo *ius vendendi* del creditore pignoratizio, in *Studi urbinati*, 1927, p. 24.

[2] Ratti, Sullo *ius vendendi* del creditore pignoratizio, in *Studi urbinati*, 1927, p. 26.

[3] Ratti, Sullo *ius vendendi* del creditore pignoratizio, in *Studi urbinati*, 1927, p. 25.

人与抵押人未就抵押权实现方式达成协议的，抵押权人可以请求人民法院拍卖、变卖抵押财产。抵押财产折价或者变卖的，应当参照市场价格。[1] 该条文对抵押中债权人变卖权的具体行使程序做了简单规定，即如果债务人与债权人对在债务到期没有获得清偿或发生约定实现担保物权的情形时，对抵押权具体如何行使有事先约定或达成协议，则应尊重当事人意思自治，按照约定行使变卖权。该条规定，如果不能达成协议，则需请求公权力介入。对担保物权具体行使首先尊重当事人约定的做法体现了担保物权领域对意思自治的尊重。

对具体行使担保物权事先约定是当事人自愿协商的结果，体现了民法意思自治原则，无论对当事人利与不利，法律都不应对其自由加以干涉。这是当事人私法自治范围，不涉及公共利益和不损害他人利益。意思自治原则所承载的民法基本价值"自由"是指"民事主体应在法律和事实可能性范围内，以尽可能高的程度享有自由做其愿意做的任何事情"[2]。这涉及意思自治与物权法定之间的关系，物权法领域，出于维护交易安全

---

[1] 《担保法》第53条第1款：债务履行期届满抵押权人未受清偿的，可以与抵押人协议以抵押物折价或者以拍卖、变卖该抵押物所得的价款受偿；协议不成的，抵押权人可以向人民法院提起诉讼。《担保法》第71条第2款：债务履行期届满质权人未受清偿的，可以与出质人协议以质物折价，也可以依法拍卖、变卖质物。《物权法》第195条：债务人不履行到期债务或者发生当事人约定的实现抵押权的情形，抵押权人可以与抵押人协议以抵押财产折价或者以拍卖、变卖该抵押财产所得的价款优先受偿。协议损害其他债权人利益的，其他债权人可以在知道或者应当知道撤销事由之日起1年内请求人民法院撤销该协议。抵押权人与抵押人未就抵押权实现方式达成协议的，抵押权人可以请求人民法院拍卖、变卖抵押财产。抵押财产折价或者变卖的，应当参照市场价格。

[2] Robert Alexy, *Theorie der Grundrechte*, Baden-Baden, 1985, s. 317. 转引自王轶：《略论民法基本原则及其关系》，载《民商法理论与实践：祝贺赵中孚教授从教五十五周年文集》，中国法制出版社2006年版，第34页。

及交易公平的考量，一直奉行物权法定主义，我国自《物权法》第5条就明确规定了物权法定原则，且这一原则在《民法典》第116条得以重申："物权的种类和内容，由法律规定。"所谓物权法定主要包括物权的种类及物权的内容固定，当事人不得任意创设及改变。[1] 意思自治原则作为法的自由价值在民法中的体现，要求民事主体可自由决定个人事务，最大程度实现自身利益。如何正确处理意思自治与物权法定间的关系，将直接影响意思自治原则在民法领域的贯彻，关乎法律自由价值的实现。需要强调当事人对于如何具体行使担保物权的约定不得损害他人利益，否则，受损害的第三人可提起撤销之诉，"协议损害其他债权人利益的，其他债权人可以请求人民法院撤销该协议。"

但无论是《担保法》还是《物权法》，抑或是刚刚生效的《民法典》，其对担保物权的具体行使都没有详细规定，债权人该如何行使变卖权，是否承担通知义务，如何对物进行变卖等我国法律都没有涉及。在担保物变卖过程中，在罗马法上，始终要求当事人都要履行诚信义务。罗马法上诚信义务确认了对债权人行使变卖权的约束，有约定则需要诚信地按照约定行使权利和履行义务。如果没有约定，按照担保物权特性和变卖权特征，基于诚信要求，为债权人规定了一系列诚信义务，其中最为重要的是通知义务和寻找最优买家的义务。

二、担保物变卖中的诚信义务

我国法律规定中在担保物变卖中没有强调当事人的诚信义务。罗马法上要求在担保物变卖中，债权人应该具体履行的诚实信用义务。每一个主体都应遵循诚实信用原则，如果债权人

---

[1] 崔文星：《物权法专论》，法律出版社2011年版，第18页。

在变卖质物过程中没有按照诚实信用原则行事,则债务人可以提起质押之诉获得公平的赔偿。[1] 如果没有获得清偿,债权人可以变卖该物,但其应诚信变卖该物,这不仅是购买人所要求的,也是债务人所要求的。[2] 债权人在变卖该担保物中,应该不但关心自身利益,也应该关心债务人利益,依照诚实信用原则的要求。[3]

如果该物的价值可能小于该被担保债权总额,则债权人在变卖担保物中会积极维护该担保物价值,以避免清偿不足。但如果该担保物价值远远大于被担保债权总额,债权人即使对担保物疏忽监管或不尽心尽力去寻找最优买家,对其利益不产生影响,但对该物所有权人即债务人利益影响甚巨,而且也会影响该债务人其他债权人利益,因为该担保物多余价值实际是作为债务人一般责任财产,影响债务人其他债权人债权受清偿程度。所以要求债权人在行使担保物权、变卖担保物过程中履行诚信义务十分有必要。

如果受托人责任只局限于故意责任,那么这将不是一个大问题。[4] 因为大多情况下,当事人都是要为故意承担责任,主要考察是否应为过失承担责任。罗马人将诚实信用作为其日常生活原则。[5] 诚信概念本身要求不仅要为故意承担责任,且应

---

[1] Ratti, Sullo *ius vendendi* del creditore pignoratizio, in *Studi urbinati*, 1927, p. 24.

[2] Arnaldo Biscardi, *Appunti sulle garanzie reali in diritto romano*, Milano, 1976, p. 161.

[3] Ratti, Sullo *ius vendendi* del creditore pignoratizio, in *Studi urbinati*, 1927, p. 24.

[4] Arnaldo Biscardi, *Appunti sulle garanzie reali in diritto romano*, Milano, 1976, p. 98.

[5] Fritz Schulz, *I principi del diritto romano*, Firenze, 1946, p. 193.

该为过失承担责任。

罗马法上诚信义务确定的标准是，债权人在变卖质物过程中，要对自己的故意和过失承担责任，结论是担保物权人应承担善良家父的勤谨注意（*iligentia boni patris familias*）。善良家父在罗马法上被视为正常人的典型，缺乏善良家父勤谨注意即意味着缺乏正常人应有的勤谨注意。[1] 表现在变卖担保物过程中，对债务人、购买人都承担这一诚信原则所要求的义务，在保罗时期即公元3世纪前叶就已经确定债权人在变卖担保物中应对自身故意和过失都承担责任。[2] 在优士丁尼之前的法学著作中可找到证据，债权人应对自身故意和过失都承担责任。[3] 如果债权人在变卖质物过程中没有按照诚实信用原则行事，则债务人可以提起质押之诉获得公平的赔偿。[4] 如果债权人欺诈，则债务人可以提起质押之诉对抗其。[5] 诚信义务在变卖权行使过程中主要的表现是通知义务和寻找最优买家义务。

三、债权人在变卖担保物中的通知义务

我国法律对行使变卖权实现担保物权中，债权人和债务人相关权利义务的规定甚少，没有规定债权人在变卖前应承担通

---

[1] Paolo Frezza, *Le garanzie delle obbligazioni*, *II*, *corso di diritto romano*, Padova, 1963, p. 241.

[2] Paolo Frezza, *Le garanzie delle obbligazioni*, *II*, *corso di diritto romano*, Padova, 1963, p. 241.

[3] Arnaldo Biscardi, *Appunti sulle garanzie reali in diritto romano*, Milano, 1976, p. 94.

[4] Ratti, Sullo *ius vendendi* del creditore pignoratizio, in *Studi urbinati*, 1927, p. 24.

[5] Ratti, Sullo *ius vendendi* del creditore pignoratizio, in *Studi urbinati*, 1927, p. 24.

第五章　行使担保物权的程序

知债务人变卖的义务。这一通知义务是否必须？设立债权人通知义务的制度价值如何？我们可从罗马法上对变卖担保物中债权人是否承担通知义务，以及如何承担通知义务出发，考察对我国相关制度完善的借鉴意义。

（一）通知义务在罗马法上的发展历程

在罗马法上，最初并不要求债权人在行使变卖权时承担通知义务。随后变卖权制度不断发展和完善，对通知义务意义和本质的认识更为准确和深入，所以逐步确立了在行使变卖权时，债权人所承担的应通知债务人该变卖将发生的义务。

1. 债权人无需通知

在债务人未按时清偿时，债权人声明要求其清偿，这一声明并不是一开始就要求，而是在古典时期后期才开始要求债权人要通知债务人。[1] 通知义务一开始并没有被相关皇帝政令所要求，不是作为变卖前提条件。[2] 意思是通知不是作为可变卖的条件，只要具备了可行使变卖权的条件，就可行使变卖权，也会除去相关潜在的因为行使变卖权而承担的责任。[3] 从片断来看不要求严格必要的通知，通过正式的变卖程序变卖就足够了，债务人即可以变卖程序为条件对该变卖进行监控。只要债权人履行了这一义务，即通过正式方式变卖担保物，则债权人就可以此抗辩，认为自己是合法行使变卖权。

---

[1] Alberto Burdese, *Lex commissoria e ius vendendi nella fiducia e nel pignus*, Torino, 1949, p. 133.

[2] Ratti, Sullo *ius vendendi* del creditore pignoratizio, in *Studi urbinati*, 1927, p. 27.

[3] Ratti, Sullo *ius vendendi* del creditore pignoratizio, in *Studi urbinati*, 1927, p. 23.

2. 要求债权人履行通知义务

如果没有通知债务人，那么债权人不能行使其变卖权获得清偿，到了古典时期末期才开始要求担保权人行使变卖权时应提前通知债务人。[1] 简单的通知在公元 3 世纪时才确定。在塞维鲁时期保持了这一对债务人通知的特征，作为变卖有效的简单条件。[2] 行使变卖权中必然要求通知义务，目的是使得债务人可以控制变卖进行。[3] 片断 C. 4. 24. 4（a. 223）中可推断债权人在行使变卖权之前应对债务人履行通知义务，这是很正常的。[4] 通知义务被作为诚信义务的体现。

罗马法上的片断 C. 5. 37. 18，说到了债权人行使变卖权，这一片断改变了经典规则，在债务到期时不需要任何解释，债务人已处于迟延之中，无需通知义务即可变卖担保物。这一片断改变了这一经典规则，要求债权人履行通知义务，以确定债务人履行迟延，这样债权人才可行使变卖权。[5] 如果没有明确有关出卖协议的约定，那么非常有必要通过通知来证明债务人履行迟延了。[6] 学者邓尔伯格（Dernburg）认为应通知两次，一

---

[1] Aberto Burdese, *Manuale di diritto privato romano*, Torino, UTET, 2000, p. 386. C. 8, 27（28），4 a. 225.

[2] Alberto Burdese, *Lex commissoria e ius vendendi nella fiducia e nel pignus*, Torino, 1949, p. 165.

[3] Alberto Burdese, *Lex commissoria e ius vendendi nella fiducia e nel pignus*, Torino, 1949, p. 161.

[4] Ratti, Sullo *ius vendendi* del creditore pignoratizio, in *Studi urbinati*, 1927, p. 22.

[5] Alberto Burdese, *Lex commissoria e ius vendendi nella fiducia e nel pignus*, Torino, 1949, p. 160.

[6] Il Dernburg, II, 122, 125-126, distingue fra la denuntiatio come onere natural del creditore, e la triplice denuntiatio, cui il creditore è tenuto se sia intervenuto un patto ne distrahatur.

次为确定该债务人履行迟延,另一次为通知其变卖该物。[1]

(二) 罗马法上通知义务对中国的借鉴意义

实际上,担保物变卖中债权人通知义务的要求是出于以下原因和具有以下制度价值和意义:

第一,促使债务人履行债务,通知是为了促使债务人积极履行义务。正式通知债务人让其明知其迟延履行了,因为有可能债务人本意是想履行义务,由于疏忽而忘记履行,这样的情况也不是不可能发生。债权人通知债务人其要变卖该担保物,同样也为了获得该债务的给付,最后一次催促债务人积极清偿自身债务以获得债权的满足。[2]

而且,在通知之后,实际也给予债务人一个抗辩的机会,[3] 不会毫无征兆的该物就被变卖了,其可以抗辩实际是由于债权人的原因而没有按时接受清偿。行使变卖权变卖质物有效的不可或缺的条件是债务由于债务人的过错而没有获得清偿。[4]

第二,通知义务的履行,可以促使债务人控制变卖过程,维护自身权利,避免日后的撤销之诉或损害赔偿之诉。在变卖质物中要求债权人承担诚信义务,也包括了正式变卖该物,履行通知变卖之义务,不能以欺诈方式变卖,这样有助于债务人对变卖进行的监控。[5]

---

[1] Dernburg, *Das Pfandrecht*, II, p. 135.

[2] Ratti, Sullo *ius vendendi* del creditore pignoratizio, in *Studi urbinati*, 1927, p. 24.

[3] Paolo Frezza, *La garanzia delle obbligazione*, II, corso di diritto romano, le garanzie reali, Padova, 1963, p. 206.

[4] Ratti, Sullo *ius vendendi* del creditore pignoratizio, in *Studi urbinati*, 1927, p. 23.

[5] Alberto Burdese, *Lex commissoria e ius vendendi nella fiducia e nel pignus*, Torino, 1949, p. 163.

第三，对债权人而言也是有意义的，通知义务的履行实际免除债权人责任，其可合法行使变卖权。通知义务是想通过通知使得债务人陷于迟延，然后赋予债权人以变卖该担保物的权利。债务人陷于迟延，没有履行其义务，实际起到确定效果。通知的履行实际上确认债权人变卖行为的正式和合法性[1]通过通知债权人可确保行使变卖权条件成熟，这样可以减少风险，避免债务人日后提出损害赔偿要求。[2]

罗马法上通知义务的逐步发展，不是为了弱化债权人的变卖权，变卖权始终作为担保权人基本权利。对债权人通知义务的逐步确定，实际是为了满足实践需要，经济发展、交易频繁，个人在社会中处于多种经济关系中，通知义务的出现，是为提醒可能忽略其债务的债务人，给予其最后一次补救机会，也简化了法律关系。通知不但起到促使债务人履行义务之目的，也起到公示之效果，对该物有权利的第三人对该物的状态可以知悉，同样可避免变卖之后追夺等纠纷产生。因此，我国应进一步完善变卖担保物制度，规定债权人在行使变卖权之时，应履行通知债务人的义务。通知义务本质不是为了否定债权人权利，而是从维护交易安全、简化交易关系、平衡各方权利义务的角度作出的制度设计。法律是为了满足现实需求，为了满足经济发展实际需要等。[3]

---

[1] Ratti, Sullo *ius vendendi* del creditore pignoratizio, in *Studi urbinati*, 1927, p. 32.

[2] Alberto Burdese, *Lex commissoria e ius vendendi nella fiducia e nel pignus*, Torino, 1949, p. 161.

[3] Manlio Sargenti, Il *de agri cultura* di catone e le origine dell'ipoteca romana, in S. D. H. I., 22, 1956, p. 184.

四、债权人承担寻找最优买家的义务

如果债务人拒绝履行义务，债权人之前已通知其变卖该担保物的意图，则债权人可变卖该物，债权人应特别注意选取买受人和决定该担保物价值，以使得该担保物的价格与其价值相符合。[1]

（一）中国法上的规定

我国无论是《担保法》还是《物权法》，抑或是2021年生效的《民法典》上实际都没有规定债权人在变卖该物时承担寻找最优买家的义务，只规定"抵押财产折价或者变卖的，应当参照市场价格"。[2]

罗马法上规定债权人变卖担保物时应依照诚信原则寻找最优买家。这一责任的承担在该物价值小于被担保债权数额时，实际有利于债权人和债务人双方利益。但在该物价值大于或远大于被担保债权总额时，债权人无论是否寻找到最优买家，其本身债权都能获得清偿，其没有动力再去寻找最优买家。所以，这一义务实际上是基于诚信考虑，要求债权人维护债务人最大利益。因为，债权人作为出卖人，出卖了他人的物，这也是对该物所有权人无法处分自身的物为其提供的保护手段。

（二）诚信义务要求寻找最优买家

事实上，变卖担保物价金的多少实际影响债务人利益。寻找最优买家对债务人有益，因为变卖权制度的价值基础是债务人可请求返还多余价值，基于诚信要求可要求债权人承担这一

---

[1] Ratti, Sullo *ius vendendi* del creditore pignoratizio, in *Studi urbinati*, 1927, p. 24.

[2] 《民法典》第410条，《物权法》第195、219条和《担保法》第94条，有类似规定。

义务，寻找最优买家。债务人可获得该物多余价值，担保物的出卖实际是为了债务人和债权人的双方利益。[1]

如果某人将其物转移给债权人以担保债务清偿，那么债权人应遵循诚实信用原则，不仅在其已清偿债务时应返还该物，而且在债务人没有按时清偿债务时也应符合诚信，变卖之后返还多余价金，为债务人利益寻找最优出卖价格。[2] 要求债权人不能违背诚实信用的原则，而故意低价转让该物。[3]

（三）违反义务的损害赔偿责任

如果债权人没有履行相关通知义务或没有履行寻找最优买家义务，则债务人实际可以以债权人恶意来对抗其，可拒绝交付其他质物，还可就此请求损害赔偿。[4] 债权人或其继承人应该对债务人负责，只有在出卖该物的价金低于实际价金，且债权人或其继承人是故意违反诚信原则，证明该债权人或其继承人故意在不利条件下出卖该担保物，[5] 则该债权人或其继承人应该承担损害赔偿责任。

---

[1] Arnaldo Biscardi, *Appunti sulle garanzie reali in diritto romano*, Milano, 1976, p. 71.

[2] Arnaldo Biscardi, *Appunti sulle garanzie reali in diritto romano*, Milano, 1976, p. 99.

[3] Alberto Burdese, *Lex commissoria e ius vendendi nella fiducia e nel pignus*, Torino, 1949, p. 156.

[4] Ratti, Sullo *ius vendendi* del creditore pignoratizio, in *Studi urbinati*, 1927, p. 26.

[5] Arnaldo Biscardi, *Appunti sulle garanzie reali in diritto romano*, Milano, 1976, p. 68.

第四节 变卖权的行使期限

担保物权的行使期限,或者说变卖权行使期限是一个很值得研究的问题。在债务人到期不履行其义务,担保权人可行使变卖权,并就获得价值优先受偿。是否应该为这一变卖权的行使确定期限,以促使担保物权人积极而毫不迟延的行使其权利,以便于相关法律关系确定,有助于经济发展和担保中财产价值发挥。或者认为作为附随性关系的担保,应附随于主债权债务关系,主债权消灭则担保关系消灭,变卖权不能行使,不需要特别规定担保物权和变卖权行使期间。当事人是否可约定变卖权行使期限,如何确定变卖权行使期限,在质押和抵押中变卖权行使期限是否存在区别等问题,我国法律规定未给出明确答复,在学界也存在很多争议,尚未达成一致意见。从我国有关变卖权、担保物权行使期限的规定和相关争议入手,着眼于罗马法上对这一系列问题的相关规范,以历史研究和比较研究的方法考察罗马法对完善我国相关制度的借鉴意义。

一、中国法上有关担保物权行使期限的规定

原本的《担保法》没有变卖权、担保物权行使期限的规定,《担保法解释》第 12 条规定:"当事人约定的或者登记部门要求登记的担保期间,对担保物权的存续不具有法律约束力。担保物权所担保的债权的诉讼时效结束后,担保权人在诉讼时效结束后的 2 年内行使担保物权的,人民法院应当予以支持。"该条规定禁止当事人对担保物权行使期限的约定,为担保物权行使期限确定了"在主债权的诉讼时效结束之后 2 年内行使"这一除斥期间。并没有区分抵押和质押中担保物权的不同行使期限,

统一规定为担保物权行使期限。有关担保物权行使期限问题总存在很多争议，尤其在《物权法》制定过程中分歧很大，最后《物权法》第202条规定："抵押权人应当在主债权诉讼时效期间行使抵押权；未行使的，人民法院不予保护。"《物权法》上的这一规定在《民法典》中得以照搬，规定在第419条。

(一) 不允许当事人约定变卖权行使期限

原本的《担保法解释》第12条明确否定了当事人可约定担保物权行使期限，即使该约定进行了登记也不具有法律效力，将担保物权行使期限确定为法律强制性规定领域。在《物权法》制定过程中，有关当事人是否可约定担保物权行使期限问题一直存在争议，最后《物权法》并没有承认当事人可约定担保物权行使期间，其202条规定："抵押权人应当在主债权诉讼时效期间行使抵押权；未行使的，人民法院不予保护。"该条规定了担保物权行使期间应等同于主债权诉讼时效期间。否则，债权人无法要求担保人承担担保责任。这一规定是基于物权法定原则所确定，当事人不能协议改变担保物权行使期限。这一立场也随着《民法典》第419条原封不动地照搬《物权法》第202条的规定得以延续。

一些学者赞成上述对担保物权行使期限排除当事人约定的规定，认为担保物权是物权，依照《民法典》第116条所规定的物权法定原则，物权的种类和内容，由法律规定。因此，行使变卖权期限是作为物权内容，不能作为意思自治范围，否则将违反物权法定原则。[1]且排除当事人对担保物权、变卖权行使期限的约定有助于第三人对该财产法律状况有所了解，以便

---

[1] 可参见王泽鉴的《民法物权》一书。相关司法判决也确定了当事人所约定的担保物权的行使期限是无效的，最高人民法院2008年12月30日判决，2010年1月29日判决。

决定自身权利安排，也可确保交易安全。物权受物权法定原则限制，即不允许私人创设不同于法律明确规定的物权类型，当事人也不能变更该物权的内容和特征，在此排除当事人的意思自治改变物权的内容和类型。按照物权法定原则的要求，一方面阻止个人变更物权的类型和内容；另一方面也为保护第三人利益，第三人若想要获得该物上的权利，其必须明知该物上的负担。[1] 这与在债的担保方式保证中，保证人可约定保证期限不同，因为保证是人的担保，其性质是债权。此外，担保物权具有附随性，如果当事人约定非常短的期限，主债权还未到期，但担保期限到期已经结束，则与担保物权价值功能相违背。

也有学者提出相反观点，认为担保物权作为物权，但法律并不排除当事人可以约定物权期限。其他类型的他物权，例如用益权、使用权等当事人都可约定权利行使期限，不能单独排除担保物权期限的约定。当事人约定担保物权行使期限并不违背其物权特性。相反将更加有利于当事人对其财产的支配安排，更有利于物的效用最大化发挥。且对于第三人而言也不会产生不利影响，因为担保物权本身就赋予了债权人就该物获得优先于其他债权受偿的权利，这是担保物权的制度价值，相对于没有缔结担保的第三人而言，其是明知的。即使按照《民法典》第419条的规定，担保物权行使期限与主债权债务期限一致，仍然会受到诉讼时效制度中止、中断的影响，该变卖权行使期限实际无法确定，相较之下，当事人可约定具体担保期限，这将使得担保物权的行使更为确定和有利于第三人对自身权益的关注和做出决策。对于担保物权附随性的理解也不能僵化刻板，如果主债权灭失，则担保一定灭失，这是对担保物权附随性的

---

[1] Piero Schlesinger, *Manuale di diritto privato*, diciottesima edizione, Milano, 2007, p. 246.

本质理解。但不能做相反推论,即不能认为担保物权灭失,主债权也一定灭失。所以,这里对担保物权行使期限的约定并不违反其附随性性质。有关附期限的制度在《民法通则》中就已得到承认,因此担保物权的行使期限可看作是附期限的制度。

有关当事人是否可约定担保物权行使期限的争议,这两种代表性观点至今仍然没有达成共识。我们随后从罗马法上分析问题,以期能获得域外法律的相关经验和教训。

(二)《物权法》规定期限的性质

姑且不论当事人是否能约定变卖权行使期限,就我国法律规定的担保物权行使期限的性质也存在很大争议。

原本《担保法解释》第12条第2款规定,"担保物权所担保的债权的诉讼时效结束后,担保权人在诉讼时效结束后的2年内行使担保物权的,人民法院应当予以支持。"该规定的期限的性质虽然存在争议,但大体可认为是除斥期间。除斥期间是指法律规定某种民事实体权利存在的期间。权利人在此期间内不行使相应民事权利,则在该法定期间届满时导致该民事权利消灭。除斥期间一般是不变期间,不因任何事由而中止、中断或延长。除斥期间的相关特征,《担保法解释》所规定的2年期限实际都满足,唯一存在争议的是,除斥期间消灭的是权利人享有的实体民事权利本身,而《担保法解释》第12条相关规定后半段是从诉讼时效性质角度规定,规定的是不受人民法院保护,只有在2年内行使才能获得人民法院的支持。明显没有从消灭实体担保物权角度出发,而从丧失胜诉权角度出发,这一规定除了制度规定本身矛盾之外,实践中也造成困难,如果实体权利没有消灭,则无法获得请求权基础撤销抵押登记。

在重庆市彭水县人民法院2007年10月1日判决中,法官依照《担保法解释》第12条规定,判决变卖权行使期间为除斥期间。这一判决发生在《物权法》颁布之后，但该案件发生在《物权法》颁布之前，所以适用《担保法解释》规定。在这一判决中法官还确定说在担保物权行使期限内，债权人没有请求履行担保人履行担保义务，在行使期限到期之后，债权人应返还给债务人抵押物，且抵押权消灭。从这一判决看，在司法实践中，实际按照《担保法解释》第12条规定，将担保物权行使期间作为除斥期间，司法实践中确认了该除斥期间到期则实体权利消灭，应该返还抵押物，同样也应要求债权人涂销抵押登记，以便于担保人可继续处分该担保物。但实际这一判决单纯从《担保法解释》的相关规定中不能推导出来。

为了确定这一担保期限的长度和性质，在学者们提出的"物权法草案"中出现了多种观点，存在广泛争议，规定为2年或5年除斥期间还是规定为与主债权诉讼时效一致的期限，这一期限是除斥期间还是诉讼时效都存在争议。最后，《物权法》的立法者认为应当强调抵押本身的从属性，其第202条规定，"抵押权人应当在主债权诉讼时效期间行使抵押权；未行使的，人民法院不予保护。"但对这一规定的担保物权行使期间存在很大争议，且这一问题在《民法典》第419条的规定中也仍然存在，学界对此规定存在多种不同解读，一般可分为以下几种思路：

依照一部分学者观点，抵押权人应在主债权诉讼时效到期日之前行使其担保物权，原本《物权法》的这一规定合理。因为担保物权附属于主债权，如果规定担保物权行使期限要长于主债权诉讼时效，则当主债权因为超过诉讼时效而灭失时，作为附属权利的担保物权仍然可以行使。担保人责任将重于主债务人责任，这不可接受。且当债务人了承担其担保责任，该如何行使其追偿权，因为此时主债权已经到期消灭了，这会在实践中产生了真正的混乱。

也有部分学者认为原本《物权法》第 202 条规定的是诉讼时效。[1] 抵押权人只是丧失请求法院保护的诉讼权，而没有丧失真正实体权利。因为，如果抵押人想要自愿履行担保义务，我们应赋予债权人获得该履行的理由，否则债权人将承担不当得利的后果。

另一些学者认为，原本《物权法》规定的担保物权行使期限是除斥期间，不可能中断和延长。[2] 如果没有在规定期限内行使，则债权人丧失该物实体权利。变卖权或说担保物权的性质与期限相关，如果确定其为物权，但诉讼时效的规定只适用于债权，所以不能适用于此。如果不丧失实体担保物权，那么不能将该抵押在相关登记簿上删除，这不合理，也不利于经济发展和对物的最大化利用。

也有学者提出折中观点，认为原本《物权法》第 202 条规定的期限的既不是除斥期间也不是诉讼时效，而是一个特殊期限。在司法实践中，有的法院已经称这一担保物权行使期限是诉讼时效，认为依照法律规定，抵押权人可在主债权诉讼时效期间内行使其担保物权，随着该主债权诉讼时效中断而中断。河南省周口市人民法院 2010 年 9 月 13 日判决中认定："根据我国《物权法》第 202 条规定，抵押权人应当在主债权诉讼时效期间行使抵押权，本案中，主债权未超过 2 年诉讼时效期间，因此中国农业银行股份有限公司周口分行要求行使抵押权合理

---

[1] 胡康生主编：《中华人民共和国物权法释义》，法律出版社 2007 年版，第 441 页。屈茂辉主编：《物权法原理精要与实务指南》，人民法院出版社 2008 年版，第 676 页。

[2] 刘贵祥：《〈物权法〉关于担保物权的创新及审判实务面临的问题（下）》，载《法律适用》2007 年第 9 期。

合法，应予支持。"[1]

（三）《民法典》中争议尚存

依照原本的《物权法》第202条，对应的《民法典》的条文是第419条的规定，抵押权人应在主债权诉讼时效期间行使抵押权；未行使的，人民法院不予保护。但法律没有明确释明行使抵押权的定义，只需要向债务人提出要求即可，还是需要向人民法院请求行使。对这一问题的回答与变卖权性质判断，以及担保物权、变卖权行使程序是公力救济还是自力救济相关。我们的观点是以私力救济为主，在私力救济不生效力时，应引入公力救济。所以抵押权行使，无需向法院起诉，只需向担保人提出要求实现担保物权即可。

其他大陆法系国家（地区）对担保物权行使期间的规定，不是从该期限性质角度出发，在《德国民法典》中没有规定行使担保物权期限的性质是适用于债权的诉讼时效，因为担保物权是物权。对这一物权期限的限制，《德国民法典》从确认第三人取得时效角度出发，第三人可经过取得时效获得该物所有权，担保物权不是一个永久存在的权利。在我国台湾地区"民法"中规定行使担保物权的期限是5年，5年之后担保权人不享有任何实体权利。《日本民法典》规定的行使担保物权的期限是20年，这都认定担保物权行使期限属于除斥期间的性质，因为实体权利消灭了。

（四）质押和抵押中有关变卖权行使期限的区别

原本《担保法解释》第12条规定的是包括质押和抵押的笼统的担保物权行使期限，没有区分质押和抵押。而《物权法》

---

[1]（2010）周民初字第45号中国农业银行股份有限公司周口分行与河南鞋城皮革（集团）总公司、河南鞋城皮革制品有限公司、河南豫鑫皮革制品有限公司借款抵押合同纠纷一案。

只是规定了抵押权人行使变卖权期限，没有规定质权人行使变卖权期限。《民法典》在"担保物权"分编中依然坚持了一样的处理方式，那么，有关行使担保物权期限在质押和抵押间是否存在差异？

一些学者的著作涉及这一问题，他们认为质权人占有该质物，这一状况本身就代表着质权人想要行使变卖权，除非其明确表示放弃了该质权。[1] 因此没有必要确定质权人行使权利的期限。大多数学者认为原本《物权法》第202条的规定不能适用于质押之中。为了限制质权人的权利，平衡质权人和出质人之间权利义务关系，原本《物权法》第220条已经针对质权做出针对性的规定，"出质人可以请求质权人在债务履行期届满后及时行使质权；质权人不行使的，出质人可以请求人民法院拍卖、变卖质押财产。出质人请求质权人及时行使质权，因质权人怠于行使权利造成损害的，由质权人承担赔偿责任。"这一规定是从赋予出质人权利的角度来规范质权人行使担保物权期限。

另一些学者不赞成这一观点，首先，他们认为占有该物并不意味着质权人行使了变卖权。其次，质押和抵押本质上一样都作为担保物权，为何行使程序、行使期限规定如此不同。[2] 最后，如果主债权诉讼时效到期，为何质权人占有该物仍然可行使质权，在此出质人承担比债务人更重的责任。且出质人承担了担保责任之后，面对主债务已经过期的债务人，如何行使追偿权？这一系列问题，在我国法中没有达成一致意见。考察罗马法上对担保物权行使期限或说变卖权行使期限的相关规定很有历史和比较法角度的借鉴意义。

---

〔1〕 王利明：《物权法研究》（修订版·上卷），中国人民大学出版社2007年版，第161页。刘保玉：《物权法学》，中国法制出版社2007年版，第60页。

〔2〕 高圣平：《担保法论》，法律出版社2009年版，第272页。

二、罗马法上担保物权人行使变卖权的期限

（一）罗马法上允许当事人约定变卖权行使期限

首先，可以确定的是，在罗马法上，对于担保物权、变卖权行使完全尊重当事人意思自治。当事人可就担保物权、变卖权行使期限达成协议。无论该期限约定长短，甚至可约定在主债权尚未到期时，担保物权人可行使担保物权，正如当事人可约定行使担保物权的情形一样。这一协议的缔结可在缔结担保时或随后缔结都可以，可以约定变卖权行使期限，这一变卖权行使是通过转移该物所有权给第三人，债权人就像是所有权人在变卖该物一样。[1] 这里只涉及私人权利义务，变卖权行使期限应属于当事人可意思自治的领域。

罗马法上的片断 D. 20. 6. 5. 1. *Se il creditore pattuisca di non chiedere il denaro entro l'anno, si deve ritenere che e' stato pattuito lo stesso anche per l'ipoteca.* 中肯定了当事人可以约定行使变卖权的具体日期和期限。如果债权人缔结协议在一年内不要求给付价金，那么应当认为也是缔结协议不要求实现抵押这一担保物权。罗马法的基本原则是自由原则，自由在罗马法上作为基本法律原则。[2] 对罗马人而言自由意味着做或不做任何事，在罗马私法中体现为意思自治，即当事人可自由缔结协议处分其权利义务，意思自治无效的原因只能是法律严格规定无效原因。[3] 如果

---

[1] Arnaldo Biscardi, *Appunti sulle garanzie reali in diritto romano*, Milano, 1976, pp. 159-160.

[2] Fritz Schulz, *I principi del diritto romano*, Firenze, 1946, p. 122. Greene, *The achievemente of Rome*, 1933, p. 186.

[3] Salvatore Tondo, *Convalida del pegno e concorso dei pegni successivi*, Milano, 1959, p. 5.

该变卖并没有变卖权协议或还没有到变卖权简约约定的日期，那么出质人可要求买受人返还该质物。[1]

在彭波尼时代就规定了当事人对出卖地点、时间等可达成协议，甚至达成具体时间。[2] 担保物权对该物的限制直到债务人清偿其债务才结束，或是债务因为其他原因而结束。在此，如果没有到期清偿或约定清偿日期到了，或分期付款日期到了，那么就会给该债权人或其继承人出卖该信托土地或是奴隶的权利，这一出卖地点、时间、形式都没有影响。[3] 当事人可约定不同于法律规定的变卖时间和形式，例如改变期限或形式。

(二) 依担保物权附随性确定变卖权行使期限

担保物权是附随性关系，这一附随特性是担保物权的一般特征，也可以说这是所有担保关系的特征，也包括债的担保保证等。一般的附随关系是指，不存在主关系那么附随关系无效，若主债权债务关系消灭，则附随关系消灭。[4] 如果当事人没有约定担保物权行使期间，依照担保物权的附随性——担保物权功能在于担保主债权获得满足，依照这一附随性确定变卖权行使期间应等同于主债权行使期间，只有主债权灭失或因其他原因获得了清偿，才能解除担保人担保责任。

---

[1] Ratti, Sullo *ius vendendi* del creditore pignoratizio, in *Studi urbinati*, 1927, p. 24.

[2] Arnaldo Biscardi, *Appunti sulle garanzie reali in diritto romano*, Milano, 1976, p. 71.

[3] Arnaldo Biscardi, *Appunti sulle garanzie reali in diritto romano*, Milano, 1976, p. 41.

[4] Arnaldo Biscardi, *Appunti sulle garanzie reali in diritto romano*, Milano, 1976, pp. 60-61.

第五章　行使担保物权的程序

D. 20. 6. 6. pr.[1] *Ulpiano, nel libro settantatressimo all'editto. Parimenti, il pegno è liberato sia quando il debito è stato adempiuto, sia quando il creditore sia stato altrimenti soddisfatto. Ma dobbiamo dire lo stesso anche quando il pegno sia venuto meno per il decorso del tempo o l'obbligazione che garatisce sia venuto meno per qualche ragione.*

在该片断中乌尔比安确定了担保物权的附随性，也确定了担保物权的行使期限，在缺乏当事人明确约定情况下，依照担保物权附随于主债权债务关系的特征，其行使期限应追随主债权债务行使期限。如果没有当事人约定，则基于担保关系的附随性，只有主债权消灭的时候，该担保关系才消灭。

罗马法上所确定的在没有当事人对担保物权行使期限约定时，依照担保物权本身附随性特征，应确定其行使期限等同于主债权之期限。这与我国《物权法》第 202 条规定实际一致，"抵押权人应当在主债权诉讼时效期间行使抵押权；未行使的，人民法院不予保护"。

罗马法上不考虑这一期限的性质，结果是主债权消灭了，该主债权担保物权也消灭，消灭的是实体权利。我国《担保法司法解释》和《物权法》都规定"人民法院不予保护"，这一表述所传达的意思是担保权人只丧失了胜诉权，其实体权利仍然存在。这一表述会带来理论和实践中的难题，如果实体权利没有消灭，则该物之上的担保仍然没有除去，债务人不能自由处分该物，且如果做了抵押登记，则没有合理的请求权基础请求涂销登记。

---

〔1〕 D. 20. 6. 6. pr. Ulpiano, nel libro settantatressimo all'editto. Parimenti, il pegno è liberato sia quando il debito è stato adempiuto, sia quando il creditore sia stato altrimenti soddisfatto. Ma dobbiamo dire lo stesso anche quando il pegno sia venuto meno per il decorso del tempo o l'obbligazione che garatisce sia venuto meno per qualche ragione.

对于有学者所担心的，如果担保人在担保物权行使期限到期之后自愿履行担保义务，则担保权人是否构成不当得利的问题，我们认为将该自愿履行行为看作再一次设立新的担保就可合理解决这一矛盾。我们认为，担保物权行使期间等同于主债权行使期间。实际在形式上如同诉讼时效，但在结果上实际消灭担保物权实体权利，担保人可请求注销登记，其重新获得了处分该物的权利。这样更加有利于财产流转，最大限度发挥物的作用，也有利于经济发展。

三、质押和抵押中变卖权行使期限的区别

在罗马法上，抵押是在质押之后出现，是为克服债务人需要转移该物占有，不利于其自身继续利用该物创造价值弊端而出现的另一种实物担保制度。公元前3世纪在农村土地租赁中，出租人对于承租人带入土地的耕作工具、牲畜等随带物享有抵押权，承租人作为债务人不需要转移这些物的占有。只在其不能按时交付地租时，债权人可占有随带物作为其债权担保。

在罗马法中，质权人和抵押权人行使担保物权是否存在区别，由于质权人占有该质物，但抵押权人没有占有该抵押物，抵押权是否可直接行使该变卖权。质权人占有质物是否可作为其行使担保物权的证明，而不需要有期限限制。质权设立开始时，该质物已在债权人手上，在债权到期没有获得清偿时，债权人可以直接要求法院变卖其手上这一从质押关系设立之初就由其占有的物。[1] 质物一直被质权人占有直到该债务获得清偿。如果债务到期没有清偿，质权人被授权可以变卖该物，这

---

[1] Arnaldo Biscardi, *Appunti sulle garanzie reali in diritto romano*, Milano, 1976, p. 9.

第五章　行使担保物权的程序

依据债权人意愿。[1]

抵押不需要转移该物的占有，只需要当事人之间简单协议即可，该物在法律层面被认为是债务的担保，如果到期债务没有获得清偿，抵押权人享有获得该物占有的权利。[2] 塞尔维之诉就是使得抵押权人获得该物占有，在债务人没有按时清偿债务时。[3]

在罗马法上质押和抵押中，担保物权、变卖权行使存在区别。由于抵押中抵押权人不像质权人一样从质押设立开始就获得该物占有，所以抵押权人"在协议质押时，首先应该从债务人或是第三人处以令状或诉权获得该物的占有，随后将该物转移给买受人"。[4]《意大利民事诉讼法》上的规定与罗马法一致，其第491条规定，扣押行为是将该财产作为执行客体。所以抵押权人也应先获得抵押物占有，应先行使扣押权，然后再行使变卖权，与质权人不同的是，质权人直接占有了该物，免去了扣押程序的行使。[5] 抵押不是像质押一样，需要转移该物占有，在被抵押担保的债权到期没有获得清偿时，债权人可利用程序性手段行使占有权，从迟延债务人或第三占有人处获得

---

[1] Milan Bartosek, La responsabilità del creditore e la liberazione del debitore nella vendita pignoratizia, secondo il diritto romano, in *B. I. D. R.*, 51-52, 1948, p. 242.

[2] Arnaldo Biscardi, *Appunti sulle garanzie reali in diritto romano*, Milano, 1976, p. 150.

[3] Arnaldo Biscardi, *Appunti sulle garanzie reali in diritto romano*, Milano, 1976, p. 155.

[4] Alberto Burdese, *Lex commissoria e ius vendendi nella fiducia e nel pignus*, Torino, 1949, p. 167. 而在罗马法上实际抵押权人以塞尔维之诉请求获得该物的占有，而后再行使其变卖权变卖该物也不是必要的。其可以直接转移该塞尔维之诉的权利给第三购买人，使得购买人可以请求非法占有人返还该抵押物。

[5] Piero Schlesinger, *Manuale di diritto privato*, diciottesima edizione, Milano, 2007, p. 223.

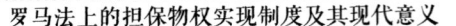

该物的占有。[1] 担保物权具有处分性，直接处分该担保物，不需要其他人协助，这是与债权的不同之处。[2] 这一对物的处分权，不排除债权人需要公共机关、法院、执行机关的协助。

---

[1] Alberto Burdese, *Lex commissoria e ius vendendi nella fiducia e nel pignus*, Torino, 1949, p. 113.

[2] Rubino Gaetano, *La responsabilità patrimoniale, il pegno, I privilegi*, Torino, 1952, p. 188.

第六章
担保物变卖中当事人的权利义务

担保物权实现是指债务到期没有清偿，担保物权人行使其变卖权变卖担保物，并就所获价金优先于其他债权人受偿，这是担保物权的本质特性。但就担保物的变卖这一关系而言，其本质上是物的买卖关系，即转移物的所有权以获得价金。转移该物所有权的人为出卖人，给付价金以获得物所有权的人为购买人。该担保物的买卖关系从形式上而言与一般的买卖关系并无多大差别，是出卖人与购买人之间的权利义务关系。但本质上，担保物变卖中的出卖人实际是特殊出卖人，正如我们已经说到的，在担保物变卖中，可由担保权人行使变卖权作为出卖人，但其不是该物的所有权人，却无需承担无权处分的责任，该出卖人是否承担一般买卖中出卖人的责任？担保物的买卖是否与一般买卖关系中出卖人和购买人的权利义务一样？

担保物权实现中担保物的变卖是一种特殊的买卖关系，在担保物的变卖中双方主体是作为出卖人的债权人和购买人，但这一变卖担保物的关系总还存在一个特殊主体，其与这一买卖关系密切相关，即担保关系中的债务人，其同时也是该担保物的所有权人，该债务人在担保物的变卖中扮演怎样的角色，应承担怎样义务？这些特征是否可以突破一般买卖关系中的当事人权利义务的分配？我们首先来考察一般买卖关系中出卖人和购买人的主要权利义务关系。

第一节　一般买卖关系中当事人主要权利义务

买卖协议在罗马法体系中，在公元前1世纪的时候就出现了。[1] 目的是转移该物的所有权，买卖关系中有两个主体，即买受人和出卖人，转移该物的所有权希望获得价金给付的人是出卖人，而给付价金希望获得该物所有权的人是买受人，他们的权利义务是相对的，主要如下：

一、转移标的物所有权和给付价金

买卖的缔结是为了转移标的物所有权，因此出卖人的主要义务就是交付该物给买受人，公元前1世纪出现的买卖协议，出卖人承担转移该物的所有权的义务，买受人受到买物之诉（*l'actio empti*）的保护。但如果交付了他人的物或是该物之上有第三人的权利，那么这不符合法律规定，因为这没有达到使得买受人获得不受负担的物的目的。[2]

购买人和出卖人的权利义务实际是相对的，这是一个问题的两面，购买人获得标的物的权利实际就是出卖人给付标的物、转移标的物所有权的义务。出卖人的获得价金的权利实际就是买受人给付价金的义务，购买人的主要的义务是给付价金。

二、出卖物被追夺责任的承担

买卖的缔结是为了转移标的物所有权，因此出卖人的主要义务就是交付该物给买受人，但如果交付了他人的物或该物之

---

〔1〕 Sulla garanzia per evizione in generale, Arangio Ruiz, Evizione, in *Diz. Prat, diri. Priv.*, *s. h. v.*. sulla storia della garanzia per evizione in diritto romano.

〔2〕 Arnaldo Biscardi, *Sul contenuto della garanzia per evizione*, Roma, 1950, p. 1.

第六章　担保物变卖中当事人的权利义务

上有第三人权利，那么这不符合法律规定，因为这没有达到使得买受人获得不受负担的物的目的。[1] 因此，出卖人的另一个义务就是担保买受人不受到第三人对该标的物行使权利的干扰，出卖人应该担保买受人的物不被追夺。如果该出卖物被第三人追夺了，则出卖人将要承担赔偿损害的责任，否则违反了应承担物被追夺责任的原则。

如果出卖人提供其他的物的担保，担保该出卖物不会被第三人追夺，随后该物被追夺了，则购买人可请求债务人给付这一作为担保物的物。"购买人针对该物的被追夺的担保，其可以请求出卖人返还该物"。或是该出卖人随后获得了该物的所有权，则购买人可以请求返还该物，并可请求赔偿该物被追夺时所遭受的损失。

罗马法上的片断 D. 21. 2. 67.[2] 中明确出卖人要赔偿购买人因为物被追夺而受到的损失。在这一片断中，帕比尼安认为如果出卖的物被其所有权人追夺了，则出卖人不能抗辩购买人所提出的要求出卖人在随后获得该物的时候返还该物，且应该返还购买人因为该追夺所造成的相关利息的损失。

在此，购买人作为债权人有权利行使强制的特殊形式，只有在不可能的情况下，出卖人才应该赔偿损失。[3] 且在罗马法上如果是以要式买卖的方式缔结买卖的话，则出卖人承担双倍返还价金的义务。[4] 优士丁尼法中也这样规定，为了加强买卖协议的效力，物被追夺时，在公元5世纪的文献中，购买人可

---

[1] Arnaldo Biscardi, *Sul contenuto della garanzia per evizione*, Roma, 1950, p. 1.

[2] S. Schipani, *Iustiniani Augusti Digesta seu Pandectae e Traduzione*, IV, Milano, 2011, pp. 111-112.

[3] Arnaldo Biscardi, *Sul contenuto della garanzia per evizione*, Roma, 1950, p. 2.

[4] Arangio Ruiz, Evizione, in *Diz. Prat*, *diri. Priv.*, *s. h. v.*

以选择要求双倍返还价金或赔偿损失和利益，这一计算从物被追夺时起算。[1]

出卖人对物的追夺承担责任实际是买卖协议中内含的，出卖人承担物被追夺的责任是为了保证其转移该物的所有权，是买卖协议中内含作为出卖人的本质义务。因此，如果物被追夺了则要承担损害赔偿责任。如果出卖了他人的物，出卖人随后成为所有权人，这也不能否认其所承担的物被追夺的责任，结果是购买人可以要求出卖人转移该物的所有权，也应该赔偿损害和利息。[2] 事实上，毫无疑问的是，在乌尔比安的片断 D.21.2.17. 中确定了买受人可以行使欺诈之诉以对抗出卖人要求返还物的要求。[3]

D.21.2.17.[4] *Ulpiano, nel libro ventinovesimo A Sabino. Per nessuno è dubbio che, rivendicando il venditore la cosa che egli stesso vendette, può essere respinto con l'eccezione di dolo, anche se abbia acquistato la proprietà a diverso titolo: non è, infatti, da approvare che egli tenti di evincere la cosa da lui alienata. Il compratore, poi, può scegliere se preferisce trattenere la cosa annulando la prestesa per mezzo dell'eccezione, o piuttosto, spogliato della cosa, conseguire il doppio del prezzo in virtù della stipulazione.*

毫无疑问的是，如果出卖人一物二卖则将会受到欺诈责任的追溯，即使其是以其他的原因获得了该物的所有权，事实上，也不允许该被追夺的物回到其手上之后其再出卖该物。购买人

---

[1] Arnaldo Biscardi, *Sul contenuto della garanzia per evizione*, Roma, 1950, p.5.

[2] Arnaldo Biscardi, *Sul contenuto della garanzia per evizione*, Roma, 1950, p.4.

[3] Arnaldo Biscardi, *Sul contenuto della garanzia per evizione*, Roma, 1950, p.4.

[4] S. Schipani, *Iustiniani Augusti Digesta seu Pandectae e Traduzione*, IV, Milano, 2011, p.91.

第六章　担保物变卖中当事人的权利义务

实际可以选择是以抗辩获得该物所有权，或是请求双倍返还价金。在学说汇纂学派中，事实上也承认了对买受人的损害赔偿责任，在物被追夺时，出卖人不能拒绝赔偿损害和利息，不仅仅是简单的返还该物以满足债权的问题。[1]

出卖人给付标的物和承担担保物被追夺的责任是两个独立的义务。[2] 基于以上所分析的担保物权变卖中的特殊性，担保物权人作为变卖人并不是按照一般变卖人规则承担义务，但是一般的买卖协议的历史发展不能说对担保物的变卖没有产生影响，[3]

质权人只是承受买卖行为中不违法的一般义务，这一义务规范着整个关系，担保物权人应该承受一般买卖中的义务，[4] 特别是有关交付该物占有，转移标的物所有权的义务。但对于追夺责任的承担，因为担保物权人虽然作为变卖人，但是其不是该物的所有权人，且其变卖该物获得价金的目的是为了担保自己债权获得满足，实际是受债务人委托而行使变卖权以获得价金优先受偿，所以在物的追夺责任的承担上存在特殊性，我们随后会深入分析。

---

[1] Arnaldo Biscardi, *Sul contenuto della garanzia per evizione*, Roma, 1950, p. 5.

[2] Arangio Ruiz, Evizione, in *Diz. Prat*, *diri. Priv.*, s. h. v.

[3] Milan Bartosek, La responsabilità del creditore e la liberazione del debitore nella vendita pignoratizia, secondo il diritto romano, in *B. I. D. R.*, 51-52, 1948, p. 274.

[4] Paolo Frezza, *La garanzia delle obbligazione*, corso di diritto romano, *II*, le garanzie reali, Padova, 1963, p. 209.

第二节　担保物变卖中当事人权利义务的特殊性

一、担保物变卖的特殊性

担保物的变卖，正如前文所说，当事人之间关系是特殊的，作为出卖人的担保权人实际不是该物的所有权人，首先应该解决的是其出卖权的来源和本质问题。正如我们之前所说，这一担保物权人的出卖权是来自于债务人即该物所有权人的授权，是担保物权协议中的必然要素，不需要重新缔结授权协议，在债务没有按时获得清偿时，债权人即享有这一变卖担保物以获得价金优先受偿的权利。产生于质权人和购买人间的买卖权利义务关系还有一个重要的特殊性是，债务人作为该物的所有权人，其本身也作为该担保关系的债务人，对该物的变卖实际是为了替代履行债务人的清偿义务，所以债务人虽然不亲自参加这一买卖关系，但是在该买卖关系中扮演着重要角色，可以从以下两个方面展开讨论：一方面，作为该变卖物的所有权人，是否应该承担确保买受人获得该物所有权的义务，即担保该物的所有权不会被第三人追夺；另一方面，是否应该确保该债权人确定能通过行使其变卖权变卖该物以获得的价金优先受偿。

买卖担保物也和一般的买卖一样，相关利害关系人都可使用相关诉权以维护自己的利益。[1] 但法学家犹利安认为应该区分一般的买卖和债权人行使变卖权的出卖的特殊结构，并不认为债权人应该承担一般买卖协议的责任。[2] 否认来自于买卖协

---

[1] Arnaldo Biscardi, *Appunti sulle garanzie reali in diritto romano*, Milano, 1976, pp. 69–70.

[2] Alberto Burdese, *Lex commissoria e ius vendendi nella fiducia e nel pignus*, Torino, 1949, p. 161.

议中购买人要求返还价金的要求。[1] 我国法上对这一特殊的变卖关系是否有所约定，债权人作为出卖人与购买人和债务人之间的权利义务关系如何，与一般买卖中当事人的权利义务是否存在区别？

二、中国法上的规定

无论是《担保法》《物权法》，还是如今的《民法典》，都只规定了债权人有权利变卖担保物，但是没有规定这一权利的性质和来源，也没有就担保物变卖这一买卖关系中的特殊性作出规定。

有关变卖担保物中，谁是出卖人的问题在我国的法律中没有明确规定。很难想象某人处分了其不享有所有权的物，这一规定在《民法典》中本身是作为无权处分行为，是无效的。如前所述，我国法上没有很好地解决债权人作为变卖人的权源问题。实际应该如罗马法上所述，债权人作为出卖人变卖该物是获得了该物的所有权人即债务人的授权，在缔结物的担保协议的时候实际就包含了这一作为自然因素的变卖权，实际也就完成了授权变卖。

三、罗马法上的规定

罗马法上也存在债权人转移该物的所有权给第三人，实际是处分他人的所有权的情形，债权人转移的实际是他人所有的物，需要解决其权利来源问题。这一授予变卖质物的权利，从担保物权人的角度而言，是基于担保协议的授权。[2]

---

[1] Paolo Frezza, *La garanzia delle obbligazione, corso di diritto romano*, II, *le garanzie reali*, Padova, 1963, p. 211.

[2] Ratti, Sul *ius vendendi* del creditore pignoratizio, in *Studi urbinati*, 1927, p. 11.

担保物权的执行，即债权人变卖担保物以获得的价金优先受偿的过程中，实际包含三个主体间的关系：债权人作为出卖人，购买该物的购买人，以及作为该物的所有权人的债务人。这里的变卖从形式上是一样的，但由于特殊关系的存在，在各个当事人之间权利义务的承担存在不同。有关担保物权的执行，涉及债权人变卖权的行使，担保物的处分，以及债务人债务的相应解除，实际涉及债务人的利益，从经济学角度而言，也涉及债权人利益。[1] 因此，有必要对这一特殊的买卖关系进行考察，出卖人、购买人、债务人三者之间的权利义务关系如何，正如上所说，这一变卖是特殊的，他们之间的权利义务关系相对于一般买卖协议中也存在特殊性。

我们依照保罗片断来区分买卖关系中典型的权利义务：

D. 19. 4. 1. pr.[2] *Paolo, nel libro trentaduesimo All'editto. Come una cosa è vendere e un' altra comprare, uno è venditore e un'altra è compratore. Così una cosa è il prezzo e un'altra la merce. Per contro, nella permuta non è possibile discernere quale dei due contraenti sia il compratore e quale il venditore e le prestazioni sono molto diverse rispetto a quelle della compravendita. Il compratore, infatti, se non avrà reso proprietario del denaro colui che lo riceve, è tenuto con l'azione da vendita, mentre al venditore basta obbligarsi per l'evizione, consegnare il possesso ed essere esente da dolo; cosicchè, se la cosa non sia stata evitta, non deve nulla; viceversa, nella permuta, se l'una e l'altra cosa sono prezzo, occorre che se ne faccia acquistare la proprietà*

---

[1] Milan Bartosek, La responsabilità del creditore e la liberazione del debitore nella vendita pignoratizia, secondo il diritto romano, in *B. I. D. R.*, 51–52, 1948, p. 242.

[2] S. Schipani, *Iustiniani Augusti Digesta seu Pandectae e Traduzione*, III, Milano, 2007, pp. 458–459.

ad entrambe le parti, se invece sono merce, a nessuna delle due. Ma poichè nella compravendita devono esserci sia la cosa sia il prezzo, la permuta non può essere una compravendita, in quanto non sia può individuare quale sia la merce e quale il prezzo, nè consente la ragione che una stessa cosa sia nel contempo venduta e costituisca il prezzo della compera.

买卖关系中，一个主体出卖该物，称为出卖人，另一个购买该物，称为购买人，因此一为价金，一为标的物。在标的物与价金的交换中，实际分辨不出来两个缔约人中的购买人和出卖人。事实上，购买人如果没有交付价金，则其受到出卖之诉的追诉。而出卖人将承担物被追夺的责任，其应该毫无欺诈的转移该物的所有权。如果物被追夺了，该转移无效，相反，在物和价金的互换中，一个是物，一个是价金，应该让对方都获得所有权，如果该物被追夺了，则这一互换无效，出卖人也不能获得价金的所有权。这一片断中明确了出卖人和购买人的责任：一是转移该物的所有权和给付价金的义务；二是物被追夺责任的承担。

在担保物的变卖中，还有一个特殊的基于担保物权协议的责任是返还多余价金和继续清偿剩余债务责任的问题。以下我们逐个分析在担保物变卖这一特殊买卖关系中，当事人间权利义务关系如何。基于这一买卖关系的特殊性，考察三个主体之间主要的权利义务。

第三节　担保物变卖中当事人主要权利义务

一、交付标的物和给付价金

(一) 债权人交付标的物给买受人

首先需要说明的是，如果在担保物中存在多个客体，那么债权人可以只变卖其中的一个或一些以满足其债权。[1] 在这一担保物变卖的关系中，债权人作为出卖人，其应该承担交付该物的义务，出卖人是与买卖行为相联系的，其允诺将该物转移给买受人。

债权人作为出卖人，其首要的义务是转移该物的所有权和占有给买受人。罗马法上存在三种主要的实物担保形式，在与债权人信托中，债权人-受托人本身已获得该担保物的市民法上的所有权，所以在信托物的变卖中，债权人作为所有权人其当然可以变卖信托物，转移该物的市民法上的所有权给买受人，以要式买卖或是拟诉弃权方式。[2]

交付标的物的义务，在信托物出卖给第三人的时候，如果该信托物是在债权人、受托人处的，那么承担交付义务的是受托人，而不是委托人、债务人。相同的情况在质押的场合也是这样，特别是在给付质押的场合下。[3] 在给付质押的场合，债权人也应该转移该物的所有权和占有给购买人。在协议质押（抵押）的场合，由于债权人不占有该物，其在行使变卖权以实现

---

[1] Milan Bartosek, La responsabilità del creditore e la liberazione del debitore nella vendita pignoratizia, secondo il diritto romano, in *B. I. D. R.*, 51-52, 1948, p. 242.

[2] Fritz Schulz, *Classical Roman Law*, Oxford, 1992, p. 416.

[3] Paolo Frezza, *Le garanzie delle obbligazioni*, II, *corsi di diritto romano*, Padova, 1963, p. 50.

第六章 担保物变卖中当事人的权利义务

实物担保中也应该转移该物的所有权，其实际转移的是质押之诉的权利。债权人基于他的权利出卖了质物，必须让出自己的权利即质押之诉的权利，如果占有了该质物，同样必须交付该占有。对物的质押之诉，是质权人享有的在他人非法占有该质物时，质权人被拟制成为所有权人，可以质押之诉要求该人返还该质物。在此，债权人变卖了质物，质权实现了，所以不再享有质押之诉。同时，其也必须交出该物的占有给质物的买受人，这是质权人的本质义务。在片断 D. 20. 5. 13. pr.〔1〕中明确指出质权人出卖质物实现了质权，那么不应对该质物仍然占有。

D. 20. 5. 13. pr. *Paolo, nel libro primo dei decreti. Il creditore che, in base al suo diritto, vendetta il pegno, deve cedere il proprio diritto cioè l'azione pigneratizia e, se possiede la cosa data in pegno, parimenti deve consegnarne il possesso.*

债权人基于其权利出卖了质物，必须让出自己的权利，即质押之诉的权利，如果占有了该质物，同样必须交付该占有。

同样在片断 D. 20. 6. 10. 1.〔2〕中也表明了债权人作为出卖人转移该物所有权和占有给买受人的义务。

D. 20. 6. 10. 1. *La proprieta ritorna al debitore anche quando il creditore abbia venduto il pegno e abbia ricevuto dalla vendita o il servo sia stato restituito per un vizio. Lo stesso avviene per tutti coloro ai quali sia stato concesso di vendere la cosa altrui: infatti, per il fattoche trasferiscono la proprietà, non per questo ricevono il diritto dal compratore; ma una volta risolta la vendita, la cosa torna nella condizione giuridica*

---

〔1〕 S. Schipani, *Iustiniani Augusti Digesta seu Pandectae e Traduzione*, IV, Milano, 2011, p. 38.

〔2〕 S. Schipani, *Iustiniani Augusti Digesta seu Pandectae e Traduzione*, IV, Milano, 2011, p. 46.

precedente.

这一片断中提到了该担保物变卖解除时,该物应回到之前的法律状态之中,同时也确认了债权人实际是通过该物所有权人的授权而变卖该他人的物的,债权人应该转移该物的所有权给买受人。毫无疑问的是债权人在变卖质物之时应该转移其质权给买受人。[1] 同样在片断 D.41.1.9.4.中也确认了债权人并非作为所有权人,但其是获得了所有权人的授权而变卖该物,与所有权人变卖该物没有区别,债权人也承担了转移该物的所有权给买受人的义务。片断 D.20.5.10.[2] 中的质权人对物被追夺不承担责任,总是可以通过一个明确的协议约定不承担该物被追夺的责任。质权人是被授权变卖该质物的,其应该转移该物的所有权给第三买受人。[3]

(二) 买受人交付价金给债权人

债权人可从购买人处获得变卖担保物获得的价金,无论是信托还是质押或抵押中,这一价金都授权由债权人获得,以减少或是消灭债务人的债务。[4]

D. 20. 5. 9. 1.[5] *Poi Pomponio, nel libro secondo delle lezioni, scrisse così: ciò che si suole aggiungere nella dazione dei pegni, come la clausola che, se il pegno fosse stato venduto per meno, il debitore*

---

[1] Milan Bartosek, La responsabilità del creditore e la liberazione del debitore nella vendita pignoratizia, secondo il diritto romano, in *B. I. D. R.*, 51-52, 1948, p. 271.

[2] S. Schipani, *Iustiniani Augusti Digesta seu Pandectae e Traduzione*, IV, Milano, 2011, p. 37.

[3] Alberto Burdese, *Lex commissoria e ius vendendi nella fiducia e nel pignus*, Torino, 1949, p. 185.

[4] Fritz Schulz, *Classical Roman Law*, Oxford, 1992, p. 417.

[5] S. Schipani, *Iustiniani Augusti Digesta seu Pandectae e Traduzione*, IV, Milano, 2011, p. 37.

第六章 担保物变卖中当事人的权利义务

dovesse dare il restante, è superfluo, perchè la cosa è così, in base dal diritto stesso, anche senza l'aggiunta di ciò.

在该片断中彭波尼说道,如果质物出卖的价款少于债务人应当给付的,债务人应该补足剩余的。意思是该物的价金应该由作为出卖人的债权人获得,优先用于满足其债权,如果没有完全获得清偿,再由债务人承担继续清偿的责任,即使在担保协议中没有明说,也应该承认债权人可获得该价金以优先清偿。同样,如果债权人获得的价金多于被担保债权总额,则其应该返还该价金给该物的所有权人即债务人。这一债权人对价金的获取权有时被明确规定在当事人协议中,其实不需要明确约定。[1]

马尔西安的另一个片断也认为购买质物的购买人应该向债权人给付该物的价金。

D. 20. 6. 8. 10.[2] *Con tutto ciò, se il debitore chieda al creditore di permettergli di vendere il pegno, per meglio poterlo soddisfare, è più sicuro che il creditore prima riceva dal future compratore stipulazione di garanzia che il prezzo della cosa venduta, fino all'ammontare del debito, sia pagato a lui.*

在这一片断中,更为明确的规定是,即使债务人请求债权人允许其出卖质物,为了有利于债权人获得清偿,可以肯定的是债权人应该首先获得未来购买人的保证,即出卖物的价金以债务的总额为标准都应该由购买人向债权人支付。债权人获得了购买人给付的价金则其债权获得了实质满足。质权人通过变卖该质物给第三人而获得了债权满足,其本质上是与债务人达

---

[1] Fritz Schulz, *Classical Roman Law*, Oxford, 1992, p. 417.

[2] S. Schipani, *Iustiniani Augusti Digesta seu Pandectae e Traduzione*, IV, Milano, 2011, p. 44.

成协议，债权人获得该第三人给付的价金而清偿其债权。[1]

二、返还多余价值和继续承担清偿责任

担保物的变卖与一般买卖的区别是，这里变卖权的行使是作为担保债权获得实现的手段，本质上是债权人为自身提供了保障性的手段。如前所述，担保物权的实现方式从解除约款发展到变卖权，是为了实现更为公平的价值，应该评估该担保物的价值，即该变卖担保物所获得的价金与被担保的债权数额之间的关系。债权人变卖担保物有两种可能性：该物的价值小于债务总额，那么对尚未清偿的债权，债权人或其继承人仍然可以请求清偿；如果价值高于债务总额的话，那么债务人或其继承人可以请求获得多余价值。[2] 在债权人与债务人之间产生了返还多余价值和承担继续清偿尚未得到清偿的债务的义务，这是担保物买卖关系相较于一般物的买卖关系中的特殊之处。

（一）债权人返还多余价值给债务人

在罗马法上，我们可以看到质权人或是抵押权人享有变卖该担保物以获得的价金优先清偿其债权的权利，这一权利是担保物权的本质效力，即债务人只能获得清偿之后多余的价值。应该对该物进行正确的估价，再与债务的总额作比较，将多余的价值返还给债务人。[3] 非常明确的是，变卖之后与债务总额相比超出的价值应该返还给被剥夺了该财产的债务人。[4] 如果

---

[1] Ratti, Sul *ius vendendi* del creditore pignoratizio, in *Studi urbinati*, 1927, p. 14.

[2] Arnaldo Biscardi, *Appunti sulle garanzie reali in diritto romano*, Milano, 1976, p. 66-67. Paolo Frezza, *La garanzia delle obbligazione, corso di diritto romano*, II, *le garanzie reali*, Padova, 1963, p. 222.

[3] Fritz Schulz, *Classical Roman Law*, Oxford, 1992, p. 400.

[4] Arnaldo Biscardi, *Appunti sulle garanzie reali in diritto romano*, Milano, 1976, p. 227.

第六章　担保物变卖中当事人的权利义务

价金超过了该债务的总额，则债权人应该返还多余的份额给设立担保的人，不一定是债务人。[1] 更为准确的说法，应该是"在行使了变卖权之后，对于多余债权总额的价值应该返还给债务人或是设立物的担保的第三人"。[2] 担保物如果是由第三人所提供的，则该第三人作为担保人，在担保关系中实际也是债务人，而享有担保物权的人为担保权人，实际是债权人。这里我们讨论的是债务人作为担保人提供担保物为债权人设立物的担保的情况，在其到期没有清偿债务，债权人变卖该物之后在当事人之间产生的权利义务关系。

1. 返还多余价值

有关债权人变卖质物之后，如果有多余价值应返还给买受人，对作为出卖人的债权人承担这一义务存在争议较少。《民法典》第413条规定："抵押财产折价或者拍卖、变卖后，其价款超过债权数额的部分归抵押人所有，不足部分由债务人清偿。"[3] 同样《民法典》第438条也规定了质押财产的变卖中对债权人对多余价值的返还义务，"质押财产折价或者拍卖、变卖后，其价款超过债权数额的部分归出质人所有，不足部分由

---

[1] Fritz Schulz, *Classical Roman Law*, Oxford, 1992, p. 417.

[2] Arnaldo Biscardi, *Appunti sulle garanzie reali in diritto romano*, Milano, 1976, p. 169.

[3] 这一规范自《担保法》和《物权法》实施以来，并未做出修改。参见《担保法》第49条第3款：抵押人转让抵押物所得的价款，应当向抵押权人提前清偿所担保的债权或者向与抵押权人约定的第三人提存。超过债权数额的部分，归抵押人所有，不足部分由债务人清偿。第53条：债务履行期届满抵押权人未受清偿的，可以与抵押人协议以抵押物折价或者以拍卖、变卖该抵押物所得的价款受偿；协议不成的，抵押权人可以向人民法院提起诉讼。抵押物折价或者拍卖、变卖后，其价款超过债权数额的部分归抵押人所有，不足部分由债务人清偿。《物权法》第221条规定：质押财产折价或者拍卖、变卖后，其价款超过债权数额的部分归出质人所有，不足部分由债务人清偿。

债务人清偿。"[1] 返还多余价值和继续承担清偿责任，如前所述，这是变卖权相对于解除约款更为公平之处。

产生的问题是，如果当事人缔结了解除约款，则债务人在行使塞尔维之诉要求返还多余价金时，可被债权人拒绝。但解除约款于公元321年被君士坦丁皇帝禁止，不允许缔结解除约款以及类似约款，变卖权成为担保物权实现的唯一方式，该返还多余价款义务成为变卖权行使中的自然义务。不论在信托中还是质押中都一样存在从解除约款发展到变卖权的过程，解除约款被认为更加符合债权人的利益，因此返还多余价金的义务应该是在变卖权的历史发展阶段中不断发展出来的。[2]

债权人获得了变卖该物的价金，这一变卖的价金应该用于满足债权人的债权，对相关价值做出对比，相互之间产生潜在的合法权利义务，在变卖权与解除约款分离之后，就产生了返还多余价值和继续承担清偿债务的义务，变卖权成为质押中的必然要素，而不是向解除约款一样剥夺了该物的多余价值。[3]

这一债权人返还多余价金的义务是担保物权实现中所固有的，不需要约定，不需要缔结协议授予债务人这一请求返还之诉。缔结了实物担保协议，债权人具有变卖权，则该返还义务

---

[1]《担保法》第71条：债务履行期届满债务人履行债务的，或者出质人提前清偿所担保的债权的，质权人应当返还质物。债务履行期届满质权人未受清偿的，可以与出质人协议以质物折价，也可以依法拍卖、变卖质物。质物折价或者拍卖、变卖后，其价款超过债权数额的部分归出质人所有，不足部分由债务人清偿。《物权法》第198条：抵押财产折价或者拍卖、变卖后，其价款超过债权数额的部分归抵押人所有，不足部分由债务人清偿。

[2] Alberto Burdese, *Lex commissoria e ius vendendi nella fiducia e nel pignus*, Torino, 1949, p. 196.

[3] Alberto Burdese, *Lex commissoria e ius vendendi nella fiducia e nel pignus*, Torino, 1949, p. 203.

第六章　担保物变卖中当事人的权利义务

就内含于其中了。在这一情况下，变卖该担保物获得的价金高于被担保债务总额，那么债权消灭，且债权人应该返还多余数额给担保人。这里的变卖如果具有多余的价值，实际上债务人请求债权人行使其变卖权就获得的价金在清偿了债权人债权之后，可请求返还多余价值，实际上有利于保护债务人的利益，所以与此对应的条件是债务人可请求债权人行使其变卖权，以便债务人获得该物多余价值返还。[1]

D. 20. 5. 9. 1.[2] *Poi Pomponio, nel libro secondo delle lezioni, scrisse così: ciò che si suole aggiungere nella dazione dei pegni, come la clausola che, se il pegno fosse stato venduto per meno il debitore dovesse dare il restante, è superfluo, perchè la cosa è così, in base dal diritto stesso, anche senza l'aggiunta di cio.*

该罗马法上的片断中明确规定了如果该担保物变卖的价值大于所担保的债务的总额的话，债权人应该返还给债务人，这是担保协议中必然的因素，不需要额外缔结协议约定。"正如该条款所说，如果质物出卖的价款少于债务人应当给付的，债务人应该补足剩余的，如果质物价值大于被担保债务总额，则应该返还给债务人，基于同样的权利，即使没有在协议中这样说。"

同样在片断 D. 13. 7. 42.[3] *Papiniano, nel libro terzo Dei responsi. Il creditore è costretto secondo diritto, in forza dell'azione di*

---

[1] Alberto Burdese, *Lex commissoria e ius vendendi nella fiducia e nel pignus*, Torino, 1949, p. 204.

[2] S. Schipani, *Iustiniani Augusti Digesta seu Pandectae Traduzione*, IV, Milano, 2011, p. 37.

[3] S. Schipani, *Iustiniani Augusti Digesta seu Pandectae Traduzione*, III, Milano, 2007, p. 126.

pegno, a restituire il sovrappiù del prezzo con gli interessi; dal momento poi che; in una vendita che si fa in forza di un patto fra debitore e creditore pignoratizio, il creditore tratta un proprio affare, egli non dovrà essere ascoltare qualora voglia delegare il compratore pretendendo così di esserci liberato. 中，罗马人明确确定"债权人应该承担返还该物的多余价值和该价值的利息的义务"。

片断 D. 13. 7. 7. [1] Paolo, nel libro secondo Dei pareri. Se però il creditore restituisca troppo tardi il sovrappiù rimasto in deposito presso di lui, per la mora lo si deve costringere a corrispondere al debitore anche gli interessi a questo titolo. 中明确规定了债权人返还该物多余价值的义务，"在变卖担保物之后，债权人承担返还该物的多余价值的义务，如果债权人返还该物多余的价值迟延的话，则其应该为这一迟延给债务人支付利息。"

片断 D. 20. 1. 21. 3. [2]...e quanto il creditore avesse conseguito in più lo dovrà restituire al debitore, con l'azione pignoratizia. 中确认说债权人可变卖该物以获得价金优先清偿，但如果债权人获得了多余部分，那么他将依照质押之诉返还给债务人。在债务人没有按期清偿债务，债权人行使变卖权获得价金高于被担保债权总额时，债权人也应该返还多余价值。[3]

实际上，在担保物权实现中，在解除约款被禁止，变卖权成为担保物权实现的唯一方式后，不允许直接或间接违反有关清算债务人财产的程序，即应该对担保物进行估价，这更为公

---

[1] S. Schipani, *Iustiniani Augusti Digesta seu Pandectae e Traduzione*, III, Milano, 2007, p. 113.

[2] S. Schipani, *Iustiniani Augusti Digesta seu Pandectae e Traduzione*, IV, Milano, 2011, p. 15.

[3] Aberto Burdese, *Manuale di diritto privato romano*, Torino, UTET, 2000, p. 438.

第六章 担保物变卖中当事人的权利义务

平。问题是合法变卖该物以获得价金使债权获得满足，债权人有义务返还给债务人多余价值。[1] 获得清偿的债权人返还变卖该担保物多余价值，应返还给债务人或是第三担保人，而不是返还给在后在一个物之上存在数个担保物权的竞合时的债权人。片断 D. 20. 4. 12. 5. [2] 中说到了一个物之上存在数个竞合的担保物权，按照"时间在先、权利在先"原则，依照各个担保物权成立时间的先后决定优先受偿的顺位。

D. 20. 4. 12. 5. ...*il primo può vendere la cosa in modo da prendere solo la prima somma, non anche quella che prestò successivamente e in modo da restituire al secondo il di più che ricevette rispetto al primo creditto.*

这一片断中确定了第一个债权人可出卖该物以获得钱款清偿其债权，剩余的要返还给第二个债权人。但这一表述在古典法中是错误的，因为第二个债权人对第一个债权人没有任何诉权，第二个债权人不能起诉要求第一个债权人给付多余价值。在古典法下，多余价值应该返还给设立担保的人。[3] 我们也赞成舒尔兹教授（Fritz Schulz）的这一观点。

在古典时期，在出卖担保物获得价金高于所担保债务总额时，担保权人必须返还多余价金部分，否则将被认为是不正确的行为，这也是诚信义务的要求。如果某人将其物转移给其债权人以担保其债务的清偿，那么债权人应该按照诚实信用原则去行为，这意味着债务人事实上是要求债权人完全按照诚信原

---

[1] C. Massimo Bianca, *Il divieto del patto commissorio*, Giufrrè Editore, 1957, p. 203.

[2] S. Schipani, *Iustiniani Augusti Digesta seu Pandectae e Traduzione*, IV, Milano, 2011, p. 30.

[3] Fritz Schulz, *Classical Roman Law*, Oxford, 1992, p. 424.

则去行为，因此不仅仅是在其已经清偿债务的时候返还该物，而且在债务人没有按时清偿该物的时候也应该符合诚信的原则，变卖该担保物获得清偿之后应返还多余的价金，且应该为债务人利益寻找最优的出卖价格。[1]

2. 返还多余价值的利息

当债务没有按时获得清偿，担保物权人享有变卖该物并就该物的价金优先受偿的权利，如前所述，债权人应该承担返还多余价值的义务，但是对于迟延返还该多余价值的利息是否需要承担返还责任？我国法上没有明确规定，罗马法上明确规定了债权人不仅需要返还该担保物变卖之后多余价值，而且如果其迟延返还，还应该对此产生利息承担返还义务。

债权人的一个特别义务是返还多余物的价值，如果该物的价值大于债权总额，在塞维鲁诉讼中，所有权人可请求返还该诉讼标价值的多余部分，包括本金和利息的总额。[2]

片断 D. 13. 7. 7. *Paolo, nel libro secondo Dei pareri. Se però il creditore restituisca troppo tardi il sovrappiù rimasto in deposito presso di lui, per la mora lo si deve costringere a corrispondere al debitore anche gli interessi a questo titolo.* 中明确规定了作为出卖人的债权人所承担的这一义务，"在变卖之后，如果债权人迟延返还该物的多余价值，则其应该为这一迟延给债务人支付利息。"

片断 D. 13. 7. 6. 1.[3] *Se il creditore abbia venduto a prezzo*

---

[1] Arnaldo Biscardi, *Appunti sulle garanzie reali in diritto romano*, Milano, 1976, p. 99.

[2] Paolo Frezza, *La garanzia delle obbligazione, corso di diritto romano*, II, le garanzie reali, Padova, 1963, p. 222.

[3] S. Schipani, *Iustiniani Augusti Digesta seu Pandectae e Traduzione*, III, Milano, 2007, p. 113.

第六章　担保物变卖中当事人的权利义务

maggiore il fondo pignoratizio e presti ad interesse quel sovràpiù, deve corrispondere gli interessi di quel denaro a colui che diede il pegno; se però abbia tenuto in deposito quel denaro, non deve gli interessi. 中首先承认债权人承担不但返还多余价值, 而且应返还多余价值利息的责任, 同时也为债权人不承担这一责任提出了一个解决途径, "如果债权人以一个较高价格变卖作为质物的土地, 满足其债权之后仍然有剩余的价值, 且其获得了该多余价值的利息, 则债权人应该返还该价金的利息给设立担保的人。如果债权人是将该多余的价金提存了, 则不需要返还利息。"

片断 D. 13. 7. 42. *Papiniano, nel libro terzo Dei responsi, Il creditore ècostretto secondo diritto, in forza dell'azione di pegno, a restituire il sovrappiù del prezzo con gli interessi; dal momento poi che; in una vendita che si fa in forza di un patto fra debitore e creditore pignoratizio, il creditore tratta un proprio affare, egli non dovrà essere ascoltare qualora voglia delegare il compratore pretendendo così di esserci liberato.* 中确认了债权人承担返还该物的多余价值和利息的义务, 债务人可以依照质押之诉请求返还。这是债权人所固有的义务, 不需要特别缔结协议约定这一返还义务。

如果债权人变卖担保物使债权获得满足之后, 其不但没有返还这一多余的价值, 反而利用这一多余的价值而牟利了, 则对其所获得的利益应该如何处分。

D. 13. 7. 6. 1. (Pomp. , 35 ad Sab.) *In questo primo passo si prevede il caso che il creditore fiduciario insoddisfatto abbia venduto il fondo fiduciatogli ad un prezzo maggiore dell'ammontare del suo credito e che, invece di restituire immediatamente la differenza al fiduciante, egli se la sia trattenuta e l'abbia data in prestito ad interesse ovvero che egli l'abbia usata in altro modo. Si prevede, cioè che i conti fra le parti si facciano ad intervallo di tempo rispetto all'avvenuta vendita, e si stabilisce che in questo caso il fiduciario debba al fiduciante gli interessi da lui stesso ricavati dando il superfluum a prestito, o eventualmente che egli stesso corrisponda gli interessi per il denaro che si è tenuto. Pertanto il fiduciario che si per il denaro che si è tenuto.*

上述片断 D. 13. 7. 6. 1 中说的是与债权人信托中，没有获得清偿的债权人-受托人出卖了作为信托物的一块土地，获得了一个高于其债权总额的价金，其应立即返还这一多余价金给债务人-信托人，但他没有返还，而是将该多余价值持有且用于借贷为其自身谋取利益，或是以其他目的使用该多余价值获得利益。在这样的情况下受托人应该返还给信托人这一多余的价值，且该价值用于借贷所获得的利益也要返还，就如同是债务人自己持有该多余的价金一样。[1]

3. 债务人依照"对人的质押之诉"请求债权人返还多余价金和利息

债权人的义务承担，从罗马法共和国末期开始就授予了债务人以裁判官之诉，事实上是对人的质押之诉，债务人可以该诉讼对抗债权人，在债务人已经清偿其债务时要求债权人返还质物，同时当变卖该质物时，债务人可以对人的质押之诉要求获得多余价金的返还。[2]

对人的质押之诉（*Actio pigneraticia in personam*）是指，在履行了清偿义务之后，如果质权人仍不返还质物，出质人可提起此诉讼，要求返还，这是一种针对债的关系的对人之诉。与此相对应的对物的质押之诉（*Actio pigneraticia in rem*）是指，当

---

[1] Arnaldo Biscardi, *Appunti sulle garanzie reali in diritto romano*, Milano, 1976, pp. 73-74.

[2] Aberto Burdese, *Manuale di diritto privato romano*, Torino, UTET, 2000, p. 438.

第六章 担保物变卖中当事人的权利义务

质物被他人非法占有时，质押权或是其他对质物享有权利的人可提起此诉讼，以物的所有主的名义要求非法占有人返还质物，这是一种以维护物权为目的的对物之诉。

在片断 D. 20. 1. 21. 3.[1]...*quanto il creditore avesse conseguito in più lo dovrà restituire al debitore, con l'azione pignoratizia.* 中明确在债务人不能按时清偿其义务时，债权人可变卖该担保物以获得的价金优先受偿，但如果债权人获得了多余价金，那么他将依照质押之诉返还给债务人该多余价值。

在古典时期，协议质押（抵押）中也通过对人的质押之诉的手段，抵押人可以要求返还该物的多余价值，虽然抵押权人并没有占有该担保物，但其仍然可以行使变卖权，当变卖该物的价金多于被担保债权总额时，抵押人可行使质押之诉要求其返还多余价金。[2] 在协议质押中对人的质押之诉的适用也是为了要求返还剩余的价值，当变卖该物的价值多于被担保的债权总额，正如我们看到的，这一变卖权的行使，是为了使担保债权在债务人没有按时清偿时债权人获得满足，在给付质押和协议质押中一样。所以，在多余价值的返还上应该一样。[3] 在解释债务人利用该质押之诉以请求返还该物价值与被担保债权总额之间差额一样。[4]

需要注意的是，片断 D. 20. 1. 21. 3. 中揭示出的直接的质押

---

[1] S. Schipani, *Iustiniani Augusti Digesta seu Pandectae e Traduzione*, IV, Milano, 2011, p. 15.

[2] Aberto Burdese, *Manuale di diritto privato romano*, Torino, UTET, 2000, p. 437.

[3] D. 13. 7. 28. pr.

[4] Alberto Burdese, *Lex commissoria e ius vendendi nella fiducia e nel pignus*, Torino, 1949, p. 202.

之诉是给予债务人的程序性手段，其可以此要求返还多余价值。[1] 这一裁判官法上诉讼保护在古典时期末期已成为了市民法上的诉讼或诚信诉讼。[2] 债权人变卖担保物以获得的价金优先清偿，但债务人可以以对人的质押之诉请求返还多余价值，我们可以说这是在质押设立时就已经存在的义务。[3]

(二) 债务人继续承担清偿的义务

债权人在债务人没有按时清偿、其债权没有获得清偿时，享有变卖该担保物以获得的价金优先清偿的权利。变卖权作为担保物权的实现方式，相对于解除约款更为公平之处在于，在被担保的债权总额和该担保财产价值之间进行对比，产生了债权人归还多余价值给债务人的义务，而且债务人也承担了清偿没有获得清偿的剩余债务的义务。

我们之所以说变卖权的行使更为公平，是因为对担保物的变卖，该担保物的价金的最终确定存在两种可能性，与被担保的债务总额相比，可能大于或是小于该债务总额。变卖权作为担保物权的实现方式是有利于保护双方利益的，如果变卖担保物之后的价值小于债务总额，则尚未获得满足的债权人或其继承人仍然可以请求债务人履行，只是作为该物担保的债权与一般债权人的债权处于同一受偿顺位，如果变卖该担保物的价值高于被担保债务总额，那么债务人或其继承人可请求获得多余价值的返还。

D. 20. 5. 9. 1. *Poi Pomponio*, *nel libro secondo delle lezioni*, *scrisse così*: *ciò che si suole aggiungere nella dazione dei pegni*, *come*

---

[1] Paolo Frezza, *La garanzia delle obbligazione*, *corso di diritto romano*, II, *le garanzie reali*, Padova, 1963, p. 223.

[2] Aberto Burdese, *Manuale di diritto privato romano*, Torino, UTET, 2000, p. 438.

[3] Aberto Burdese, *Manuale di diritto privato romano*, Torino, UTET, 2000, p. 387.

第六章　担保物变卖中当事人的权利义务

la clausola che, se il pegno fosse stato venduto per meno il debitore dovesse dare il restante, è superfluo, perchè la cosa è così, in base dal diritto stesso, anche senza l'aggiunta di ciò.

该片断中彭波尼说道，"如果质物出卖的价款少于债务人应当给付的，债务人应该补足剩余的，如果多余了，那么基于同样的权利义务其应该返还多余的价值，即使没有在协议中这样说"。

换句话说，如果变卖该担保物的价金低于债务的总额，不足以完全清偿债权人的债权，则债务人仍然对剩余的债务负责，相反情形下，变卖该担保物的价值清偿被担保的债务之后多余价值应该返还给债务人。[1] 在债权人依照该变卖价金获得了清偿后，债权消灭，这里获得价金应该与被担保债权相等，所以该被担保债权总额高于该变卖担保物所获得的价金，债务人仍然承担清偿责任。[2] 优士丁尼法中也承认说债权人应该返还多余价金，债务人应该清偿剩余债权。在古典法中，这一债权人获取价金以及请求清偿剩余债务的约定无需约定，即使没有这一协议，债权人仍然享有请求清偿剩余债务的权利。[3]

小　结

在原始文献中并不缺少明确的证据，债权人可以行使这一变卖权，债权人变卖该担保物之后，该物的价值可能大于或者小于债务总额，这一变卖需要受到规范。[4] 无需怀疑的是，变

---

[1] Arnaldo Biscardi, *Appunti sulle garanzie reali in diritto romano*, Milano, 1976, p. 228.

[2] Alberto Burdese, *Lex commissoria e ius vendendi nella fiducia e nel pignus*, Torino, 1949, pp. 195-196.

[3] Fritz Schulz, *Classical Roman Law*, Oxford, 1992, p. 417.

[4] Arnaldo Biscardi, *Appunti sulle garanzie reali in diritto romano*, Milano, 1976, p. 65.

卖权作为担保物权的实现方式体现了更为公平的价值，不仅为了债务人利益赋予债务人可请求返还多余价值的权利，也可能有利于保护债权人利益，如果没有完全满足其债权，该债权人还可请求债务人继续清偿剩余部分。

我国法上对于担保物权实现中，债权人如何行使变卖权变卖该物并以获得的价金优先受偿没有详细规定，只简单规定了债权人可就该担保物价金优先受偿，且变卖该物多余价值归债务人享有，没有获得清偿的债权人还可以请求债务人继续清偿，但没有规定债权人变卖该担保物后还应该返还该多余价值的利息，且没有对债务人行使这一返还多余价值的诉权有规定。实际上，返还多余价值和继续承担清偿责任，这是诚信义务的要求。返还多余价值和承担继续清偿的责任是来自于默示的质押协议内部。[1] 债权人义务是应该返还该担保物的多余价值给债务人，这是担保物权设立之时默示条款规定了的。[2] 赋予担保物权人对该质物的变卖效力，不需要就该多余价值的返还缔结明确协议。[3]

在担保物出卖给买受人后，该担保物被追夺，购买人应该向谁请求其承担物被追夺的责任？按照一般的买卖关系，出卖人应该对购买人承担物被追夺的责任，因为其主要的转移该物所有权的义务并没有履行完成。但是对担保物的变卖权，与一般买卖关系中的区别是，债权人不是该物的所有权人，其实际

---

〔1〕 Alberto Burdese, *Lex commissoria e ius vendendi nella fiducia e nel pignus*, Torino, 1949, p. 8.

〔2〕 Arnaldo Biscardi, *Appunti sulle garanzie reali in diritto romano*, Milano, 1976, p. 246.

〔3〕 Alberto Burdese, *Lex commissoria e ius vendendi nella fiducia e nel pignus*, Torino, 1949, p. 204.

第六章　担保物变卖中当事人的权利义务

是获得了债务人即该物的所有权人的授权而出卖该物的，且对该担保物的变卖实际是债务人不履行其义务的结果。在被变卖的担保物被追夺时，债务人在其中扮演了怎样的角色，又该如何保护购买人的利益，这是需要深入探讨的。每一个法律制度都应该符合平衡当事人之间权利义务这一基本的价值。每一个法律制度也都承载着这样的价值，正如我们以上所说的，法律制度应该平衡当事人之间的权利义务。下一节我们将要详细讨论如果该被变卖的担保物被追夺，则在债权人-变卖人、购买人、债务人之间如何分配权利、义务关系。

第七章
担保物被追夺责任的承担

债权人在债务人没有按时清偿其债务时,可就担保物变卖并以获得价款优先受偿,这是担保物权的实现,也是担保物权的本质效力,正如史尚宽所言:"担保物权的实现是担保物的本体。"正如在上一章中所说的,债权人行使其变卖权变卖该担保物时,实际涉及债权人-出卖人、债务人和购买人之间的关系。

一般买卖协议中出卖人应该向购买人承担该物被追夺的责任,在出卖物被其真正所有权人追夺时,债权人应该返还价金给购买人。由于担保物变卖中债权人-出卖人、债务人和购买人之间的特殊关系,如果出卖的担保物被追夺了,该如何承担物被追夺的责任,是债权人还是债务人承担物被追夺的责任?罗马法上确认了应该为被变卖担保物的追夺承担责任,"依照公元2世纪的法学理论,每一个质物的变卖都是附有被追夺担保的"。[1]

我们需进一步考察,在这一对担保物的变卖中,在物被其真正所有权人追夺、购买人丧失该物时,如何保护其利益,是否可请求作为出卖人的债权人承担责任、返还价金?债务人设立担保物权时号称其是该物的所有权人,并对债权人授权变卖,其是否承担欺诈责任,是否应该就物被追夺对购买人承担责任?当事人是否可约定追夺责任的承担?这一系列问题都围绕着担

---

[1] Milan Bartosek, La responsabilità del creditore e la liberazione del debitore nella vendita pignoratizia, secondo il diritto romano, in *B. I. D. R.*, 51-52, 1948, p. 254.

保物变卖中三者之间的特殊关系展开。"质物的变卖，涉及三个主体，债务人，债权人和购买人，他们都明知该物的状态。"[1] 这里实际应该区分在担保物买卖中，购买人是否明知该物是担保物，如果购买人不知，则出卖人－债权人违反诚信原则，是否应承担欺诈责任？是否会改变当事人之间有关物被追夺责任承担的权利义务关系？以下将分情况探讨购买人是否明知该物是担保物，在债权人、债务人、购买人之间物被追夺责任应如何承担的问题。

第一节 中国法上担保物变卖中物被追夺责任的规定

我国法上并没有涉及在变卖担保物之后，如果购买人获得的物被追夺，应该如何承担物被追夺责任的问题。该问题在立法和学术界没有引起足够重视。本质上，中国法上对于担保物权的实现问题只有简单的原则性规定，缺乏具体可操作性，缺乏对当事人权利义务的合理安排和规范，没有具体规定担保权人应该如何行使其变卖权，是否承担通知债务人的义务。对变卖之后当事人之间的权利义务也仅是粗略原则性的规定，更是缺乏对当事人权利保护相关诉权的规定。对担保物权实现中当事人权利义务的合理安排和规范，合理程序的安排能更好地促使当事人实体权利的实现，且能更好地实现实物担保制度的价值。

在我国法有关变卖担保物实现担保物权的规定中，并没有涉及物被追夺责任的承担问题，没有表明应该是债权人或是债

---

[1] Milan Bartosek, La responsabilità del creditore e la liberazione del debitore nella vendita pignoratizia, secondo il diritto romano, in *B. I. D. R.*, 51-52, 1948, p. 275.

务人对购买人承担该物被追夺的责任。我国法上与担保物被追夺责任的承担唯一相关的是有关拍卖的规定，即在担保物权执行中，如果是以拍卖形式行使担保物权，则该购买人借助于拍卖获得的是没有任何负担的原始所有权，所以不存在物被追夺责任的承担问题。因为拍卖作为原始取得方式，该物之上的所有负担都消除。购买人确定的获得该物的所有权。该物的真正所有权人应通过对无权处分人请求损害赔偿来获得保护。[1]

罗马法上，不但对担保物权人如何行使其变卖权，变卖程序中各主体的权利义务有明确规范，对变卖该担保物后，各主体间的权利义务安排也有详细规范。如果该物被追夺，出卖人-债权人、债务人间应如何对购买人承担物被追夺责任，罗马法上的规定很好地平衡了三者之间的权利义务。这样不但有利于担保物权的实现，也有利于实物担保制度的良性发展。

第二节　罗马法上担保物变卖中物被追夺责任的承担

一、与债权人信托中信托物变卖中物被追夺责任的承担

与债权人信托作为罗马法上最古老的实物担保形式之一，

---

[1]　在德国法上规定是一样的，即拍卖被认为是公法上的行为，购买人所获得的是原始取得的所有权，该拍卖行为实际获得了公示公信的效力，对该第三购买人的保护是绝对的。日本法上没有承认拍卖的公示公信效力，而是区分该拍卖物的瑕疵是质量瑕疵还是权利瑕疵。对于质量瑕疵购买人不能请求任何赔偿。但是对于权利瑕疵，如果该物被真正所有权人追夺了，则购买人可请求债务人损害赔偿。如果债务人没有能力赔偿，购买人可请求被担保的债权人承担损害赔偿责任，因为该债权人获得了购买人价金的给付，其应该返还全部或是部分价金。依照日本法上的规定，担保权人实际承担了物被追夺责任，其应确保购买人获得该物的所有权。

第七章　担保物被追夺责任的承担

信托人-债务人转移该物所有权给受托人-债权人，以担保其债务清偿，所以该受托人-债权人实际是该信托物市民法上的所有权人。在债务人-信托人到期不履行其义务，债权人-受托人行使变卖权时，实际是以所有权人身份而不是被授权人的身份行使变卖权。在罗马法上，起初主流观点认为受托人-债权人对其变卖该信托物向购买人承担物被追夺的责任。因为在信托物的买卖中，债权人-受托人作为该物的所有权人。债权人-受托人可以缔结出卖简约，出卖信托物，也承担物被追夺的风险。[1]开始时受托人是作为所有权人对物被追夺承担责任，正如其他所有的出卖人一样，正如我们在古典时期后期所看到的。[2]

在与债权人信托中，如上所说受托人-债权人起初是按照一般出卖人承担物被追夺责任，但也允许当事人排除对该追夺责任的承担。这一条款，确定了出卖信托物的模式，当事人可达成协议排除受托人就该出卖担保承担追夺责任，即对于所有实物担保形式都可适用这一排除承担追夺责任的约定。[3]随后，在信托物变卖中，这一债权人-受托人不承担任何追夺责任的协议非常平常。[4]

在实践中，这一约定非常明显的是为了在信托物卖给第三人随后被追夺的时候，免除债权人-受托人的责任。因为事实

---

[1] Paolo Frezza, *Le garanzie delle obbligazioni, corsi di diritto romano, II, le garanzie reali*, Padova, 1963, p. 59.

[2] Alberto Burdese, *Lex commissoria e ius vendendi nella fiducia e nel pignus*, Torino, 1949, p. 181.

[3] Arnaldo Biscardi, *Appunti sulle garanzie reali in diritto romano*, Milano, 1976, p. 72.

[4] Alberto Burdese, *Lex commissoria e ius vendendi nella fiducia e nel pignus*, Torino, 1949, p. 181.

上，受托人作为债权人实际是以出卖该担保物的价金获得债权满足，在物被追夺时，如果其要返还该获得的价金给买受人，那么相当于其仍然没有获得清偿。排除债权人-受托人承担这一担保物被追夺的责任，非常明确的是为了确认一旦债务人没有按时履行义务，债权人对该担保物行使变卖权出卖了该担保物，则可确保对债权的满足是持久的。[1]

在与债权人信托中，开始债权人-受托人需要承担物被追夺的责任，随后不需要承担这一责任了，这与在质押和抵押中的发展一样。在质押和抵押中，债权人不为物被追夺承担责任，这一历史发展应该尊重现实，从信托中的要式买卖开始，到公元2世纪犹利安时代，已经广泛存在债权人不为物被追夺承担责任，这一惯例发展到质押和抵押之中。[2] 债权人首先依照买卖协议的一般原则承担责任，但是这一责任很快逐渐消除了，依照当事人之间的特殊协议，最后这一约定不承担物被追夺责任的习惯成为通常的惯例。[3]

有关物被追夺责任承担，质押和信托中规定不一致，保罗非常明确地宣布了这一原则，即质权人和抵押权人一开始就不对物被追夺承担责任。[4]

在片断 D. 20. 5. 10. *Lo stesso paolo, nel libro sesto dei response. Sebbene colui che comprò una pegno in virtù della clausola di vendita*

---

[1] Arnaldo Biscardi, *Appunti sulle garanzie reali in diritto romano*, Milano, 1976, p. 72.

[2] Milan Bartosek, La responsabilità del creditore e la liberazione del debitore nella vendita pignoratizia, secondo il diritto romano, in *B. I. D. R.*, 51-52, 1948, p. 274.

[3] Milan Bartosek, La responsabilità del creditore e la liberazione del debitore nella vendita pignoratizia, secondo il diritto romano, in *B. I. D. R.*, 51-52, 1948, p. 278.

[4] Alberto Burdese, *Lex commissoria e ius vendendi nella fiducia e nel pignus*, Torino, 1949, p. 174.

第七章 担保物被追夺责任的承担

del pegno non possa rivalersi nei confronti del venditore per l'evizione della cosa, tuttavia non si deve dare ascolto al creditore che vendetta il fondo oggetto del pegno, se per altro motive voglia muovere controversia nei confronti del possessore riguardo alla stessa cosa. 中保罗确定了"尽管依照质物出卖的条款买了一个质物，该物被追夺了，购买人也不能对抗出卖人要求其返还价金，作为债权人的出卖人不承担卖出质物被追夺责任"。

虽然在质押和信托中一样，债权人都不承担该担保物被追夺责任，但由于两个制度本身呈现出不同的历史发展特征，债权人作为变卖担保物出卖人所承担的物被追夺责任也不一样。事实上，在信托中，债权人是市民法上的所有权人，其必须以要式买卖或是拟诉弃权方式承担转移该物所有权的义务。[1] 直到古典时期末期才产生当事人明示协议可排除该一般买卖中出卖人承担物被追夺责任的做法。而在质押中，质权人并不是该担保物所有权人，其以自身名义为自身利益出卖他人的物，一开始实际就否定了其承担该物被追夺的责任。[2] 质押中债权人对质物的变卖，债权人-出卖人并不是所有权人，质权人所承担的物被追夺的责任局限于买卖协议明确约定购买人承担物被追夺责任这一情形中。[3]

二、罗马法上质押和抵押中物被追夺责任的承担

在质押和抵押领域，有关债权人（担保权人）变卖担保物

---

[1] Paolo Frezza, *Le garanzie delle obbligazioni, corsi di diritto romano*, II, le garanzie reali, Padova, p. 208.

[2] Alberto Burdese, *Lex commissoria e ius vendendi nella fiducia e nel pignus*, Torino, 1949, p. 186.

[3] Paolo Frezza, *Le garanzie delle obbligazioni, corsi di diritto romano*, II, le garanzie reali, Padova, 1963, p. 208.

后，该担保物被其真正所有权人追夺，该物被追夺责任如何向购买人承担的问题，这实际涉及将谁作为变卖人的讨论，如果债务人作为变卖人，其是该担保物的所有权人，债权人作为该变卖关系的局外人，由债务人承担物被追夺的责任是合理的。如果债权人作为变卖人，其不是该物所有权人，但其作为出卖人是否应该对购买人承担该物被追夺的责任，需考虑质押和抵押中对担保物的变卖与一般担保协议的目的和动机的区别。在担保物变卖中，债权人本质上由于债务人不履行义务而行使其变卖权，实现担保物权制度之目的，虽然形式上是转移该物所有权以获得价金。那么在债权人作为出卖人场合，是否应由其向购买人承担物被追夺的责任？在债权人变卖该担保物过程中其应履行何种义务以避免承担物被追夺责任？是否可允许当事人约定物被追夺责任的承担？在罗马法上有十分丰富的片断对此进行说明，从罗马法上的片断 D. 13. 7. 22. 4. 和 Ulp. 30. ad ed. 中我们可以看出，"当行使变卖权的债权人担保物被追夺时，这不涉及债权人和购买人的关系，而涉及债权人和债务人的关系。"[1]

（一）债权人不向购买人承担物被追夺责任

在债务人没有按时清偿其义务，担保物权人（债权人）变卖该担保物以获得价金满足其债权时，如果该被变卖担保物被追夺了，该物出卖人即债权人是否对购买人承担物被追夺责任，是否应返还其所获价金给购买人？罗马法上的片断，更多认为债权人不承担物被追夺责任。我们可找到准确证据证明，在当时，债权人变卖质物依照波提卡铜板并不需要对购买人承担任何担保责任，即不需要承担该物被追夺责任，这符合当时法律

---

[1] Milan Bartosek, La responsabilità del creditore e la liberazione del debitore nella vendita pignoratizia, secondo il diritto romano, in *B. I. D. R.*, 51-52, 1948, p. 256.

第七章　担保物被追夺责任的承担

商业规则。[1] 在波提卡铜板中找不到要求质权人承担物被追夺责任的证据。古典时期所有有关这一问题的片断都认为债权人无需承担物被追夺责任，因为行使的是质权中的变卖权，与其以何种方式转移所有权无关。罗马法上的主流观点仍然是债权人不承担物被追夺责任。

债权人是依照其变卖权变卖该担保物以满足自身债权，以实现担保物权的制度价值。在债权人行使变卖权时，购买人不仅不能向出卖人要求其承担物被追夺责任，也不能要求债权人（出卖人）返还其所给付的价金。非常明确地肯定变卖质物的债权人没有任何义务提供任何担保。罗马法上很多片断都证明了这一论断，即在债权人对担保物变卖中，虽然作为出卖人，但不对购买人承担物被追夺责任，因为担保物买卖实际是一种特殊买卖关系，实际更加重视保护债权人利益。

在片断 D. 20. 5. 10. *Lo stesso paolo, nel libro sesto dei response. Sebbene colui che comprò una pegno in virtù della clausola di vendita del pegno non possa rivalersi nei confronti del venditore per l'evizione della cosa, tuttavia non si deve dare ascolto al creditore che vendetta il fondo oggetto del pegno, se per altro motive voglia muovere controversia nei confronti del possessore riguardo alla stessa cosa.* 中法学家保罗认为"购买人是依照质物出卖的条款购买了一个质物，其不能要求出卖人（债权人）承担追夺的责任，也不能要求返还所给付的价金"。在这一片断中，被变卖的担保物被真正的所有权人追夺了，购买质物的人不能向债权人要求返还价金，也就是说，债权人不承担物被追夺责任。

---

[1] Milan Bartosek, La responsabilità del creditore e la liberazione del debitore nella vendita pignoratizia, secondo il diritto romano, in *B. I. D. R.*, 51-52, 1948, p. 266.

片断 D. 19. 1. 11. 16.[1] *Lo stesso Ulpiano, nel libro trentaduesimo All'edito. Ritengo che il parere di Giuliano sia verissimo anche con riferimento ai pegni: infatti, se il creditore abbia venduto i pegni, in virtù del suo diritto di creditore, e poi le cose vendute siano state evitte, egli non è tenuto con l'azione da compera neppure alla restituzione del prezzo, ciò, infatti, è stato stabilito con molte costituzioni.* 作为罗马法上最为典型的确认债权人作为出卖人并不向购买人承担物被追夺责任的片断。

乌尔比安认为犹利安的观点十分正确,当说到质押时也十分正确。事实上,若质权人变卖质物,其是基于债权人质权而变卖质物,随后该质物被追夺了,该债权人不会被买物之诉起诉,也不会被要求返还价金,这事实已经被很多政令确定了。

且这一片断的后半部分 *Chiaramente il venditore risponderà per dolo, e pertanto deve anche promettere con stipulazione garantendo l'assenza di dolo; ma anche se non abbia promesso e tuttavia sapendolo, abbia venduto una cosa non vincolata a sè per il diritto di pegno o che non era di colui che era obbligato nei suoi confronti, sarà tenuto con l'azione da compera, poichè abbiamo già mostrato che egli deve rispondere per il dolo.* 明确了,"债权人应该为自己的故意欺诈承担责任,因此其必须允诺该变卖是不存在欺诈的。但是即使其没有做出这样的允诺,且其知道该物并不是为其出质的物,或是并不是出质人有权处分的物,则该债权人应该受到买物之诉,因此我们可以说质权人应该为欺诈承担责任"。

罗马法上确认在担保物变卖中,债权人作为出卖人不对担

---

[1] S. Schipani, *Iustiniani Augusti Digesta seu Pandectae e Traduzione*, III, Milano, 2007, p. 403.

保该出卖物不被追夺向购买人承担责任。乌尔比安的片断 D. 19. 1. 11. 16. 具有很大的价值，一方面确认了乌尔比安和犹利安有关这一问题的观点，即债权人不对该物被追夺承担责任；另一方面这一片断代表了公元 2—3 世纪的主流观点，我们认为这一阶段是罗马古典法获得最大发展的时期。[1]

在罗马法上，实际上几乎所有片断都排除债权人承担物被追夺责任，在古典法中以及在公元 2 世纪的原则中，债权人不承担物被追夺责任，在优士丁尼法中也一样。[2] 债权人基于变卖权协议可变卖该物以获得价金优先清偿，其不需要承担物被追夺责任。因为这总能追溯到债务人的责任，本质上是债务人无权处分，以他人的物设立质押或抵押。[3] 厄尔伯（Erbe）教授也认为，"质物的变卖在古典法中原则上债权人不需要为物被追夺承担责任。"[4]

（二）债务人承担物被追夺责任

如果从一般买卖关系而言，债务人实际是买卖关系局外人，其并不作为该担保物出卖人，如果要求债务人承担物被追夺责任，那么如何在债务人与购买人之间架设起关系的桥梁，其理论基础为何？

我们可以从债权人与债务人物的担保关系和债务人作为该变卖物所有权人的身份特征入手，来分析要求债务人承担物被

---

[1] Milan Bartosek, La responsabilità del creditore e la liberazione del debitore nella vendita pignoratizia, secondo il diritto romano, in *B. I. D. R.*, 51-52, 1948, p. 257.

[2] Milan Bartosek, La responsabilità del creditore e la liberazione del debitore nella vendita pignoratizia, secondo il diritto romano, in *B. I. D. R.*, 51-52, 1948, p. 268.

[3] Alberto Burdese, *Lex commissoria e ius vendendi nella fiducia e nel pignus*, Torino, 1949, p. 214.

[4] Milan Bartosek, La responsabilità del creditore e la liberazione del debitore nella vendita pignoratizia, secondo il diritto romano, in *B. I. D. R.*, 51-52, 1948, p. 260.

追夺责任的法理基础。正如以上所说,债务人实际是该物所有权人,其将该物为债权人利益设立担保,为确保债权人能优先获得清偿,实际在缔结实物担保协议时就已授权债权人在没有按时获得清偿时可行使其变卖权变卖该物,债权人对该物的变卖权实际来自于该物的所有权人债务人的授权。如果债务人故意欺诈债权人、提供了其不享有处分权的物,则债权人本身无法避免这一风险,且物被追夺责任始终要追溯到对该物无权处分的债务人承担。如果要求债权人承担物被追夺责任,其返还价金,则其所获清偿不确定,不利于实物担保制度功能发挥。且债权人承担了物被追夺责任后,其需再次请求债务人承担其责任,也徒增法律关系复杂和程序繁琐程度。

但如果债权人(出卖人)违反诚信原则,其应承担物被追夺责任。[1] 例如其明知该物并不是债务人的物而出卖给买受人,随后该物被真正权利人追偿,则其应对买受人承担物被追夺责任。从购买人角度而言,只需规定债权人诚信义务,即债权人应告知该物实际是质物,购买人本身可判断这一风险,作为出卖人的债权人不承担物被追夺责任本身并无不合理之处。罗马法上确认了债务人即该物的所有权人对购买人承担物被追夺责任。

1. 购买人获得债权人转让的诉权

如果被变卖的质物被追夺了,债权人依照优士丁尼法上享有的买物之诉应转移给买受人,其来自于质押关系的质押之诉反诉的权利。[2] 即债权人转移其针对债务人的诉权给买受人,

---

[1] Alberto Burdese, *Lex commissoria e ius vendendi nella fiducia e nel pignus*, Torino, 1949, p. 175.

[2] Milan Bartosek, La responsabilità del creditore e la liberazione del debitore nella vendita pignoratizia, secondo il diritto romano, in *B. I. D. R.*, 51-52, 1948, p. 239.

第七章 担保物被追夺责任的承担

以便买受人要求债务人承担物被追夺责任。

保罗在片断 D. 20. 5. 13. *Paolo, nel libro primo dei decreti. Il creditore che, in base al suo diritto, vendetta il pegno, deve cedere il proprio diritto cioè l'azione pigneratizia e, se possiede la cosa data in pegno, parimenti deve consegnarne il possesso.* 中确认了"债权人基于其权利出卖了质物，必须转移其权利，即质押之诉给买受人，如果占有了该质物，同样必须转移占有"。这一片断为我们揭示出变卖质物的必然结果，即债权人应转移该物之上的质押之诉给购买人。[1]

实际在片断 D. 20. 5. 13. 和 D. 21. 2. 38 中都确认了"被追夺的购买人可以从出卖人处获得质押之诉的反诉的权利"[2]。片断 D. 21. 2. 38. 中更明确确认了在该物被追夺的时候，债权人应转移其对债务人的诉权给买受人。

D. 21. 2. 38. *Lo stesso Ulpiano, nel libro secondo delle dispute. Con riferimento al creditore che ha venduto il pegno, si può esaminare se, avvenuta l'evizione della cosa, egli sia tenuto, con l'azione da compera, anche a cedere l'azione che ha contro il debitore: egli, poi, ha l'azione pignoratizia contraria. Ed è preferibile che la ceda: a chi, infatti, non parrà equo che il compratore consegue almeno quello che sarà possible senza discapito del creditore?*

乌尔比安说，"涉及质权人对质物的出卖，质权人是否受到以买物之诉所提出的担保物不被追夺的制约？质权人会将其针对债务人的诉讼转让给买受人，即债权人针对债务人的质押之诉

---

[1] 虽然有学者认为这一片断中说到的质押应该是篡改了信托，实际是有关信托中受托人作为出卖人的义务，但无论是信托还是质押都在此并没有区别。

[2] Alberto Burdese, *Lex commissoria e ius vendendi nella fiducia e nel pignus*, Torino, 1949, p. 195.

反诉，转让这一诉权使得事实上债权人并不承担物被追夺责任。"巴托赛克（Bartosek）教授发现了乌尔比安的片断 D. 21. 2. 38. 与之前片断 D. 19. 1. 11. 16 之间的联系，在片断 D. 19. 1. 11. 16 中否认了债权人应承担买卖协议中返还价金义务后（这一决定在犹利安时做出的，乌尔比安接受了犹利安的观点），乌尔比安产生的疑问是，是否债权人依照买卖协议可以转让其对债务人诉权给买受人。肯定的回答不仅不会与该之前片断产生矛盾，且与犹利安时期有关债权人责任的规范相融合。[1]

如果债权人享有任何针对债务人的诉权，其应按照买卖之诉转移给购买人，以便购买人可获得保障。如果债权人没有遵守诚实信用原则，购买人可以买物之诉对抗债权人。或者债权人可提起要求返还质物之诉对抗债务人，那么购买人可要求债权人转让这一诉权，以便购买人获得其所购买物的所有权。[2]

2. 购买人获得了直接针对债务人的诉权

罗马法上值得讨论的问题是购买人是获得了债权人所转移的其针对债务人质押之诉的反诉以对抗债务人，要求其承担物被追夺责任，还是购买人直接获得针对债务人的程序性手段？有学者认为赋予物被追夺的购买人一个扩用的买物之诉以对抗债务人是非常有意义的，这在片断 D. 20. 5. 12. 1 和片断 D. 21. 2. 74. 1. 中有提到。[3] 首先考虑，在这样的情况下，债权人不承担担保物被追夺责任，只要债权人变卖该质物时是诚信的，是正常行

---

[1] Paolo Frezza, *Le garanzie delle obbligazioni, corsi di diritto romano*, II, *le garanzie reali*, Padova, 1963, p. 211.

[2] Paolo Frezza, *Le garanzie delle obbligazioni, corsi di diritto romano*, II, *le garanzie reali*, Padova, 1963, p. 216.

[3] Alberto Burdese, *Lex commissoria e ius vendendi nella fiducia e nel pignus*, Torino, 1949, p. 217.

使其权利,则不承担物被追夺责任。产生争议的是如果此时该物被追夺了,则是否赋予买受人以买物之诉对抗债务人。债务人依靠买受人的给付已经解除了债务,实际债务人获利了,其应赔偿给买受人价金、利息和孳息等。否则债务人实际获得了不当得利,购买人受到了损失。

3. 由债务人而不是债权人承担物被追夺责任的原因和意义

在普通买卖中,出卖人应对买受人承担物被追夺责任。但在担保物变卖中,涉及实物担保这一特殊情况,担保权人作为出卖人出卖该物本质上是行使变卖权,其并不是该物所有权人,所以应联系变卖权的主要特性。非常明确的是,这涉及相对于一般买卖协议中出卖人的特权,即涉及担保权人的实物担保权。[1] 在担保物变卖中,对购买人承担物被追夺责任的是债务人而不是债权人是基于以下法律基础,这也对买卖关系中责任承担、担保物权实现,以及实物担保制度发展具有十分重要的意义。

(1)债权人不是该物所有权人,其是基于被授予的变卖权而变卖该担保物。罗马法上实物担保中,在古典时期,质权人、抵押权人或是与债权人信托中的受托人是基于变卖权而变卖该物,不需要承担潜在的该物被追夺责任。[2] 债权人是否承担物被追夺责任,这其实与变卖权的历史发展相关,变卖权已成为实物担保协议中的默示因素,该权利的行使目的是使债权人被担保的债权获得满足,那么为了实现这一制度的目的,更为合理地解释是债权人不承担物被追夺责任。质权人对物被追夺不

---

[1] Milan Bartosek, La responsabilità del creditore e la liberazione del debitore nella vendita pignoratizia, secondo il diritto romano, in *B. I. D. R.*, 51-52, 1948, p. 276.

[2] Alberto Burdese, *Lex commissoria e ius vendendi nella fiducia e nel pignus*, Torino, 1949, p. 185, nota 1.

承担责任的原则随着变卖权制度发展被确定为原则。[1] 在质押和与债权人信托中一样,应该承认质权人不承担质物被追夺责任,这同样产生于一个古老的协议,即变卖权协议。[2] 变卖权确认了该出卖人实际不是该物的所有权人,而只是被授予变卖权变卖他人的物,其不承担物被追夺责任的原因在于,其是按照质权而行使变卖权,不是作为所有权人。

债权人不承担物被追夺责任,因为其不知该物并非债务人的物而为其设立实物担保,不应该由其承担这一风险,质押可以在任何有体物上设立,只要在设立时债务人善意占有即可。[3] 这涉及物被追夺时的责任承担问题,债权人在此不承担物被追夺责任,因为其已经判断了该物是债务人善意占有,要求债权人判断债务人是否享有所有权是对其过于严苛的要求。且债权人在变卖过程中履行了诚信义务,债权人实际上明确通知了购买人,其是依照自身担保物权而行使变卖权,作为出卖人而出卖该物。[4] 乌尔比安的观点与犹利安一样,即变卖人-债权人行使其质权中的变卖权,随后物被追夺了,债权人不依照买物之诉对物被追夺承担责任,债权人只对故意承担责任。在质物变卖中债权人是依照自身质权而行使变卖权变卖质物,与

---

[1] Alberto Burdese, *Lex commissoria e ius vendendi nella fiducia e nel pignus*, Torino, 1949, p. 186.

[2] Paolo Frezza, *Le garanzie delle obbligazioni, corsi di diritto romano, II, le garanzie reali*, Padova, 1963, p. 209.

[3] Aberto Burdese, *Manuale di diritto privato romano*, Torino, UTET, 2000, p. 383. D. 20, 1, 3, pr.; D. 20, 1, 15, 1.

[4] Milan Bartosek, La responsabilità del creditore e la liberazione del debitore nella vendita pignoratizia, secondo il diritto romano, in *B. I. D. R.*, 51-52, 1948, p. 275.

第七章 担保物被追夺责任的承担

缔结不承担追夺责任的协议无关。[1]

（2）债权人原则上不承担物被追夺的责任以确保实物担保制度的稳定效力。债权人是否承担物被追夺责任，这与变卖权历史发展相关，变卖权已成为实物担保协议中的默示因素，变卖权作为满足质权人债权的普通手段。[2] 如果债权人不变卖该质物以获得价金清偿则债权人的主要利益不能获得，该权利的行使目的是使债权人被担保的债权获得满足，非常重要的是债权人是否通过变卖质物获得绝对清偿。为了实现这一制度目的，更为合理的解释是债权人不承担物被追夺责任。彭波尼也认为债权人如果承担物被追夺责任，则其受到损害，法官认为其将没有依照变卖该质物获得完全清偿，并没有实现实物担保制度的目的。[3] 如果债权人要为质物负责，那变卖权制度的根基将会动摇，因为没有任何方式可确定使债权获得满足，债务人将可以他人的物设立质押。依照公元2世纪的原则，如果质物变卖获得价金是绝对清偿的被质押担保债权，债权人不承担物被追夺责任。[4]

债权人不承担物被追夺责任起源于古典时期，该债权人的债权和担保物权本身已排除债权人承担物被追夺责任，其不是该物所有权人，该债权人作为出卖人对买受人承担的责任是只

---

[1] Milan Bartosek, La responsabilità del creditore e la liberazione del debitore nella vendita pignoratizia, secondo il diritto romano, in *B. I. D. R.*, 51-52, 1948, p. 277.

[2] Paolo Frezza, *Le garanzie delle obbligazioni, corsi di diritto romano*, II, le garanzie reali, Padova, p. 209.

[3] Milan Bartosek, La responsabilità del creditore e la liberazione del debitore nella vendita pignoratizia, secondo il diritto romano, in *B. I. D. R.*, 51-52, 1948, p. 245.

[4] Milan Bartosek, La responsabilità del creditore e la liberazione del debitore nella vendita pignoratizia, secondo il diritto romano, in B. I. D. R., 51-52, 1948, pp. 275, 268.

需要通知买受人该物是作为质物变卖。

(3) 购买人明知该物是担保物的变卖。以上从担保物变卖中的关系、变卖权性质、担保物权本质和制度价值角度说明债权人无需承担物被追夺责任,应由债务人承担物被追夺责任。最后,从购买人角度而言,可追溯到古老的片断中关于免除出卖人承担质物被追夺责任的内容:出卖人表明其是债权人,或表明该出卖物是质物即可。因为购买人明知该物的状态,该购买则不带有出卖人对物被追夺的担保。[1] 这里实际说明了债权人应履行诚信义务,通知购买人该物是担保物的变卖。

质物买卖实际带有投机获利性质,毫无疑问购买人对担保物购买所支付价金极有可能小于该物实际价值。如果物被追夺了,购买人不能向债权人请求赔偿,因为购买人购买该物时实际明知这一担保物的状态和风险。[2] 这涉及买卖协议中的诚信,购买人明知是从非所有权人处,即质权人处购买了该物。质权人基于其担保物权而行使变卖权变卖该物,其不承担该物被追夺责任,另外购买人明知该物状态,购买人自愿承担该物可能被追夺的风险,一般情况下购买人以一个较小价金购买该物。[3]

(4) 债务人承担物被追夺的责任符合公平原则。从另外角度考虑,债务人承担物被追夺责任是否对其不公平?罗马法上认为债务人承担物被追夺责任公平,因为一方面债务人将他人

---

[1] Paolo Frezza, *Le garanzie delle obbligazioni, corsi di diritto romano*, II, *le garanzie reali*, Padova, 1963, p. 209.

[2] Milan Bartosek, La responsabilità del creditore e la liberazione del debitore nella vendita pignoratizia, secondo il diritto romano, in B. I. D. R., 51-52, 1948, p. 275.

[3] Alberto Burdese, *Lex commissoria e ius vendendi nella fiducia e nel pignus*, Torino, 1949, p. 185.

第七章　担保物被追夺责任的承担

的物设立质押，存在故意或过失无权处分他人的物，其应承担由其行为造成的否定性后果，当债务人欺诈债权人时，以他人的物或是有瑕疵的物设立质押，其承担这一风险是公平的。另一方面债权人变卖该物的目的是获得价金清偿，实现其担保物权，如果债权人承担了物被追夺责任，那么其将不能获得清偿，这不仅损害债权人利益，实际也无法解除债务人责任。[1] 此外，即使债务人不知其不享有该担保物所有权，不违背诚信原则，但随后该物被追夺了，我们也认为让债务人承担风险比让债权人承担更为公平。[2]

债务人本身对于债权人就承担担保其所提供担保物不被追夺的责任，在该担保物尚未变卖而被他人追夺时，债务人本就应提供其他担保物，担保质物不被他人所追诉。质押是诚信契约，如果质物非出质人所有，被他人追回，他有义务提供另一价值相当的物品作担保。如果质物上有他物权，致其价值降低，不足担保债权时，他也有义务提供补充质物，以补足因他物权而使原质物降低的价值。当然债务人还应承担可能给债权人造成损失的赔偿义务，在缔结或履行协议过程中，例如债务人以他人的物出质或以与约定的物不一致的物出质。[3] 所以，要求债务人承担这一责任公平，债务人作为最终责任承担者。相对于购买人而言，是否应该先由债权人来承担物被追夺责任？如果债权人履行了通知义务，那么就不需要承担这一责任，因为购买人明知自己所承受的风险。

---

[1] Milan Bartosek, La responsabilità del creditore e la liberazione del debitore nella vendita pignoratizia, secondo il diritto romano, in *B. I. D. R.*, 51-52, 1948, p. 246.

[2] Milan Bartosek, La responsabilità del creditore e la liberazione del debitore nella vendita pignoratizia, secondo il diritto romano, in *B. I. D. R.*, 51-52, 1948, p. 254.

[3] Aberto Burdese, *Manuale di diritto privato romano*, Torino, UTET, 2000, p. 438.

（三） 债权人承担物被追夺责任的情形

正如以上所说，罗马法上的原则是债权人不承担物被追夺责任，债务人应对购买人承担这一责任。这一判断并非绝对，债权人不对购买人承担物被追夺责任有前提条件，即债权人应依照诚信原则通知购买人该物是担保物。罗马法上在私法领域一贯强调对当事人意思自治的尊重，即当事人意思自治外化为可缔结协议安排自身的权利义务关系。在罗马法上，买受人只在两种情况下可向债权人请求承担物被追夺责任：一是债权人作为出卖人，与购买人明确约定由其承担这一物被追夺责任；二是债权人出于恶意出卖该物，其明知该物不是债务人的物而出卖给购买人，且没有通知购买人该物是担保物的法律状态，违反了诚实信用原则。[1]

1. 债权人-出卖人在买卖中存在欺诈则需要承担物被追夺责任

如上所述，在担保物变卖中原则上债权人-出卖人不对购买人承担物被追夺责任，前提条件是债权人-出卖人在该出卖中不存在欺诈，依照诚信原则行为。首先应承担一般出卖人责任，如果违反了诚实信用原则，在出卖该物时明知该物是属于他人的仍然出卖给购买人，那么应承担物被追夺责任。[2] 如果在该担保物变卖中债权人属于恶意，其知道该担保物并不是债务人的物，或是并不是债务人有权处分的物，则其可预知到购买人获得的该物未来可能被其真正所有权人追夺，则应为自身的欺诈行为承担物被追夺责任。

---

[1] Milan Bartosek, La responsabilità del creditore e la liberazione del debitore nella vendita pignoratizia, secondo il diritto romano, in *B. I. D. R.*, 51-52, 1948, p. 263.

[2] Paolo Frezza, *Le garanzie delle obbligazioni*, *corsi di diritto romano*, II, *le garanzie reali*, Padova, 1963, p. 220.

第七章 担保物被追夺责任的承担

在片断 D. 19. 1. 11. 16.[1] 的前半部分乌尔比安赞成犹利安的观点,认为"若质权人变卖质物,其是基于债权人的质权而变卖质物,随后该质物被追夺了,该债权人不会受到买物之诉的起诉,也不会被要求返还价金"。

随后在该片断的后半部分 *Chiaramente il venditore risponderà per dolo, e pertanto deve anche promettere con stipulazione garantendo l'assenza di dolo; ma anche se non abbia promesso e tuttavia sapendolo, abbia venduto una cosa non vincolata a sè per il diritto di pegno o che non era di colui che era obbligato nei suoi confronti, sarà tenuto con l'azione da compera, poichè abbiamo già mostrato che egli deve rispondere per il dolo.* 明确提到"事实上,非常明确的是,债权人应该为自己的故意欺诈承担责任,因此其必须允诺该变卖不存在欺诈。即使其没有做出这样的允诺,但债权人明知该物并不是为其出质的物,或是该物并不是出质人有权处分的物,则该债权人应该受到买物之诉的起诉,因此我们可以说质权人应该为欺诈承担责任"。

片断 D. 20. 5. 10. *il passo afferma adunque che il creditore pignoratizio pur non rispondendo per evizione, qualora abbia portato a conoscenza del compratore la propria qualità e in base e quella abbia con lui contrattato, tuttavia non può fare valere nei suoi confronti ad altro titolo pretese concernenti la cosa.* 从正面证明了债权人应承担诚信责任,告知购买人出卖物实际是质物,这一片断确认了质权人不承担追夺责任,如果其告知购买人,使其明知这一变卖是对质物的变卖。[2] 乌尔比安在片断 D. 19. 1. 11. 16. 中明确表

---

[1] S. Schipani, *Iustiniani Augusti Digesta seu Pandectae e Traduzione*, III, Milano, 2007, p. 403.

[2] Alberto Burdese, *Lex commissoria e ius vendendi nella fiducia e nel pignus*, Torino, 1949, p. 175.

示债权人不承担物被追夺责任，如果其没有恶意变卖的话，主流法学赞同乌尔比安的观点，没有提出任何疑问。[1]

2. 允许约定债权人承担追夺责任

如果债权人作为出卖人向买受人担保物不被追夺，则其是否应该对购买人承担物被追夺责任，是否应返还价金？在担保物变卖中，罗马法上的原则是债权人-出卖人不对购买人承担物被追夺责任，如果债权人没有明确表示承担物被追夺责任，其不需要对物被追夺承担赔偿责任。

在公元2世纪时，诚实的债权人依照质权变卖质物原则上不会承担物被追夺责任，只要其没有明确表示承担这一责任，在当时一般买卖中物被追夺责任还没有扩展到质物变卖之中。[2] 如果债权人-出卖人想要明确担保物被追夺责任，其可以适用担保物被追夺责任的协议。出卖人-债权人和购买人可协商就物被追夺责任承担缔结协议，由债权人承担物被追夺责任。当该物存在权利瑕疵或被追夺时，债权人就应承担这一物被追夺责任。为弥补购买人损失，债权人应返还购买人所给付价金。为了尊重当事人意思自治，应认可这一协议效力，这其实是购买人为保护自身利益特殊约定在物被追夺时更为便捷地请求出卖人-债权人返还价金的手段。以下主要研究债权人在按照协议承担物被追夺的责任后，是否可从债务人处获得赔偿，或者债权人是否可预先与债务人就该物被追夺责任达成协议。

如果债权人对购买人承担物被追夺责任担保，在该物被追夺时，债权人应返还价金。对于债权人的损失，应由债务人承

---

[1] Milan Bartosek, La responsabilità del creditore e la liberazione del debitore nella vendita pignoratizia, secondo il diritto romano, in *B. I. D. R.*, 51-52, 1948, p. 271.

[2] Milan Bartosek, La responsabilità del creditore e la liberazione del debitore nella vendita pignoratizia, secondo il diritto romano, in *B. I. D. R.*, 51-52, 1948, p. 277.

第七章 担保物被追夺责任的承担

担返还的责任。如果债权人担保物被追夺是为了获得更高变卖价格,这实际对债务人有利,所以要求其承担责任公平。

3. 债权人承担了物被追夺的责任,其可以请求债务人对其进行赔偿

承担了物被追夺责任的债权人如何获得赔偿?在与债权人信托中,承担物被追夺责任的债权人-受托人可为自己寻求来自债务人的保障。没有受到清偿的债权人出卖了一些作为信托物的奴隶,承担了物被追夺责任,那么其有权利仍然持有其他奴隶,尽管其之前出卖奴隶获得的价金足够满足其债权,其持有另外的奴隶只是为了担保可能承担的物被追夺责任,一旦物被追夺,其需要返还给购买人价金。如果其返还这一价金且承担损失,那么信托人应该为受托人提供担保以保证其因为追夺所受损失可获得赔偿。[1]

在质押中首先涉及片断 D. 13. 7. 8. 1. *Se siano stati dati in pegno più servi ed il creditore abbia venduto alcuni di essi a prezzi determinati, in modo che ne risponderebbe in caso di evizione ed altresi verrebbe ad avere il suo credito, egli può trattenere gli altri servi finche gli si presti stipulazione di garanzia di tenerlo indenne < per ciò che eventualmente si trovi a dover> per averlo promesso a titolo di evizione.*

在这一片断中,债权人变卖担保物中的一部分,且承诺对购买人承担物被追夺责任,同时该债权人与债务人实际达成协议,担保物剩余部分作为债权人承担物被追夺责任的补偿。如果物被追夺,债权人承担了物被追夺责任,其可以该剩余担保物作为其承担物被追夺责任损害赔偿的担保。作为出卖人的债权人承担物被追夺责任是有条件的,即债务人应确保因为物被

---

[1] Arnaldo Biscardi, *Appunti sulle garanzie reali in diritto romano*, Milano, 1976, p. 75.

追夺所带来的损失最终都由其负责。[1]

保罗认为，如果债权人没有获得最终清偿，债务人没有解除义务。在此债权人如果按照协议承担了物被追夺责任，返还了该物价金给购买人，其债权实际没有获得满足，则债务人仍然负债，受到约束。时常发生的情况是，债务人以提高该担保物变卖价格为目的，要求债权人对购买人承担物被追夺责任，这样出卖价格比较高，随后债务人作为诚信的人，其应向债权人担保这一物不会被追夺，提供足够担保。[2] 如果该物被追夺了，债权人承担了追夺责任，则债务人应该赔偿其损失。

债务人对于承担了物被追夺责任的债权人应承担赔偿责任的内容在片断 D. 13. 7. 22. 4. 和片断 D. 13. 7. 24. pr. 中得到进一步说明。乌尔比安的这两个片断，承认债权人可对物被追夺向购买人承担责任，也确认了债权人所承担的责任可通过质押之诉的反诉从出质人处获得赔偿。[3]

D. 13. 7. 22. 4. *Se il creditore, nel vedere il pegno, promise con stipulazione al compratore il doppio del prezzo in caso di evizione, forse che potrebbe esperire in regresso l'azione pignoratizia contraria? È si può dire che abbia il diritto di regresso, sempre che abbia venduto senza dolo e colpa, ed abbia gestito la cosa come un diligente padre di famiglia. Ma se tale vendita non procurò alcun vantaggio, ma avrebbe venduto per quanto avrebbe potuto vendere, anche senza promettere ciò,*

---

[1] Paolo Frezza, *Le garanzie delle obbligazioni, corsi di diritto romano*, II, *le garanzie reali*, Padova, 1963, p. 52.

[2] Milan Bartosek, La responsabalità del creditore e la liberazione del debitore nella vendita pignoratizia, secondo il diritto romano, in *B. I. D. R.*, 51–52, 1948, p. 276.

[3] Alberto Burdese, *Lex commissoria e ius vendendi nella fiducia e nel pignus*, Torino, 1949, pp. 191–192.

第七章　担保物被追夺责任的承担

non ha il regresso.

债权人变卖该质物时，允诺如果该物被追夺，购买人获得双倍价金返还。问题是债权人在该物被追夺时，是否可对债务人行使追偿权。如果债权人没有过错，但行使了善良家父责任，则其可行使追偿权。

D. 13. 7. 24. pr. *Ulpiano*, *nel libro trentesimo All'editto*. Mi si è posta questa elegante questione: qualora il creditore avesse ottenuto da Cesare di possedere come proprietario il pegno e questo fosse stato evitto, se egli abbia l'azione pignoratizia contraria. È si considera che sia estinta l'obbligazione di restituzione del pegno e si sia receduto dal contratto. Anzi, fu predisposta in suo favore un'azione da compera in via utile, come se la cosa gli fosse stata data in luogo dell'adempimento, al fine di dare a lui soddisfazione in misura corrispondente al debito o al suo interessi; il creditore può avere anche la compensazione, qualora contro di lui si agisca con l'azione pignoratizia o per altra causa.

如果该担保物是作为代物清偿的物给予了债权人，随后该物被追夺，则债权人是否享有质押之诉反诉权利？乌尔比安认为应享有，债务人应补偿其损失。在此获得该担保物所有权的债权人实际与购买人地位一样，实际行使买物之诉的扩用之诉。《优士丁尼法典》的编撰者们试图保护被追夺债权人的利益，承认该债权人可请求赔偿，赔偿不但包括价金还包括损失，以质押之诉或其他诉权针对债务人提起赔偿之诉。[1]

这里债权人承担物被追夺责任，返还该物价金给购买人，实际相当于没有获得任何给付，债权没有获得满足，对应的是债务人债务没有清偿，应继续承担清偿责任，没有解除债务人

---

[1] Arnaldo Biscardi, *Appunti sulle garanzie reali in diritto romano*, Milano, 1976, pp. 90-91.

的义务。罗马法上很多片断都从这一角度证明了债务人需要对承担了物被追夺责任的债权人承担赔偿责任。

在片断 D. 17. 1. 59. 4. *Lo stesso Paolo, nel libro quarto Dei responsi. Il creditore vendette il pegno; pongo il quesito se, nel caso in cui il possesso del pegno fu evitto al compratore, il creditore possa avere il regresso contro il mandante di credito a scopo di garanzia...Paolo diede il responso: se il creditore non abbia conseguito dal prezzo dei pegni quanto a lui dovuta, il mandante di credito a scopo di garanzia non risulta liberato...* 中依照保罗的观点,债务人没有解除义务如果债权没有依照变卖质物获得价金清偿。因此如果质物变卖最终被追夺了,没有达到其经济上的结果,债权人应返还价金或赔偿损失,债务人债务解除的条件没有达成,其义务仍然存在。[1] 片断 D. 20. 5. 12. 1. 中表明,债权人出卖该质物,如果该质物不被追夺,则质押解除,但如果该物被真正的所有权人追夺,债权人应返还给买受人价金,那么债务人仍然负有债务直到债权人得到完全清偿为止。

在片断 D. 20. 5. 9. pr. *Paolo nel libro terzo delle questioni. Se il creditore non avesse potuto riscuotere il prezzo dal compratore del pegno, si è posta la questione, se nondimeno il debitore fosse stato liberato. Ho reputato che, se non si possa imputare al creditore nesunna colpa, il debitore resta obbligato, poichè la vendita avvenuta per neccessità non libera il debitore se non quando sia stato percepito il denaro.* 中,保罗也确定了债权人按照其变卖权出卖质物,但非由于自身过错未获得价金,购买人没有给付价金,则债务人仍负债,并没有消灭其债务。如果是债权人自身过错受领迟延,导致未获得价金,

---

[1] Milan Bartosek, La responsabilità del creditore e la liberazione del debitore nella vendita pignoratizia, secondo il diritto romano, in *B. I. D. R.*, 51-52, 1948, p. 261.

第七章 担保物被追夺责任的承担

那么债权人自己承受债权不能获得清偿的后果。如果是不能归责于债权人的原因,这一风险不能由债权人承担,因为其本身债权应得到债务人清偿,债务人未及时清偿,所以导致债权人不得不出卖该质物,这一风险源头来自于债务人的不清偿,所以不应由债权人承担不能获得清偿的风险,债务人仍然应该承担清偿义务。

4. 在没有给付价金之前被追夺了,购买人应继续履行给付价金义务

法学家们需要解决的是,如果在购买人给付价金前该质物被追夺,那么该出卖人是否对购买人可行使卖物之诉,要求其给付价金?[1]

片断 D. 21. 2. 68. pr. *Lo stesso papiniano, nel libro undicesimo dei responsi. Se viene venduto un pegno con la clausola secondo cui il creditore pignoratizio alienante non risponda nei caso in cui si verifichi successivamente evizione, quantunque il compratore, invece di pagare il prezzo, ne abbia solo dato garanzia al venditore, a lui, pur essendo seguita l'evizione, non spetterà eccezione alcuna che lo liberi dal pagamento del prezzo.* 给出了答案,帕比尼安的答复是,如果该质物的出卖缔结了协议,约定作为出卖人的质权人不会承担物被追夺责任,尽管购买人没有支付价金,随后该担保物被追夺了,那么不会给予购买人任何抗辩,以解除购买人支付价金责任。

在片断 D. 13. 7. 24. 2. *Se un creditore abbia venduto il pegno a una somma superiore all'importo del debito, e tuttavia non abbia ancora riscosso dal compratore il prezzo, forse che può essere convenuto con l'azione pignoratizio per la restituzione dell'eccedenza, o piuttosto*

---

[1] Paolo Frezza, *Le garanzie delle obbligazioni*, corsi di diritto romano, *II, le garanzie reali*, Padova, 1963, pp. 212–213.

deve attendere fino a che il compratore paghi, o deve intraprendere azioni contro il compratore? 中提出了类似问题，如果债权人变卖质物获得了高于该债务总额的价金，但该债权人还没有从购买人处获得价金。那么债务人是否可以该质押之诉要求返还多余价金，或是应该在该购买人给付价金时才可请求返还多余价金。这一给付义务并不是由债权人所承担，在购买人没有给付价金时，债务人应等待购买人给付时才能请求返还多余价值。债务人可以卖物之诉对抗该购买人，以促使购买人履行给付价金义务。如果债权人获得了该物的多余价值，则应该返还。

作为出卖人的债权人恶意该出卖担保物，若购买人也出于恶意，则债务人可撤销这一出卖，要求返还该物和产生的孳息，以及造成的损失。[1] 如果该担保物变卖无效，则债务人可以返还原物之诉对抗第三买受人，该买受人可以买物之诉对抗债权人。[2]

小　结

债权人作为购买人，不承担一般买卖中出卖人对购买人所承担的物被追夺责任。我们可得出以下结论：其一，债权人行使其变卖权变卖担保物时应遵循诚实信用原则。如果违反诚信原则，明知该物不是债务人的物或债务人不享有处分权，或没有告知购买人该物是担保物，则该债权人需向买受人承担物被追夺责任；其二，在物被确定追夺之，债务人或对债权人，或对购买人承担责任。如果债权人承担物被追夺责任，返还了该

---

[1] Paolo Frezza, *Le garanzie delle obbligazioni, corsi di diritto romano*, II, *le garanzie reali*, Padova, 1963, p. 221.

[2] Alberto Burdese, *Lex commissoria e ius vendendi nella fiducia e nel pignus*, Torino, 1949, p. 156.

第七章　担保物被追夺责任的承担

物价金给购买人，则债务人应对债权人损失承担损害赔偿责任。如果按照担保物变卖中的一般原则，债权人不对物被追夺承担责任，则债务人应向购买人承担物被追夺责任。

古典法学家们认为债权人不承担物被追夺责任，具体的术语表达有 *ita vendidit, ut evictionem non praestaret*，不需要在债权人和购买人之间达成债权人不承担物被追夺责任的协议。[1] 债权人不需要对物被追夺承担责任，如果债权人是按照其担保物权变卖该物。基于此考虑，我们认为一开始质权人并不承担默示的物被追夺责任，只在债权人明确约定承担物被追夺责任或债权人具有欺诈行为，在变卖该物时明知该物不是出质人的物时，才可要求债权人承担物被追夺责任。[2]

直到现在为止，主流观点认为在古典法或优士丁尼法中债权人都无需承担物被追夺责任。古典法学家们认为债权人不对该变卖质物承担物被追夺责任的原因很明显，如今这一在担保物变卖中排除债权人对担保物被追夺承担责任的做法，在现代法律制度中更为确定。[3] 因此，对于担保物变卖中，债权人-出卖人、债务人和购买人之间，在物被追夺时其权利义务关系的研究，不仅具有理论研究意义，还具有实践意义。

---

[1] Milan Bartosek, La responsabilità del creditore e la liberazione del debitore nella vendita pignoratizia, secondo il diritto romano, in *B. I. D. R.*, 51-52, 1948, p. 246.

[2] Alberto Burdese, *Lex commissoria e ius vendendi nella fiducia e nel pignus*, Torino, 1949, p. 178.

[3] Milan Bartosek, La responsabilità del creditore e la liberazione del debitore nella vendita pignoratizia, secondo il diritto romano, in *B. I. D. R.*, 51-52, 1948, pp. 239, 267, 274.

第八章
一物之上多重抵押权的实现

市场经济是资本经济,市场主体为了扩充融资途径、增强融资能力,常以其财产设立实物担保进行融资。抵押权实现了物的交换价值与使用价值的完美平衡,成为最符合市场经济要求的担保形式,被称为"担保之王"。抵押权本质是价值权,无需移转抵押物占有,抵押财产(特别是不动产)有时价值巨大且具有价值可分割性,加之现代经济形势下,资源稀缺和融资需求扩大间的紧张关系日益剧烈,使得在实践中重复抵押成为普遍现象。重复抵押在融资方面相对一般抵押形式(一物一押)更符合资产资本化和资产利用最大化目的,促使物尽其用以实现多重融资。对同一物上设立多重担保之制度价值,王泽鉴先生曾言:"同一标的物上数种权利重叠,系现代物权法之特色,最能发挥物权之功能,既符合当事人之利益,复可促进社会经济福利。"[1]

事实也是尽然,债务人就同一物上设立多个抵押权,充分利用该抵押物以担保尽可能多的债权,提高了抵押物(特别是不动产)的利用效率,实现了多重融资。重复抵押决定了抵押权在该物上的存在并非唯一,无法在主体与客体间建立唯一对应关系。在重复抵押中,数个抵押权所担保的债权总额超过该抵押物价值的情形非常普遍。当同一财产上存在多个具有优先

---

[1] 王泽鉴:《民法学说与判例研究》(第1册),中国政法大学出版社1998年版,第264页。

第八章 一物之上多重抵押权的实现

受偿效力的抵押权,且该财产变卖价值又不足以清偿所负担的数个债权时,潜在的抵押权实现变成了现实的抵押权竞合,数个抵押权效力发生冲突。此时,抵押权实现的先后顺序将影响抵押权优先性,如何安排和处理各抵押权人与抵押人间的权利、义务也影响抵押权能否实现以及实现范围。我国自《物权法》颁布以来,实际上已经承认了重复抵押制度,规定了各抵押权竞合时确定优先权顺位的规则,遗憾的是并未就各抵押权人与抵押人间的权利义务关系等做出明确规定。这一遗憾随着《民法典》第414条照搬了《物权法》中的相关规定将仍然存续。

　　本章以重复抵押为轴心,以我国有关重复抵押的模糊规定和学界存在的广泛争议为切入点,以罗马法为视角,探讨重复抵押制度在罗马法上的历史发展和逐步完善,以期更深刻地理解这一制度,以罗马法学家的观点为我国重复抵押制度的完善提供智识支持和借鉴思路。因此,在罗马法语境下展开对一物之上重复抵押权实现的探讨颇具现实意义。

第一节　重复抵押制度概述

　　实质上的重复抵押,即整个物为多个抵押权人设立抵押,数个抵押权范围及于同一抵押物整体。[1] 实质上的重复抵押本质上是抵押物重叠,该物之整体为多个债权人设立抵押,债务人相同,而债权人不同。[2] 因此,实质上的重复抵押中各抵押

---

[1] Paolo Frezza, *Le garanzie delle obbligazioni*, II, corso di diritto romano, Padova, 1963, p. 246.

[2] Alfredo Bicci, *Della surroga ipotecaria per evizione e del lucri dotali*, Torino, 1882, p. 58. Salvatore Tondo, *Convalida del pegno e concorso dei pegni successivi*, Milano, 1959, p. 146.

权人之利益发生冲突。[1]

一、中国法上重复抵押制度的逐步确定

(一)《民通意见》和《担保法》的规定

在担保物权领域,我国法律对同一物上设立多个抵押权采取逐步放开的态度。最初,《民通意见》第 115 条规定:"抵押物如由抵押人自己占有并负责保管,在抵押期间,非经债权人同意,抵押人将同一抵押物转让他人,或者就抵押物价值已设置抵押部分再作抵押的,其行为无效。"该规定存在诸多不合理,禁止不经过在先债权人同意的重复抵押,限制了所有权人对自身财产的处分权能。将债务人处分其财产价值、设立重复抵押的权利交由债权人决定没有法律基础支持。重复抵押的设定实际对在先债权人利益不产生不利影响,只对在后债权人影响甚巨,而该规定却并未关注在后债权人的知情权,且本质上还停留在只认可余额再抵押上。

原本的《担保法》第 35 条规定:"抵押人所担保的债权不得超出其抵押物的价值。财产抵押后,该财产的价值大于所担保债权的余额部分,可以再次抵押,但不得超出其余额部分。"这一规定取消了获得在先债权人同意之要件,但却只承认就抵押物在担保在先债权后的多余价值可再设立抵押的余额抵押,并未承认重复抵押。《担保法》对该被担保债权总额和抵押物价值间的关系有明确规定,目的是确保担保责任的承担。《担保法》关于余额抵押制度的规定,被看作是中国更加愿意由法律来规范多重抵押制度,强制规定被担保债权和担保物价值间的

---

[1] 常宇:《论重复抵押》,载《清华大学学报(哲学社会科学版)》1999 年第 2 期。戴红兵:《论重复抵押》,载《现代法学》2000 年第 6 期。

关系，而不是交给抵押人、抵押权人自己判断其利益得失和风险承担。[1] 对同一物上重复抵押的设立采取严格管控态度，这与当时市场经济开放程度较低、融资需求不旺盛和法律制度不完善的背景不无关系。

(二)《物权法》和《民法典》中的规定

2007年制定的《物权法》在其第199条规定多个抵押权竞合抵押物价金该如何分配时，提到"同一财产向两个以上债权人抵押"，此规定可看作间接承认了重复抵押制度，实际上修改了《担保法》关于限制重复抵押的相关规定，扩大了重复抵押的适用范围，允许在同一财产上多次设立抵押，所担保债权总额可超出抵押财产价值。这种改变有利于充分发挥抵押财产的价值，促进资金融通和商品融通。《民法典》的第414条[2]秉持了与《物权法》一致的立法态度，并未对这一条文做出修改。由此可见我国担保物权领域对重复抵押制度的规定经历了从禁止到允许余额抵押再到认可重复抵押的发展路径，这与罗马法上重复抵押制度之历史发展不谋而合。法律制度作为上层建筑是对经济基础的反映，社会需求是法律发展的最好动力。重复抵押制度的逐步确立和发展实际是历史的选择。

---

[1] Aldo Petrucci, La legge sulla garanzia delle obbligazioni della repubblica popolare cinese, una prima analisi, in *Diritto Commercio Internazionale*, n. 10. 4, 1996, p. 881.

[2]《民法典》第414条关于数个抵押权的清偿顺序：同一财产向两个以上债权人抵押的，拍卖、变卖抵押财产所得的价款依照下列规定清偿：①抵押权已经登记的，按照登记的时间先后确定清偿顺序；②抵押权已经登记的先于未登记的受偿；③抵押权未登记的，按照债权比例清偿。其他可以登记的担保物权，清偿顺序参照适用前款规定。

二、重复抵押的设立

（一）无需获得在先债权人的同意

原本的《民通意见》第 115 条规定，"抵押物如由抵押人自己占有并负责保管，在抵押期间，非经债权人同意，抵押人将同一抵押物转让他人，或者就抵押物价值已设置抵押部分再作抵押的，其行为无效。"规定抵押物再次设立抵押需经在先债权人同意。这一规定是否合理可从两方面考察：一是就该抵押物再次设立抵押是否损害在先债权人利益；二是债务人是否有处分该担保物的自由。

多数国家法律规定，在重复担保领域发生权利竞合应按"时间在先、权利在先"原则确定优先权顺位，即在先债权人享有优先受偿权，是否设立在后的重复抵押并不影响其顺位利益，对其不产生不利影响，重复抵押的效力向后发生，因为对在先债权人而言这一多余价值也是空闲的。[1]由于债务人对其自身财产处分（再次设立抵押）不损害在先债权人利益，并无必要限制债务人的处分权，无需征得在先债权人同意即可设立重复抵押。因此，自《担保法》《物权法》再到《民法典》，虽然对如何设立重复抵押并未明确规定，但并无要求需获得在先债权人同意的要件。

（二）对在后债权人的通知义务

设立重复抵押，在后抵押权人承担了更大风险，基于"时间在先、权利在先"原则，可能使其设立抵押权的目的落空，债权得不到保障。对在后债权人知情权的剥夺，实际剥夺了其是否接受在后抵押权以借贷的选择权。我国法律并未规定重复抵押的设立需通知在后债权人。

---

［1］ Arnaldo Biscardi, *Appunti sulle garanzie reali in diritto romano*, Milano, 1976, p. 229.

第八章 一物之上多重抵押权的实现

事实上,同一物,无论是动产或不动产,为多个抵押权人设立担保,不取决于可预见的该物价值可满足多个债权的能力,而取决于相关利益人对解禁原先的"禁止双重典质"禁令的同意。[1] 因此,为保障在后债权人对抵押物状态的知情权,债务人应告知后顺序抵押权人并征得其同意,才能为其设立在后抵押权,否则债务人应承担欺诈责任。

片断 D. 13. 7. 36. 1. *Ulpianus* 11 *ad ed. Sed et si quis rem alienam mihi pignori dederit sciens prudensque vel si quis alii obligatam mihi obligavit nec me de hoc certioraverit, eodem crimine plectetur.* 中说若债务人以他人的物或以已设立抵押的物再为我设立抵押,而未告知我,则其承担双重典质和欺诈责任。规定债务人告知义务,使在后债权人明确预知风险,明知在先权利存在还愿意借贷并接受在后抵押,那么其就不能抱怨可能带来的对其债权的不完全担保,因为其明知存在在先的、更为广泛的抵押权。[2] 这被视为对自身权利的处分,应尊重其意思自治。一个物上设立多个担保,不取决于该物价值高于被担保债权总额,而取决于各相关利益人的同意。希腊和罗马法都规定了债务人对在后债权人的告知义务。[3] 让当事人自行约定重复抵押,本质上不能排除其存在风险的可能性,但由于有预告风险的通知措施,因而其制度设计是完善的,也不违背"一物一权"原则。

我国对重复抵押制度的构建也应借鉴罗马法上的做法,明

---

[1] Arnaldo Biscardi, *Appunti sulle garanzie reali in diritto romano*, Milano, 1976, p. 228.

[2] Alfredo Bicci, *Della surroga ipotecaria per evizione e del lucri dotali*, Torino, 1882, p. 24.

[3] Arnaldo Biscardi, *Appunti sulle garanzie reali in diritto romano*, Milano, 1976, pp. 224-225.

确债务人对在后债权人的告知义务。罗马法上没有完善的登记制度，抵押设立无需登记，现代法上除规定债务人通知义务外，更为完善的方式是规定抵押权登记制度。不动产抵押权登记制度在我国较为完善，可通过查阅登记簿知道财产先前设立抵押权的状况。但我国存在登记机关多层次、多主体的混乱现状，为查询带来困难，因此应统一登记机关。同时，应进一步建立和完善动产抵押登记制度，以促使在后债权人除获得债务人告知义务保障外，也能通过查询抵押登记簿的方式获得更完善的抵押物信息。

第二节　抵押权顺位的确定

抵押权竞存，是指同一财产上存在数项抵押权且效力相互冲突的现象。[1] 如何确定各抵押权顺位，是研究重复抵押中各抵押权实现的首要问题。同一抵押物上有多个抵押权存在，各抵押权对该抵押物价值之优先支配如何，法律上应有一定标准。[2] 解决该问题的最好办法，就在于各个抵押权人按照既定顺位陆续实现各自债权的清偿，抵押权顺位制度应运而生。抵押权顺位，又称抵押权次序或顺序，是指为担保两个或以上债权，在同一财产上设定多个抵押后，各抵押权所具有的优先受偿先后顺序。抵押权顺位的确定包含两方面：一是确定各抵押权实现先后顺位；二是后顺位抵押权顺位能否上升。

一、中国法上抵押权顺位确定规则

原本的《担保法》第 54 条规定："同一财产向两个以上债

---

〔1〕 刘保玉：《论担保物权的竞存》，载《中国法学》1999 年第 2 期。
〔2〕 谢在全：《抵押权次序升进原则与次序固定原则》，载《台湾法学杂志》2000 年第 7 期。

权人抵押的,拍卖、变卖抵押物所得的价款按照以下规定清偿:①抵押合同以登记生效的,按照抵押物登记的先后顺序清偿;顺序相同的,按照债权比例清偿;②抵押合同自签订之日起生效的,该抵押物已登记的,按照本条第1项规定清偿;未登记的,按照合同生效时间的先后顺序清偿,顺序相同的,按照债权比例清偿。抵押物已登记的先于未登记的受偿。"《担保法解释》第 76 条规定:"同一动产向两个以上债权人抵押的,当事人未办理抵押物登记,实现抵押权时,各抵押权人按照债权比例受偿。"《物权法》第 199 条规定:"同一财产向两个以上债权人抵押的,拍卖、变卖抵押财产所得的价款依照下列规定清偿:①抵押权已登记的,按照登记的先后顺序清偿;顺序相同的,按照债权比例清偿;②抵押权已登记的先于未登记的受偿;③抵押权未登记的,按照债权比例清偿。"这一规定在《民法典》第 414 条进行了重复。

有鉴于此,我国对抵押的生效,区分动产和不动产,不动产抵押以登记生效(《民法典》第 402 条[1]),动产抵押以缔结抵押协议生效,不登记不对抗第三人(《民法典》第 403 条[2])。原本的《担保法》规定对无需登记而生效的动产抵押竞合可依照合同生效先后确定顺位。随后《担保法解释》和《物权法》对此做出修改,规定了抵押权未登记的,按照债权比例清偿,无论抵押合同设立时间先后。因为抵押合同生效而未登记不具有对抗第三人的效力。重复抵押中对在后债权人利益

---

[1] 《民法典》第 402 条关于不动产抵押登记:以本法第 395 条第 1 款第 1 项至第 3 项规定的财产或者第 5 项规定的正在建造的建筑物抵押的,应当办理抵押登记。抵押权自登记时设立。

[2] 《民法典》第 403 条关于动产抵押的效力:以动产抵押的,抵押权自抵押合同生效时设立;未经登记,不得对抗善意第三人。

限制的合理性主要来自于其明知在先抵押权的存在而自愿放弃优先受偿利益的同意,所以其应受物权公示公信原则保护,未公示则不能对抗第三人,应按各自债权比例获得清偿。《民法典》依然坚持了这一立场,其在第414条规定"抵押权未登记的,按照债权比例清偿"。

依照《民法典》规定重复抵押中确定抵押权顺位的原则是"登记在先、权利在先、公示优先",即先登记原则与同时同序原则,已登记优于未登记抵押权原则,未登记抵押权按比例清偿原则。这一原则本质是按照时间先后确定优先权顺位,这一原则来源于罗马法上"时间在先、权利在先"原则,由于罗马法上不存在抵押登记公示制度,所以该原则体现在现代法上就表现为以不同的时间点为判断标准。

二、罗马法上的"时间在先、权利在先"原则

在罗马法上,当抵押权竞合时,首先需考虑多个抵押设定间存在的时间差。[1] 按照罗马法上的规定,应赋予在先设立的担保权人以优先权。[2]《学说汇纂》第20卷第4编"有关质押和抵押的竞合"对此进行专门阐述,罗马法上确定了"时间在先、权利在先"原则,在后债权人只在先顺位债权人获得清偿后尚有剩余价值时,才可获得清偿。[3] 如果在先债权无效或消灭,则后顺位抵押权人获得先顺位债权人的顺位。罗马法上,从古典时期开始即适用"时间在先、权利在先"原则,担保物

---

[1] Salvatore Tondo, *Convalida del pegno e concorso dei pegni successivi*, Milano, 1959, p. 133.

[2] Arnaldo Biscardi, *Appunti sulle garanzie reali in diritto romano*, Milano, 1976, p. 228.

[3] Vincenzo Arangio-Ruiz, *Istituzione di diritto romano*, Napoli, 2012, p. 268.

权的物权性质也要求遵循这一原则。[1] 物权具有排他性,以时间先后作为确定抵押效力的原则,是法律赋予的公平,债务人不享有单独改变这一按照时间先后确定优先权顺序的权利。[2] 由这一原则所确定的抵押顺位非常重要,直接影响抵押权人是否能获得满足。[3] 罗马法上的很多片断揭示了在没有当事人约定的情况下,抵押权竞合时应适用"时间在先、权利在先"原则。

D. 20. 4. 9. pr. [4] …*Consultato se il pretore dovesse tutelare il locatore nei confronti di questo successivo creditore, che avesse richiesto Erote, il giurista rispose che doveva: infatti, sebbene il servo fosse stato dato in pegno la seconda volta in un momento nel quale non aveva ancora dovuto alcunché per la conduzione, poiché, però Erotte cominciò a essere già da allora nella condizione che il diritto di pegno su di lui non potesse venir meno senza il consenso del locatore, doveva essere fatta valere la posizione poziore di questi.*

片断 D. 20. 4. 9. pr. 说到为给付房租,债务人先以其奴隶设立抵押,随后为获得借贷,债务人又以该奴隶为另一债权人设立抵押。在这种情况下,哪一债权人优先行使抵押权?该片断的回答是:该在先的债权人-出租人享有相对于在后的其他债

---

[1] Rubino Gaetano, *La responsabilità patrimoniale, il pegno, i privilegi*, Torino, 1952, p. 189.

[2] Alfredo Bicci, *Della surroga ipotecaria per evizione e del lucri dotali*, Torino, 1882, p. 21.

[3] Piero Schlesinger, *Manuale di diritto private*, diciottesima edizione, Milano, 2007, p. 430.

[4] S. Schipani, *Iustiniani Augusti Digesta seu Pandectae e Traduzione*, IV, Milano, 2011, p. 27.

人的优先权,即使该房租给付还未到期。[1] 在此,第一个享有抵押权的债权即使附停止期限,在先的债权人也被授予抗辩权以对抗在后债权人。[2] 为附延缓期限的债权设立抵押,第一抵押权人相对于后来以同一物品设立抵押的第二抵押权人有优先权,虽然第二抵押权人的债权立即生效。[3] 依照罗马法学家犹利安和阿富里坎的观点,出租人是在先债权人,即使该债权附条件存在,但其应在随后的抵押权人之前享有优先受偿权。[4]

D. 20. 4. 13. pr. [5] Nerva e Proculo affermano che, se i pegni non siano sufficienti per entrambi i canoni, il diritto su tutti spetterà prima a me e che se avanzasse, qualcosa spetterebbe a te, dal momento che non è stato detto espressamente nulla riguardo al fatto che la somma ricavata da tutti i pegni venisse invece posta in comune in proporzione delle rispettive quote di credito. Paolo: è questione di fatto, ma è verosimile che si sia in concreto concluso che la funzione di garanzia dei pegni si riferisca al canone dovuto prima.

片断 D. 20. 4. 13. pr. 中也是有关重复抵押的规定,承租人以一个物设立抵押,担保不同时间段租金的给付,对于应在先给

---

[1] Quid de Erote? Un conflicto en el rango hipotecario, (Afriano, 8 quaest, D. 20. 4. 9. PR), in *I. U. R. A.*, 34, 1983, p. 29. Aberto Burdese, *Manuale di diritto privato romano*, Torino, UTET, 2000, p. 386.

[2] Salvatore Tondo, *Convalida del pegno e concorso dei pegni successivi*, Milano, 1959, p. 204.

[3] Paolo Frezza, *Le garanzie delle obbligazioni*, II, corso di diritto romano, Padova, 1963, p. 155.

[4] Quid de Erote? Un conflicto en el rango hipotecario, (Afriano, 8 quaest, D. 20. 4. 9. PR), in *I. U. R. A.*, 34, 1983, p. 29.

[5] S. Schipani, *Iustiniani Augusti Digesta seu Pandectae e Traduzione*, IV, Milano, 2011, p. 31.

第八章 一物之上多重抵押权的实现

付的租金，该债权人享有优先权。值得注意的是，重复抵押中"时间在先、权利在先"原则不需要缔结协议明确约定，只要没有相反约定即可，这由担保物权性质所决定。[1]

片断 D. 20. 4. 14.[2] *Lo stesso Paolo, nel libro quattordicesimo a Plauzio. Se uno che non è proprietario, in tempi diversi, abbia pignorato la stessa cosa a due persone, il primo è preferito.* 中认为，如果将整个物为不同债权人设立抵押担保，虽然设立担保的债务人不是该物的所有权人，但仍然适用"时间在先、权利在先"这一原则，称之抵押权竞合时的顺位原则。[3] 同样，片断 D. 20. 4. 11. 1.[4] 中也认为，即使在先债权是附条件的，其上设立的抵押权也优于在后抵押权，在该片断中，其并不认为是在为附条件的债务做担保，而认为条件是完全可成就的。[5] 片断 D. 46. 3. 96. 3（Pap. 1. 11 resp.）[6]中明确表明，如果是同一个

---

[1] Rubino Gaetano, *La responsabilità patrimoniale, il pegno, i privilegi*, Torino, 1952, p. 189.

[2] S. Schipani, *Iustiniani Augusti Digesta seu Pandectae e Traduzione*, IV, Milano, 2011, p. 32.

[3] Paolo Frezza, *Le garanzie delle obbligazioni, II, corso di diritto romano*, Padova, 1963, p. 252

[4] S. Schipani, *Iustiniani Augusti Digesta seu Pandectae e Traduzione*, IV, Milano, 2011, pp. 28-29.

[5] Quid de Erote? Un conflicto en el rango hipotecario, (Afriano, 8 quaest, D. 20. 4. 9. PR), in *I. U. R. A.*, 34, 1983, p. 33.

[6] D. 46. 3. 96. 3（Pap. 1. 11 resp.） Where pledges are given for two contracts at the same time, the creditor should credit any sum which he receives on the two contracts, in proportion to the amount of each debt, and the choice does not depend upon his will, as the debtor submitted the value of the property pledged to the said contracts in common. It was decided that, if the dates were separated, and the excess value of the pledges was liable, the first obligation would be legally paid by the price received for the pledge, and the second by the excess of the same. The Enactments of Justinian, II, The Digest of Pandects, v. 46.

时间缔结，则各个债权按照比例获得清偿，如果是先后缔结质押，则在先的债权人先获得清偿，第二个债权人只能就剩余的价值获得清偿。

因此，在罗马法上，如果几个债权人对同一物享有抵押权，而该抵押物又不足以满足所有抵押权，那么在先缔结抵押的债权人享有优先权，正如《学说汇纂》第20卷第4编所说，先提供金钱借贷和先接受抵押的人享有优先权。[1]

三、"时间在先、权利在先"原则中时间点的判断标准

罗马法上应以哪一时间点为标准来判断和适用"时间在先、权利在先"这一原则？犹利安认为抵押效力应自缔结抵押协议之时开始产生，罗马法上"时间在先、权利在先"原则以缔结抵押权协议时间先后来判断优先权先后。[2] 罗马法上由于不存在完善的抵押登记制度，抵押缔结只需简单协议即可，不需转移该物所有权或占有，无论动产或不动产抵押，罗马法上是以该抵押协议缔结时间先后来判断抵押权竞合时优先权顺序。罗马法上，在抵押领域所有权利都依照日期先后确定。[3] 抵押协议缔结时间先后以日为单位，如果同一天缔结，则视为顺位相同。

我国法律对于不动产权利变动，无论是转移所有权或设立抵押都规定以登记作为物权变动效果时间点，存在争议较小，抵押权竞合应以登记时间先后确定抵押权顺位。未登记则未成

---

〔1〕 William Smith, *D. C. L, LL. D.* : *A Dictionary of Greek and Roman Antiquities*, London, 1875, pp. 915-918.

〔2〕 Paolo Frezza, *Le garanzie delle obbligazioni*, II, *corso di diritto romano*, Padova, 1963, p. 155.

〔3〕 Alfredo Bicci, *Della surroga ipotecaria per evizione e del lucri dotali*, Torino, 1882, p. 54.

第八章 一物之上多重抵押权的实现

立不动产抵押权,则不存在权利冲突、顺位确定问题。一般动产物权以占有、交付为公示手段,而动产抵押不以转移占有为要件,故各抵押权设立与否、设立先后,利害关系人无从知晓,以抵押合同生效先后确定各抵押权顺位标准不具正当性,容易导致抵押人与抵押权人串通以损害其他抵押权人利益。如前所述,我国2007年颁布的《物权法》早已改变了《担保法》第54条规定的对动产抵押竞合顺位判断以合同生效时间为标准的做法,其不具有公示性,会危及交易安全,不能对抗第三人,因为第三人无法知悉该物已在先设立抵押的事实,而这一事实实际直接影响在后债权人权利。所以动产抵押中也按照登记时间先后确定顺位,登记的优先于未登记的抵押权获得清偿,未登记的则按照债权比例获得清偿。这一立场在《民法典》中一以贯之。

由于缺乏完善的登记制度,对如何处理同一物上重复抵押权竞合的问题,罗马法上规定了以缔结抵押协议时间先后为标准确定优先权顺位。[1] 这对经济关系复杂的现代社会而言并不适用,现代社会应更多借助于登记公示制度来确定当事人间的权利义务关系,在不损害效率之基础上最大限度地维护交易安全。我国对重复抵押权竞合"时间在先、权利在先"原则中时间点的判断,与动产或不动产上设立抵押,在对抗第三人效力上一致,以登记作为对抗第三人要件。对抗第三人效力是基于物权公示公信原则,故而,我国对重复抵押中"时间在先、权利在先"原则中时间点的判断与罗马法上存在不同,其实质应表述为"登记在先、权利在先"。

---

[1] Alberto Burdese, *Lex commissoria e ius vendendi nella fiducia e nel pignus*, Torino, 1949, p. 150. Ratti, Sul *ius vendendi* del creditore pignoratizio, in *Studi urbinati*, 1927, p. 18.

四、当事人对抵押权顺位的约定优先

（一）中国法上缺乏当事人可事先约定抵押权顺位的规定

原本的《物权法》第 194 条，对应《民法典》的第 409 条规定：抵押权人可以放弃抵押权或者抵押权的顺位。抵押权人与抵押人可以协议变更抵押权顺位以及被担保的债权数额等内容。但是，抵押权的变更未经其他抵押权人书面同意的，不得对其他抵押权人产生不利影响。这一条款规定在各抵押权成立后，当事人可对抵押权顺位放弃或变更。从时间上看是规范抵押权顺位确定后，各抵押权人对顺位所做的调整。我国法律并未规定当事人事先约定抵押权顺位、对各自抵押权顺位可做处分和安排的制度。

（二）罗马法上对抵押权顺位的确定以当事人约定优先

罗马法学家认为，若多个抵押权人在同一物上竞合只适用"时间在先、权利在先"原则非常危险。当说到担保权人优先权问题时，学者们都认为应先尊重当事人意思自治。[1] 同一物为多个抵押权人设立抵押，并非必须按照设立时间先后来决定优先权顺序，可能因为合同约定、法律规定等使优先权顺序发生改变。[2]

同一物上设立多个抵押权，一般原则是在先债权人享有优先权，但若各债权人缔结协定，可对这一顺序做出改变。罗马

---

[1] Boudewijn Serks, La pluralitè de creanciers hypothecaires sans rang en dorit romain classique et paul. 5 "ad plaut." D. 20. 4. 13, in *B. I. D. R.*, 89, 1986, Milano, p. 319.

[2] Boudewijn Serks, La pluralitè de creanciers hypothecaires sans rang en dorit romain classique et paul. 5 "ad plaut." D. 20. 4. 13, in *B. I. D. R.*, 89, 1986, Milano, p. 306.

法上认可在抵押权设立之初预先约定抵押权顺位。片断 D. 20. 4. 12. 4.[1]...*Invero, sarà da sollevare una questione di fatto concernente ciò che abbiano concluso in concreto tra loro: ciò se il primo creditore abbia concesso di vincolare la cosa ipotecata in favore di altrui in modo da rinunziare del tutto all'ipoteca o solo relativamente all'ordine di priorità ed il primo creditore sia costituito al posto del secondo.* 中认为，债务人为在先债权人设立抵押，经其同意又为他人设立抵押，在先债权人可放弃其顺位，同意第二债权人享有优先权。在后债权人可与在先债权人协议改变其优先权顺位。[2] 若第一债权人答应为他人利益而放弃在先抵押利益，应该接受的事实是可完全由当事人意思自治，缔结协议排除了第一个抵押权人的优先权。[3]

对抵押权顺位的事先约定是当事人自愿协商的结果，体现民法意思自治原则。若抵押权人同意就抵押标的分担之金额进行特殊约定，则可认为他已接受对其不利的限制，法律不应对其自由加以干涉。这是当事人私法自治范围，不涉及公共利益和不损害他人利益。意思自治原则所承载的民法基本价值"自由"是指"民事主体应在法律和事实可能性范围内，以尽可能高的程度享有自由做其愿意做的任何事情"[4]。民法作为引导

---

[1] S. Schipani, *Iustiniani Augusti Digesta seu Pandectae e Traduzione*, IV, Milano, 2011, p. 30.

[2] Alfredo Bicci, *Della surroga ipotecaria per evizione e del lucri dotali*, Torino, 1882, p. 28.

[3] Salvatore Tondo, *Convalida del pegno e concorso dei pegni successivi*, Milano, 1959, p. 179.

[4] Robert Alexy: *Theorie der Grundrechte*, Baden- Baden, 1985, s. 317. 转引自王轶：《略论民法基本原则及其关系》，载《民商法理论与实践：祝贺赵中孚教授从教五十五周年文集》，中国法制出版社 2006 年版，第 34 页。

性规范,应提供当事人事先选择的可能性,可避免事后变更抵押权顺位的复杂程序和争议,以提高权利处分和财产流转效率。

这涉及意思自治与物权法定的关系,物权法领域,出于维护交易安全及交易公平的考量,一直奉行物权法定主义,我国《民法典》第116条明确规定:"物权的种类和内容,由法律规定。"所谓物权法定主要包括物权的种类及物权的内容固定,当事人不得任意创设及改变。[1] 意思自治原则作为法的自由价值在民法中的体现,要求民事主体可自由决定个人事务,最大限度地实现自身利益。如何正确处理意思自治与物权法定间的关系,将直接影响意思自治原则在民法领域的贯彻,关乎法律自由价值的实现。古罗马时期,意思自治通过契约自由正式得以法律化,抵押权作为意定担保物权,当事人就其设立和顺位处分可自主决定。法律没有必要也不能强行介入私人关系领域,私法自治不仅代表经济关系的良性发展,其本质是当事人自由处分自身权利,即使将其置于不利境地,也应尊重其自由。因为私法自治、自由本身就代表利益。

五、顺位升进主义和顺位固定主义

在重复抵押中,先顺位抵押权因清偿、无效等原因消灭,后顺位抵押权是否升进取代其顺位,这直接影响后顺位抵押权人和抵押人利益,各国法律采两种不同的立法体例:一是顺位升进主义,如法国、日本,指顺位在先抵押权消灭后,顺位在后抵押权当然升至其顺位;二是顺位固定主义,如德国、瑞士,指当一抵押权所附之债权消灭,其抵押权移属于抵押物所有权人,后顺位抵押权人顺位保持固定不变。[2]

---

[1] 崔文星:《物权法专论》,法律出版社2011年版,第18页。
[2] 张龙文:《民法物权实务研究》,汉林出版社1977年版,第142页。

（一）中国法上反对采取顺位升进主义的观点

我国有关重复抵押立法中采取顺位升进或固定主义并无明确规定。学术界和实务界历来采抵押权顺位升进主义之观点。但目前学术界多有批评顺位升进主义而要求改采抵押权顺位固定主义之呼声。[1]

质疑理由大抵如下：其一，后顺位抵押权人不能因为在先债权消灭而获得额外利益，其于法无据，实际损害了抵押人和其他无担保债权人的利益。后顺位抵押权设定时，该债权人对于其所能支配的抵押物交换价值已有充分认识，其应自愿承担可能不被清偿或不被完全清偿的风险，没有必要采取顺位升进主义赋予其该利益。其二，一般情况下，后顺位抵押权人考虑到其所能支配的抵押物交换价值较少，在设定后顺位抵押权时，往往提出更为苛刻的放债条件，如高利率、短还款期限等，实际上已为其提供了平衡风险与收益的手段，故不应将这一利益再赋予该债权人。其三，对债务人其他无担保的债权人不公平，不符合其预期，若该抵押权顺位利益归债务人，则本质上增加了债务人一般担保财产。若采顺位升进主义，这一利益由后顺位抵押权人获得，侵害了一般债权人利益。

（二）罗马法上的顺位升进主义

在罗马法上，同一物上所担保的在先债权消灭，在后抵押权顺位应如何确定，其本质是后顺位抵押权的抵押物范围确定的问题，即在先担保的债权消灭，该抵押物原先担保的该债权范围内的价值该如何处理。若该价值直接转移为后一顺位债权人做抵押担保，其实际获得该抵押物价值的完整担保，为顺位升进主义。若该先顺位利益归该物所有权人享有，后顺位债权

---

[1] 王全弟、盛宏观：《抵押权顺位升进主义与固定主义之选择》，载《法学》2008年第4期。

人本质上不享有该物整体价值担保，是扣除在先债权数额后的多余价值设立担保，体现为顺位固定主义。罗马法上如果在先债权无效或消灭，则后顺位债权人获得先顺位债权人的顺位。

D. 20. 1. 15. 2.[1]…*Su questa seconda possibilità, dobbiamo considerare se ciò così avvenga, se si convenga altresì espressamente, oppure se, anche se si sia semplicemente convenuto che sia in ipoteca l'eccedenza, si consideri che anche l'intera cosa, una volta che sia stata liberata dal primo creditore, sia inclusa perché convenuto; o ancora solo la parte? Ma è preferibile l'ipotese che abbiamo detto per prima.*

片断 D. 20. 1. 15. 2. 对是否采取顺位升进主义做了很好回答：无需明确约定，在第一个债权消灭后，第二个抵押权人可整个地获得该物的担保。[2] 新的抵押在已设立抵押的物之上设立，意味着后一抵押也被承认了完全效力，[3] 其实，不需要以在先债权消灭为条件，罗马法上在后抵押实质是就该物整个价值设立的，后古典时期的主流观点是：该第二个抵押是纯正的而不是附条件的行为，并非就担保物担保在先债权数额的多余价值上再设立抵押。[4] 片断 D. 20. 1. 15. 2. 中进一步表明，即使明确约定该在后抵押只就该物多余价值上设立，但一旦在先债权获得清偿而消灭，则该在后抵押仍然扩展到整个物的价值。

---

[1] S. Schipani, *Iustiniani Augusti Digesta seu Pandectae e Traduzione*, IV, Milano, 2011, p. 11.

[2] Arnaldo Biscardi, *Appunti sulle garanzie reali in diritto romano*, Milano, 1976, p. 252.

[3] Salvatore Tondo, *Convalida del pegno e concorso dei pegni successivi*, Milano, 1959, p. 153.

[4] Paolo Frezza, *Le garanzie delle obbligazioni*, II, *corso di diritto romano*, Padova, 1963, p. 191.

第八章　一物之上多重抵押权的实现

同一物上设立多个抵押权，实际上在先抵押权人与在后抵押权人享有的权利一样，只是在就变卖该物获得价值的清偿上存在先后顺位差别。罗马法上承认该在后抵押权人是就该物整体价值所设立抵押，实际采取顺位升进主义，在先抵押权消灭时，在后抵押权顺位上升。[1] 如果该抵押物从在先的债权中全部解脱出来，则全部为在后债权承担抵押责任，在后抵押权是就该物整体上设立担保，而不是仅就剩余价值设立。一物上设立多个抵押权，当事人间达成的是纯正抵押协议，不应从属于其他在先抵押权的消灭，不作为附条件行为。[2]

基于罗马法上的规定，在后抵押权人基于重复抵押制度的本质和功能价值，在先债权消灭时，后顺位抵押权在该抵押物整体价值成立抵押，这是公平的。重复抵押制度本质要求应采取顺位升进主义，否则在后抵押权人就只能被看作是在该先顺位抵押所担保的债权数额多余价值上所设立，如前所述，这与罗马法和我国对重复抵押制度的性质认定不相符合。乌尔比安在《论告示》第73卷中说道："如果一个债务人将其物品同时为两个人设立抵押，那么对这两个抵押权人而言，这个物品的全部受该两个抵押的约束。"

在后债权人虽明知在先抵押权存在，但仍冒着相当风险与债务人交易，虽其可能据此提出更有利的放债条件，但并不改变其所受风险大于先顺位抵押权人的事实。由顺位升进带来的利益正是对该风险的补偿，同时也激励相关主体利用后顺位抵押从事融资借贷，也对促使借款债权人放贷获利产生积极意义。

---

[1] Salvatore Tondo, *Convalida del pegno e concorso dei pegni successivi*, Milano, 1959, p. 161.

[2] Salvatore Tondo, *Convalida del pegno e concorso dei pegni successivi*, Milano, 1959, p. 156.

实践中，"如果在重复抵押制度中采取顺位固定主义，则不动产所有人于欲设定后顺位抵押权，以告贷金钱之必要时，常因后顺位抵押权之顺位不能升进，而遭拒绝。"[1]

第三节 "时间在先、权利在先"原则的例外

罗马法学家认为，若多个抵押权人在同一物上竞合只适用"时间在先、权利在先"原则是非常危险的。[2] 有原则就有例外，这一原则的适用也会存在一些例外，例如不适用于法定抵押、优先权的情况。[3] 罗马法上的片断，特别是乌尔比安的相关片断中提出了在后债权人享有在先优先权的情形。[4]

一、中国法上有关留置权的规定

后顺位债权人享有优先于在先债权人的权利，我国《民法典》上主要是留置权的规定。留置制度从《民法通则》的一带而过到《担保法》和《物权法》的专门规定，再到《民法典》对《物权法》中相关规定的延续，即债务人不履行到期债务，债权人可留置已经合法占有的债务人的动产，并有权就该动产

---

[1] 谢在全：《抵押权次序升进原则与次序固定原则》，载《台湾法学杂志》2000 年第 7 期。

[2] Boudewijn Serks, La pluralitè de creanciers hypothecaires sans rang en dorit romain classique et paul. 5 "ad plaut." D. 20. 4. 13, in *B. I. D. R.*, 89, 1986, Milano, p. 305.

[3] Arnaldo Biscardi, *Appunti sulle garanzie reali in diritto romano*, Milano, 1976, p. 218.

[4] Salvatore Tondo, *Convalida del pegno e concorso dei pegni successivi*, Milano, 1959, p. 26.

优先受偿。[1]《民法典》第456条[2]的规定打破了担保物权领域"时间在先、权利在先"原则,"同一动产上已设立抵押权或者质权,该动产又被留置的,留置权人优先受偿。"当条件成就时,留置权自动产生,无需当事人达成协议,除非当事人约定不得留置。

我国留置制度适用范围之规定经历了从严格限制到逐步开放的发展历程。《担保法》和《合同法》规定留置制度适用范围仅限于保管、运输、加工承揽、仓储、行纪五类合同。2007年颁布的《物权法》超越了留置权适用范围障碍,转向了更为自由的领域,只以"属于同一法律关系"作为限定条件。实际上,我国留置制度所担保的债权多是债权人付出劳动的报酬请求权,所投入材料及垫付费用的返还请求权等。债权人提供劳动及材料等使留置物价值提升,若允许该物上的抵押权优先于留置权,无异于以留置权人的劳动和投入来清偿债务人债务,有违公平原则。我国留置权适用范围的确定是与人的劳动、与该担保物价值的保值和增值密切相关,制度价值在于保护劳动者利益和鼓励创造社会财富。

我国《民法典》规定债权人可留置已合法占有的债务人动产,并未规定可留置不动产,且要求债权人合法占有该动产在先。这无疑限制了留置制度的适用范围,无法对相关权利人提供有力保护。罗马法上动产和不动产都可成为留置标的物。片断D. 20. 1. 29. 2.[3]中确认了可留置不动产房屋,*Paulus 5 resp.* ...

---

[1] 《民法通则》第89条、《担保法》第82条、《物权法》第230条。

[2] 《民法典》第456条关于留置权、抵押权与质权竞合时的顺位原则:同一动产上已经设立抵押权或者质权,该动产又被留置的,留置权人优先受偿。

[3] S. Schipani, *Iustiniani Augusti Digesta seu Pandectae e Traduzione*, IV, Milano, 2011, p. 17.

sed bona fide possessores non aliter cogendos creditoribus aedificium restituere, quam sumptus in exstructione erogatos, quatenus pretiosior res facta est, reciperent. 罗马法上，留置关注的是对债务人物的合法占有状态，对动产或不动产在所不问，都可成为占有之标的。因此我国应借鉴罗马法上有关留置权适用客体的规定，扩展留置物范围，允许成立不动产留置权，只要债权人已合法占有。另外，我国法律规定并未像罗马法上一样赋予善意占有人以留置权，以便其要求返还相关费用支出。

留置权制度无论在我国还是罗马法上都不能为实践中的特殊主体和特殊债权提供完整保护。对"时间在先、权利在先"原则的突破，仅有留置权制度的规定不能满足实践中需要，罗马法上以优先权作为互补性规定，为实践中需要保护的主体和债权提供有利保护，我国也应考虑引入优先权制度。

二、罗马法上的优先权制度

优先权制度在我国现行法律中找不到任何规定，学界就是否应引入优先权制度，抵押、质押、留置是否已足够满足现实需要等问题一直存在争议。罗马法上"时间在先、权利在先"原则的例外，除留置制度外，还以优先权制度赋予在后债权人以特殊优先受偿权，原因大抵可分为两类：一是由于主体的特殊性，例如国库、未成年人或妇女；二是由于该债权的特殊性。[1]

优先权起源于罗马法，由于主体特殊性赋予在后债权人享有优先于在先债权人获得清偿的情况一般是：为国库作为债权人的债权设立抵押，一般情况下这一担保为了公共利益，该抵

---

[1] Rubino Gaetano, *La responsabilità patrimoniale, il pegno, i privilegi*, Torino, 1952, p. 46. Piero Schlesinger, *Manuale di diritto privato*, diciottesima edizione, Milano, 2007, p. 416.

押就被法律赋予优先于为私人利益而设立的抵押的效力,无论在先或在后发生;[1] 另一类由于主体特殊性而给予优先权保护的是未成年人对以其财产所购买的物获得优先于其他担保权人的优先受偿权,妇女对属于其嫁资的物享有优先受偿权。[2] 无论债权成立时间先后,优先权基于法律特殊规定,赋予特殊债权人以优先受偿权。法律考虑这些债权人由于其特殊地位和身份值得特殊保护,要么是因为公共利益迫使私人利益让位,要么是因为主体本身行为能力或法律地位较弱,所以应从法律层面设计特殊制度弥补其弱势地位之不足。

罗马法上除了由于主体特殊而赋予优先权外,更为普遍的是由于该债权本身特性而突破"时间在先、权利在先"原则。

D. 20. 4. 5. pr.[3] *Ulpiano nel libro terzo delle dispute. Talora il creditore successivo è preferito al precedente, come quando, ad esempio, ciò che il secondo creditore dette in prestito sia stato speso per la conservazione della cosa stessa, o come avviene se sia stata vincolata in pegno una nave ed io avrò prestato del denaro per amarla e ripararla.*

在片断 D. 20. 4. 5. pr. 中,乌尔比安说,后一债权人相对于前一有优先权,当第二债权人为该担保物的保存而借贷给债务人,或者若一艘船用于抵押,而该在后债权人为船的装备和修理借贷了金钱,则该债权人享有优先权。

D. 20. 4. 6. pr.[4] *Nel libro settantatreesimo all'editto. Infatti,*

---

[1] Vincenzo Arangio-Ruiz, *Istituzione di diritto romano*, Napoli, 2012, p. 268.

[2] Aberto Burdese, *Manuale di diritto privato romano*, Torino, UTET, 2000, p. 385.

[3] S. Schipani, *Iustiniani Augusti Digesta seu Pandectae e Traduzione*, IV, Milano, 2011, p. 26.

[4] S. Schipani, *Iustiniani Augusti Digesta seu Pandectae e Traduzione*, IV, Milano, 2011, p. 26.

il denaro di questi salvò la situazione di tutto in pegno. Il che qualcuno potrà ammettere, anche se fu concesso un prestito per il vitto della marina, senza i quali la nave non sarebbe potuta pervenire salva.

在片断 D. 20. 4. 6. pr. 中，乌尔比安再一次明确，事实上，在后债权人借贷给债务人以拯救处于危险境况下的抵押物，这一债权本身具有特殊性，因为若没有在后债权人借贷，该作为抵押物的船不可能得救。那些为船员伙食提供借款的人也应享有优先权，也被看作是对该抵押物的拯救。

实际上，片断 D. 20. 4. 6. 1. [1] 和片断 D. 20. 4. 6. 2. [2] 中同样都承认：若一个人为使货物能得救或支付运输费用或支付妥善保管的费用，那么该在后债权优先于在先债权获得抵押之担保，虽然其发生时间在后。该债权特殊性在于，该债权的缔结是为拯救该抵押物或为该抵押物增值或为在先债权人得以实现该抵押权而借贷，否则该抵押物可能灭失或在先债权人无法实现其抵押权。赋予特殊在后债权以优先权，实质无害于在先债权，反而增加其获得清偿可能性。若不赋予在后债权人以优先权，作为经济理性人的考量，其不可能将其债权明显置于他人之后而去挽救他人利益，没有人愿意无私付出，若在后债权人没有给予借贷的动力，则很可能造成该抵押物更大损失，对债权人和债务人都不利。[3]

罗马法上对于"时间在先、权利在先"原则的例外规定，

---

[1] S. Schipani, *Iustiniani Augusti Digesta seu Pandectae e Traduzione*, IV, Milano, 2011, p. 26.

[2] S. Schipani, *Iustiniani Augusti Digesta seu Pandectae e Traduzione*, IV, Milano, 2011, p. 26.

[3] Paolo Frezza, *Le garanzie delle obbligazioni*, II, *corso di diritto romano*, Padova, 1963, pp. 256, 261.

主要考察该债权主体特殊性和该债权本身特殊性。[1] 为了实现公平保护的基本价值，法律规定一些当事人的权利不可避免地相对于其他权利具有优先性。在法律制度中，所有制度产生的前提总是为了保护那些更加值得的保护主体的利益。罗马法上对"时间在先、权利在先"原则的例外规定，为我国进一步完善特殊债权的优先保护制度提供了可借鉴的思路，结合我国经济、政治基础、法律环境等，一方面应尊重法律传统，另一方面应该结合现实需要进行改革创新。

第四节　后顺位抵押权人的权利

一、后顺位抵押权人对抗第三人的权利

我国法律没有对后顺位抵押权人享有的权利做出规定，未规定后顺位抵押权人对抗第三人的权利，也未规定后顺位抵押权人如何行使变卖权，以及后顺位抵押权人清偿先顺位抵押权人取代其位置的代位权等，学界对此也缺乏深入讨论。有必要考察罗马法上对后顺位抵押权人一系列权利加以肯定的丰富资料，这对我国进一步完善对后顺位抵押权人保护，以及完善重复抵押制度本身大有裨益。

如上所述，债务人将其物为两个债权人先后设立抵押，对两个抵押权人而言，该物品全部受抵押约束。第一顺位抵押权人享有以塞尔维之诉（*Actio Serviana*，因与法学家塞维鲁·苏尔皮其·鲁服[2]活动有关，也称对物的质押之诉）请求第三人返

---

[1] William Smith, D. C. L, LL. D. , *A Dictionary of Greek and Roman Antiquities*, London, 1875, pp. 915-918.

[2] 公元前1世纪法学家，可能于公元前51年担任执政官。

还抵押物的权利毫无疑问。在后抵押权人是否也享有这一诉权？在马尔西安的片断 D. 20. 4. 12. 7.[1] *Se il secondo creditore avesse convenuto senza condizioni riguardo all'ipoteca, potrà portare via la cosa da ogni possessore, ad eccezione del precedente creditore e di chi la comprò da lui.* 中明确表明在后抵押权人可就整个物行使抵押权人的权利，除了不能针对在先债权人和该担保物购买人外，若该抵押物被第三人非法占有，其可请求任何第三人返还该物占有。所有抵押权人都可同样地以塞尔维之诉去对抗非法占有的第三人。[2] 第二抵押权和第一抵押权享有一样的权利和义务，相关阻碍第一抵押权实现的也会阻碍第二抵押权的实现。[3] 赋予后顺位抵押权人对抗第三人诉权的制度价值在于：其一，该权利是抵押权人所享有的基本权利；其二，在先顺位抵押权人消极不作为情况下，赋予后顺位抵押权人这一权利能促使其积极保护自身权利，有利于保护该抵押物价值，防止其被第三人毁损灭失，且不会对在先抵押权人利益造成不利影响。

二、后顺位抵押权人的变卖权

（一）中国法上的规定

在重复抵押中，由于多个抵押所担保的各个债权履行期不一致，各个抵押权实现时间也不一致，容易出现后顺位抵押权履行期先于先顺位抵押权到期的情况，那么后顺位抵押权人是

---

[1] S. Schipani, *Iustiniani Augusti Digesta seu Pandectae e Traduzione*, IV, Milano, 2011, p. 30.

[2] Boudewijn Serks, La pluralitè de creanciers hypothecaires sans rang en dorit romain classique et paul. 5 "ad plaut." D. 20. 4. 13, in *B I D R*, 89, 1986, Milano, p. 309. D. 20. 1. 16. 8.

[3] Paolo Frezza, *Le garanzie delle obbligazioni*, II, corso di diritto romano, Padova, 1963, p. 189.

否可先行行使和实现其抵押权？

我国《民法典》没有规定后顺位抵押权人的变卖权，原本的《担保法解释》第78条规定：同一财产向两个以上债权人抵押的，顺序在后的抵押权所担保的债权先到期的，抵押权人只能就抵押物价值超出顺序在先的抵押担保债权的部分受偿。按照该规定，后顺位抵押权人将抵押物拍卖、变卖后，应留足先顺位抵押权人主债权及其利息等债权总额，并由债务人将这部分价款予以提存，剩余部分方可由后顺位抵押权人受偿。该规定实际赋予了后顺位抵押权人变卖该担保物且就该变卖价值优先受偿的权利。

学界对之前《担保法解释》的这一规定是否合理存在两种截然不同观点：第一种观点认为后顺位抵押权不应先行实现，不能行使变卖和优先受偿权，只有等待先顺位抵押权实现时，从其拍卖、变卖抵押物的剩余价款中才能受偿。理由在于这是重复抵押中"时间在先、权利在先"原则的本质要求，是物权效力之一，它决定了在先抵押权必定优先实现。后顺位抵押权人在明知存在先顺位抵押权时，仍然愿意和抵押人设定抵押权，表明后顺位抵押权人甘愿接受先顺位抵押权优先效力的约束。

第二种观点认为，在此情况下后顺位抵押权人可将抵押物拍卖或变卖，由此获得的价款首先扣除清偿先顺位抵押权所担保债权所需的价款，将该扣除价款予以提存；扣除后剩余价款再用来清偿后顺位抵押权人的债权。[1] 理由在于：如果要求后顺位抵押权人必须等待先顺位抵押权人行使权利后才可行使其抵押权获得清偿，这降低了市场交易效率，很可能会使后顺位抵押权人利益受损，尤其在抵押物价值不断下降时，一味等待

---

[1] 王利明：《物权法研究》，中国人民大学出版社2005年版，第553页。

可能对多方抵押权人利益都造成损害。

如何在《民法典》中处理这一问题，以及在《民法典》缺乏相应规定的情况下，如何通过对相关条文的解释或是制定相应司法解释来解决这一问题，罗马法上的处理方式为我们提供了很好的借鉴思路。罗马法上强调对后顺位抵押权人的保护，但以不损害先顺位抵押权人利益为前提，采取的策略是将后顺位抵押权人的变卖权和优先受偿权区分开，赋予后顺位抵押权人以变卖权，但不赋予其优先受偿权。

（二）罗马法上将后顺位抵押权人的变卖权和优先受偿权区分的做法

抵押权的行使是指在债权已届清偿期而债务人不履行债务时，抵押权人处分抵押物、优先受偿的行为。[1] 抵押权的行使包括两部分：变卖抵押物和就变卖所得金额优先受偿。罗马法上正是将后顺位抵押权人抵押权的行使分离，分为行使变卖权和优先受偿两阶段。

在罗马法上，当变卖权成为担保物权必要要素时，逻辑上应承认后顺位抵押权人应享有授予其的变卖权。[2] 后顺位抵押权人就该抵押物所有价值上设立抵押，只在优先受偿顺序上与先顺位抵押权人存在差异。若先顺位抵押权担保的债权尚未到期，先顺位抵押权人无法行使担保权，而后顺位抵押所担保债权已到期，则其可要求占有该不动产，赋予后顺位抵押权人变卖该物的权利。[3] 理由是：首先，在该抵押物价值急速下降时，后顺位抵押权人及时行使变卖权有助于避免该担保物价值

---

[1] 孙宪忠编著：《物权法》，社会科学文献出版社 2005 年版，第 294 页

[2] Salvatore Tondo, *Convalida del pegno e concorso dei pegni successivi*, Milano, 1959, p. 153.

[3] Fritz Schulz, *Classical Roman Law*, Oxford, 1992, p. 423.

第八章 一物之上多重抵押权的实现

降低带来的损害,保障该担保物价值;其次,有利于提升实现担保物权的效率;最后,赋予后顺位抵押权人保护自身权利的手段,以鼓励更多人设立后顺位抵押权以促进融资,促进物之利用最大化,促进资源合理配置。

事实上,从程序角度看,每一抵押权人首先对抵押物都可扣押占有实现其变卖权,但应先对先顺位抵押权人清偿。[1] 否则,先顺位抵押权人可将其起诉,只有在先顺位抵押权人获得清偿后,后顺位抵押权人才可获得清偿。例如,对第三抵押权人而言,其债权最先到期,其可行使占有、变卖该抵押物的权利,但其应先清偿在先的两个抵押权人,剩余的才可清偿自身债权。[2] 后顺位抵押权人在其债权到期时,变卖该抵押物的权利不会受到妨碍,但其以该物价值获得优先清偿的权利受到影响,该抵押物价值应首先分配给在先抵押权人以满足其债权。[3]

我们可以发现,原本《担保法解释》规定后顺位抵押权人享有变卖和优先受偿权不合理,立法者试图保护后顺位抵押权人利益,在其债权到期而先顺位债权尚未到期时,为防止担保物价值急速降低,赋予其该权利获得救济,以为先顺位抵押权人留出其债权担保数额为解决途径。但该规定忽略的事实是,对在先债权数额提存只有在先顺位抵押权是定额担保范围情况下才可实现,这在实践中不常发生。一般情形下,顺位在先的债权数额在尚未到期前无法确定。尚且不说存在约定不清之情

---

[1] Arnaldo Biscardi, *Appunti sulle garanzie reali in diritto romano*, Milano, 1976, p. 235.

[2] Arnaldo Biscardi, *Appunti sulle garanzie reali in diritto romano*, Milano, 1976, p. 237.

[3] Alfredo Bicci, *Della surroga ipotecaria per evizione e del lucri dotali*, Torino, 1882, p. 31.

形，就所担保债权范围内的损害赔偿金、费用等都无法确定，为在先债权人提存实际难以实现，有可能造成先顺位抵押权人债权无法完全清偿的问题，这既违背了担保物权领域"时间在先、权利在先"的基本原则，也造成对后顺位抵押权人利益的过度保护，不利于保持先、后顺位抵押权人利益平衡。罗马法上赋予先顺位抵押权人以变卖权，却未赋予其优先受偿权，将两种权能分开的处理方式很好地调和了多个抵押权人之间的矛盾，值得借鉴。

三、后顺位抵押权人的清偿代位权

（一）后顺位抵押权人清偿代位权的含义

我国《民法典》第 409 条秉持了原本《物权法》第 194 条的立场，明确规定抵押权顺位的抛弃以及与抵押人协议变更抵押权顺位。但抵押权的变更，未经其他抵押权人书面同意，不得对其他抵押权人产生不利影响。我国尚未规定后顺位抵押权人代位权，即后顺位抵押权人可清偿先顺位抵押权人债权，以取代其顺位，称为清偿代位权（接替权）。[1] 抵押的代位意味着顺位的代位，不是抵押权人所有权利的代位，意味着后顺位抵押权人获得先顺位抵押权人同样顺位，享有对抗其他债权人的抵押权。[2]

后顺位抵押权人取代先顺位抵押权人地位的制度在罗马法上称为"出价权（Ius offerendi）"，即抵押接替权，后顺位抵押权人对先顺位抵押权人享有这一权利。即同一物上设立多个抵押，如果第二抵押权人对第一抵押权人行使出价权，在其清偿了第一抵押权人后可获得该第一抵押权人的位置。同样第三抵

---

[1] Aberto Burdese, *Manuale di diritto privato romano*, Torino, UTET, 2000, p. 385.

[2] Ratti, Sul *ius vendendi* del creditore pignoratizio, in *Studi urbinati*, 1927, p. 15.

押权人清偿第一抵押权人，也可获得其顺位。[1]

D. 20. 4. 11. 4.[2] *Qualora il creditore successivo sia pronto a pagare il dovuto al creditore precedente, si deve vedere se egli spetti l'azione ipotecaria allorchè il precedente creditore non voglia accettare il denaro…*

片断 D. 20. 4. 11. 4. 明确揭示出后顺位抵押权人的这一权利：假设后顺位抵押权人已准备好向先顺位抵押权人清偿满足其债权……在此涉及是否授予后顺位抵押权人以对物的抵押之诉，在先顺位抵押权人拒绝接受后顺位抵押权人清偿时，其应该被认为是没有正当原因不接受这一给付。[3] 罗马法上赋予后顺位抵押权人这一权利，只要其清偿先顺位抵押权人，其可完全取代先顺位抵押权人的位置和权利，享有先顺位抵押权人的抗辩权。[4]

（二）后顺位抵押权人清偿代位权的制度价值

抵押权能否实现，以及能在多大程度上实现，对于抵押权人来说意义重大，同时也会影响当事人在信用经济条件下进行交易的信心。由于受到"时间在先、权利在先"原则约束，后顺位抵押权人在先顺位抵押权人尚未获得清偿时不能实现其抵押权。代位权制度赋予后顺位抵押权人可通过对先顺位抵押权人的清偿获得其地位的权利，顺利实现抵押权。这一代位权即

---

[1] Arnaldo Biscardi, *Appunti sulle garanzie reali in diritto romano*, Milano, 1976, p. 253. 也可参见黄风编著：《罗马法词典》，法律出版社 2002 年版，第 142 页。

[2] S. Schipani, *Iustiniani Augusti Digesta seu Pandectae e Traduzione*, IV, Milano, 2011, p. 29.

[3] Salvatore Tondo, *Convalida del pegno e concorso dei pegni successivi*, Milano, 1959, p. 159.

[4] Alfredo Bicci, *Della surroga ipotecaria per evizione e del lucri dotali*, Torino, 1882, p. 15.

使违反先顺位抵押权人意愿也可行使,为避免先顺位抵押权人故意不行使权利以致抵押制度价值无法实现,实际是赋予后顺位抵押权人保护其利益的一种保障性手段。

实践中,由于抵押物价值可能已远超出先顺位抵押权人被担保债权额,抵押物有所损失并不会危及其利益,故其会疏于抵押物之保全,这有悖于诚信原则,法律无法强制权利人行使其权利,但法律可赋予相对人以相关权利以抵消权利不行使的消极效果。由于后顺位抵押权人顺位居后,该抵押物价值的损失可能危及其利益,故而赋予其代位权不但可避免后顺位抵押权人抵押权遭受损失,鼓励其积极主张权利,对怠于行使权利的先顺位抵押权人而言也不会造成不公。赋予后顺位抵押人以代位权,强调了抵押权实现的及时性,有助于财产流转、物的效用最大化和资源合理配置。

(三) 后顺位抵押权人清偿代位权的具体行使

后顺位抵押权人不仅有扣押和变卖该物的权利,还享有对先顺位抵押权人清偿以取代其地位的权利。在罗马法上先顺位抵押权人有义务接受这一清偿,因为实质上对其利益不产生不利影响,其设立担保的目的是为了获得清偿,只要完全满足其债权,没有必要限制后顺位抵押权人的代位权。[1]

D. 20. 5. 5. pr.[2] *Marciano, nel libro unico alla formula ipotecaria. Quando il secondo creditore, avendo offerto al primo creditore il denaro dovutogli dal debitore, sia subentrato al suo posto, in virtù del denaro pagato al primo creditore, può correttamente vendere.*

---

[1] Arnaldo Biscardi, *Appunti sulle garanzie reali in diritto romano*, Milano, 1976, p. 235.

[2] S. Schipani, *Iustiniani Augusti Digesta seu Pandectae e Traduzione*, IV, Milano, 2011, p. 36.

第八章　一物之上多重抵押权的实现

在片断 D. 20. 5. 5. pr. 中，马尔西安认为，当第二债权人提供给第一债权人本应该由债务人提供的清偿，那么第二债权人就取代第一债权人地位，由于他清偿了第一债权人，其可行使变卖权和优先受偿权，使第一债权和第二债权都获得满足。[1] 在后债权人代位权，在古典法中意味着第二债权人可清偿第一债权人而取代其位置上升为第一位。这一代位权也可由第三债权人或在后债权人行使，清偿在先债权人而获得其顺位利益。[2]

后顺位抵押权人行使代位权主要有两种方式：一是如果后顺位抵押权人提供给债务人金钱专门用于偿还第一抵押权人的债权，且这些钱确实用于偿还了第一抵押权人债权，那么后顺位抵押权人上升至优先位置，在其借款金额之内。[3] 二是后顺位抵押权人也可购买该出卖的担保物，条件是将购买的价金直接用于清偿第一顺位抵押权人，其因此上升到第一顺位。相当于后顺位抵押权人借款给债务人以赎回该担保物，则后顺位抵押权人就该担保物享有优先权。[4]

后顺位抵押权人可不经过先顺位抵押权人或债务人同意，清偿先顺位抵押权人以取代其顺位，称之为后顺位抵押权人代位权，但该代位权只在其清偿数额内取代先顺位抵押权人利益，不能影响其他抵押权人权利。[5] 赋予后顺位抵押权人代位权有

---

[1] Arnaldo Biscardi, *Appunti sulle garanzie reali in diritto romano*, Milano, 1976, p. 235.

[2] Fritz Schulz, *Classical Roman Law*, Oxford, 1992, p. 425.

[3] William Smith, *D. C. L, LL. D.*: *A Dictionary of Greek and Roman Antiquities*, London, 1875, pp. 915-918.

[4] Paolo Frezza, *Le garanzie delle obbligazioni*, II, corso di diritto romano, Padova, 1963, p. 261.

[5] William Smith, *D. C. L, LL. D.*: *A Dictionary of Greek and Roman Antiquities*, London, 1875, pp. 915-918.

利于维护其利益，有利于实现担保物权，有利于及时清结债的抵押关系，有利于及时消灭债的关系。债的关系的产生是以其消灭为目标的，促使财产及时从债的关系中解脱，有利于促进财产流转、资源合理配置和最大化利用，且不会损害其他主体利益。罗马法上重复抵押中后顺位抵押权人代位权制度值得我国借鉴。

小　结

同一个物上设立多个抵押的制度，最早在公元前3世纪时就已开始存在。[1] 罗马法上对重复抵押制度经历了从禁止双重典质（禁止重复抵押）到余额再担保，再到不局限于被担保债权数额和担保物价值间关系的真正重复抵押，承认在先和在后的抵押实际都是就该物整体设立抵押，只在优先权实现顺序上存在差异。

对同一物上多个抵押权竞合优先权顺位的确定，罗马法上与现今制度并无太多区别，都按照"时间在先、权利在先"原则来确定多个抵押权人的优先权顺位，以便按照顺序行使抵押权、清偿债权。对于有着罗马法传统的国家而言，直到现在不同抵押权人还是享有不同顺位。[2] 唯一区别在于，由于罗马法上不存在完善的登记公示制度，其以协议缔结时间作为判断"时间在先"的标准，而在现代法上大多以登记公示时间作为判断标准，这与现代经济关系复杂，强调物权的公示公信原则，强调对交易安全的保护不无关系。

---

〔1〕 Arnaldo Biscardi, *Appunti sulle garanzie reali in diritto romano*, Milano, 1976, p. 244.

〔2〕 Arnaldo Biscardi, *Appunti sulle garanzie reali in diritto romano*, Milano, 1976, p. 254.

对于重复抵押的设立，罗马法上从当事人间权利义务平衡角度进行了详细规定。在担保物权领域遵循"时间在先、权利在先"原则，先顺位抵押权人利益在重复抵押设立中不受影响，所以无需征得先顺位抵押权人同意即可设立重复抵押。对后顺位抵押权人利益影响甚巨，其承担无法实现或无法完全实现担保物权风险，应确认债务人对后顺位抵押权人的通知义务，否则债务人将承担欺诈责任。[1]

我国应借鉴罗马法上之做法，规范重复抵押设立，规定债务人对在后债权人履行通知义务。从现代法上更为完善的抵押登记制度看，还应完善不动产和动产抵押登记制度，以便更全面保护在后抵押权人利益，促使相关主体积极利用重复抵押制度实现借贷融资和放贷盈利的目标，促进财产流转增值、合理配置和经济发展。

重复抵押领域"时间在先、权利在先"原则也存在例外，即后顺位债权优先于先顺位债权受偿，我国法律只规定了适用范围狭小的留置权制度。我国留置适用要求占有留置动产，应借鉴罗马法上对不动产留置的做法。留置以合法占有为前提，极大限制了值得法律特殊保护的相关主体范围，例如未规定对未成年人、妇女等的优先保护。对于具有特殊性质的债权，即使债权人不占有该担保物，也应赋予其相关优先权，这对于保障财产价值、促进财富增加十分有益。罗马法上对重复抵押中"时间在先、权利在先"原则的例外规定，区分主体特殊和债权本身特殊而赋予优先权的做法，值得作为我国是否引入优先权制度的有力考量。

后顺位抵押权人本质上是担保物权人，应该享有担保物权

---

[1] Arnaldo Biscardi, *Appunti sulle garanzie reali in diritto romano*, Milano, 1976, p. 244.

人的所有权利。我国法律上并未予以重视，未规定后顺位抵押权人权利，不利于保护其利益。应借鉴罗马法上的做法，规定后顺位抵押权人相对任何非法占有该物的第三人都享有以抵押之诉请求返还该物的诉权。罗马法上将后顺位抵押权人变卖权和优先受偿权区分，赋予后顺位抵押权人在其债权先到期时可优先行使变卖权，以防止该物价值降低，维护其利益，但基于担保物权领域"时间在先、权利在先"基本原则，仍应限制后顺位抵押权人的优先受偿，以调和当事人间权利义务的平衡关系。罗马法上规定的若后顺位抵押权人想取代先顺位抵押权人的地位，其可清偿先顺位抵押权人的债权，先顺位抵押权人有义务接受这一清偿的内容，称为后顺位抵押权人代位权制度。[1] 这一制度的引进对我国现今重复抵押制度的完善具有十分重要的积极意义。该制度不仅实现了对后顺位抵押权人的保护，还有利于债务人重复利用其财产价值融资借贷，有利于及时实现担保物权、及时消灭债的关系，债的关系的产生是以其消灭为目标的，促使财产及时从债的关系中解脱，以促进财产流转、资源合理配置和最大化利用，进一步促进经济发展。

---

[1] Arnaldo Biscardi, *Appunti sulle garanzie reali in diritto romano*, Milano, 1976, p. 244.